유니티를 활용한
메타버스
교과서

LEARN IT

김영일, 임상국 지음

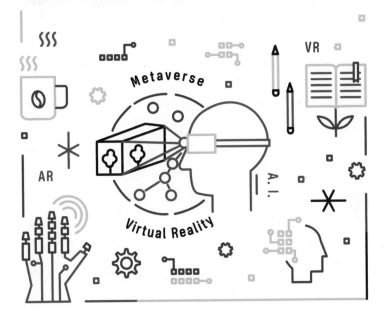

길벗
캠퍼스

김영일 교수

홍익대학교 영상대학원 인터랙션디자인과에서 석사 학위 졸업, 홍익대학교 일반대학원 영상 · 인터랙션과 박사 학위 졸업, CJ오쇼핑, SK커뮤니케이션즈의 Nate, Cyworld, 11번가 등에서 UX/UI 디자이너로 근무, 삼성 PTKorea, GrouponKorea, 위메프 등에서 e-commerce UX/UI 팀장으로 근무하며 다양한 서비스 제작, 한양여자대학교 공과대학 Smart IT과 조교수, Web/App UX/UI,Html & Css JavaScript Front-end, React, Node.js Back-end 개발, 메타버스 지향 C#/C++ Unity & Unreal VR/AR, Blender 3D 교육

임상국 교수

홍익대학교 일반대학원 영상 · 인터렉션과 박사학위 졸업, 부산대학교 영상정보공학박사 수료, 메타버스 이론 및 콘텐츠 제작 과정, 2D/3D 실감콘텐츠, Unity 활용 VR/AR, 게임 콘텐츠 제작, 제페토를 활용한 1인 크리에이터 교육 등 전문, 현)영산대학교 게임VR학부 부교수, 한국멀티미디어학회 이사, 한국e스포츠학회 학술이사, (사)SICACA캐릭터디자인협회 이사, 김해시 문화콘텐츠산업 육성위원회 위원장, (사)부산방송, 영상포럼 디자인융합이사, 부산미술협회분과회장, 부산 비엔날레 운영위원

뮤니티를 활용한
메타버스 교과서

초판 1쇄 발행 · 2023년 1월 10일

지은이 · 김영일, 임상국
발행인 · 이종원
발행처 · (주)도서출판 길벗
출판사 등록일 · 1990년 12월 24일
주소 · 서울시 마포구 월드컵로 10길 56(서교동)

대표 전화 · 02)332-0931 | **팩스** · 02)323-0586
홈페이지 · www.gilbut.co.kr | **이메일** · gilbut@gilbut.co.kr

책임편집 · 신유진(backdoosan@gilbut.co.kr) | **디자인** · 강은경 | **제작** · 이준호, 손일순
영업마케팅 및 교재 문의 · 박성용(psy1010@gilbut.co.kr) | **영업관리** · 김명자 | **독자지원** · 윤정아, 최희창

전산편집 · 앤미디어 | **CTP 출력 및 인쇄** · 천일문화사 | **제본** · 신정문화사

ISBN 979-11-407-0269-5 93000
(길벗 도서번호 060088)

정가 29,000원

독자의 1초를 아껴주는 정성 길벗출판사

(주)도서출판 길벗 | IT교육서, IT단행본, 경제경영서, 어학&실용서, 인문교양서, 자녀교육서 www.gilbut.co.kr
길벗스쿨 | 국어학습, 수학학습, 어린이교양, 주니어 어학학습, 학습단행본 www.gilbutschool.co.kr

페이스북 | www.facebook.com/gilbutzigy
커뮤니티 | http://cafe.naver.com/gilbutit

최근 가장 많이 듣고 있는 단어 중 하나를 물어본다면 아마 '메타버스'일 것이다. 당신은 메타버스를 얼마나 알고 있습니까? 가상세계? 아바타? 돈을 벌 수 있는 플랫폼? 정확한 개념은 알지 못한 채 추측과 단편적 의미로만 무성한 상황에서 2021년 3월 11일 미국 크리스티 경매에서 '나날들: 첫 5000일(Everydays: The First 5000 Days)'이라는 작품이 6,930만 달러(한화 약 785억 원)에 팔렸다는 소식은 놀라움으로 다가올 것이다. 하지만 분명 지금도 로블록스, 제페토, 마인크래프트와 같은 메타버스형 게임 플랫폼에서 실제 수익을 얻고 경제적 활동을 통해 미래를 준비하는 사람들이 존재하며 지금도 형성되고 있다는 사실이다. 또한 블록체인 기반의 NFT 또한 탈중앙화의 흐름을 타고 이러한 크리에이터 이코노미의 핵심적인 요소로 작동하고 있다.

이러한 시대의 흐름을 어디에서부터 이해해야 할까? 모른다고 마냥 외면해야 할까? 아니면 무작정 따라가야 할까? 이 질문에 대한 답변이 이 책 속에 담겨 있다.

21세기 디지털 예술을 살펴보면 프레임 확장을 통해 우리의 시각성은 변화하였다. 디지털 컨버전스(Digital Convergence)로 불리는 융합형 기술 매체는 다가올 미래의 디지털 네트워크를 이용해 새로운 가상체험을 넘어 가상과 현실의 중첩 속에 증강 및 감소 현실의 공존으로까지 변화시켜 가고 있다. 본 교재의 이론 부분은 다년간 게임 VR 전공 학생들을 가르치면서 보다 쉽고 재미있는 교재의 필요성과 게임과 VR 콘텐츠를 제작하며 느꼈던 원론적인 궁금증에서 출발한다. 또한 가상과 현실이 혼재하는 메타버스 세상에서 가상세계 속 경제 원리를 이해하기 위한 지침서로 작성되었다. 진정한 의미의 가상과 현실을 구분하고, 다가올 미래에 어떻게 대처해야 할지에 관한 이해도를 높이는 데 도움이 되길 바란다.

임상국

최근 몇 년간 메타버스라며 떠들썩했던 뉴스를 많이 접했을 것이다. 과연 현시대가 메타버스 시대라고 할 수 있을까? 의문이 들지만 누구나 다가올 막연한 미래라고 느낄 것이다. 그래서 우리는 무엇을 배우고, 어떻게 살아가는지 확신없이 그저 디지털 장비가 있어서 사용하며 활용하고 있다. 대부분 사람들은 아직은 VR/AR은 낯설기도 하고 생활에서 필요하지 않다고 생각할 것이다. 그러나 사람은 컴퓨터와 네트워크 통신인 인터넷이 없으면 이제 살아가기 힘들다. 특히 휴대 단말기는 Web 2.0이라는 시대를 자연스럽게 접하고 많이 사용하고 있다. 지하철을 타면 대부분 사람들은 휴대폰을 사용한다. 불과 몇 년이 안되는 사이에 발 빠르게 변화를 가져온 것이다.

페이스북으로 유명한 회사인 '메타'는 이런 점에서 메타버스 시대는 반드시 온다고 확신하여 메타버스 서비스에 주력하고 있다. 시대가 말하듯이 시대변화는 기회와 기술발전으로 트렌드를 만들어 왔다. 상상해 본다면 애플이 "우리는 오늘부터 메타버스 시대입니다."라며 정의할지 모른다는 생각도 든다. 스마트폰을 시장에 내놓은 것을 근거로 유추해 본다. 메타버스는 우리가 영화에서 봤던 것처럼 자연스럽게 소리 없이 다가올지도 모른다. 메타버스 정의도 불분명하고 "이건 게임인가? 메타버스인가?"라는 생각과 함께 맞을 준비되지 않은 채로 다가올 것이다.

이 책은 메타버스를 이해하고 다양한 모습에서 사례처럼 학습하고 메타버스를 배우기 위한 책이다. 대학 교재 기반으로 15주 커리큘럼으로 구성되어 있다. 메타버스를 조금 더 가까이 이해하고 기술을 익히며, 가상 콘텐츠를 만드는 방법을 배운다. 그래서 메타버스의 특징과 사례의 예시를 경험하고 실습하며, 누구나 만들 수 있는 수준으로 구성되어 있다. 이 책을 통해 직접 코딩하고, 가상공간의 오브젝트를 만들어 나만의 메타버스 콘텐츠로 응용하길 바란다.

김영일

차례

• 책 내용을 따라할 수 있는 실습 파일은 길벗 홈페
이지를 통해 제공됩니다.

길벗 출판사 홈페이지(www.gilbut.co.kr) 검색란에
'메타버스', '유니티'를 검색 → 해당 도서 자료실의
'실습예제' 항목 → 실습에 필요한 예제 소스 내려받
기

주차별(15주) 학습 진도표 ○○○

주차별	챕터	주제	주차별 내용
1주	1장	오리엔테이션 메타버스의 이해	오리엔테이션/4차산업 시대! Web의 진화와 통신기술의 이해를 통해 메타버스의 개념을 교육하고 이해한다.
2주	2장	메타버스와 인문학	시지각 체계와 프레임의 관점에서 미디어와 가상현실의 관계를 분석하고 메타버스 원격현전의 원리를 이해한다.
3주	3장	메타버스를 위한 XR 콘텐츠 플랫폼	메타버스형 플랫폼 사례 분석을 통해 XR 콘텐츠 제작을 위한 기본적인 원리와 메타버스 플랫폼의 특성을 이해한다.
4주	4장	유니티 기초	유니티를 설치하고 인터페이스 기초 환경을 배운다. 물리적 엔진 리지드바디, 매테리얼, 텍스처 등을 익힌다.
5주	5장	C# 객체지향 언어	객체지향 언어인 C#의 기본 원리와 이해 핵심 문법을 익혀 유니티를 배우는 기초 원리를 익힌다.
6주	6장	기초기본 핵심 기능	유니티 필수 코스로 가장 기본적인 누구나 따라할 수 있는 기능을 익혀 자신감을 얻는다.
7주		중간고사	
8주	7장	캐릭터 움직임	캐릭터 움직임을 제어하는 기능과 방법을 익힌다.
9주	8장	인공지능 AI	인공지능 AI 컨트롤러와 메타버스의 인공지능을 이해한다.
10주	9장	애니메이션, UI	캐릭터가 필요한 애니메이션과 화면 인터페이스인 UI를 배운다.
11주	10장	오픈월드 캐릭터 생성	오픈월드와 동일한 캐릭터의 이동과 제어 애니메이션이 합쳐 AI 기능이 있는 캐릭터 가상공간의 움직임을 배운다.
12주	11장	VR	가상현실을 배운다.
13주	12장	AR	증강현실을 배운다.
14주	13장	샌드박스, 네트워크	샌드박스의 알고리즘과 네트워크 통신의 기능을 이해하고 배운다.
15주		기말고사	

| 1장 |

메타버스의 이해

— 학습 목표 —

최근 디지털 사회 전반에서 가장 이슈되고 있는 용어는 메타버스이다. 대부분 학생이 정확한 이해는 없지만 한 번쯤은 들어본 용어도 메타버스일 것이다. 그렇다면 과연 메타버스는 무엇이며 우리의 삶 속에서 어떤 역할을 할까? 4차 산업시대에 왜! 메타버스라는 단어가 기술, 문화, 예술은 물론 우리 미래의 삶을 대변한다고 하는 것일까? 그 이유를 단순한 용어 해석이 아닌 기술, 인문학, 사회적 관점의 사례 분석을 통해 이해해 보자.

1 〉 Web의 진화를 통해서 본 메타버스

일반적으로 메타버스(Metaverse)의 뜻은 가상, 초월을 의미하는 '메타(Meta)'와 세계, 우주를 의미하는 '유니버스(Universe)'를 합성한 정도의 의미로 사용되고 있다. 최근 들어 관련 전공 분야의 학자나 연구기관마다 나름의 의미 있는 정의들을 내리고 있으며, 폭넓은 의미로 통용되고 있는 상황이다.

메타버스라는 용어는 1992년 출간된 닐 스티븐슨(Neal Stephenson)의 소설 《스노우 크래쉬》에서 처음 등장한 개념이다. 그림 1–1은 1992년에 출판된 미국 작가 닐 스티븐슨의 SF 소설이다. 주인공인 '히로(Hiro)'는 가상의 메타버스 세상에서는 마피아의 해커이면서 현실로 돌아와서는 피자 배달 기사로 등장한다.

이처럼 메타버스는 작가의 상상력을 통해 시작된 가상과 현실의 연결고리 같은 용어이다. 즉 메타버스가 가지는 단어적 의미는 실제 현실 생활의 '직업, 금융, 학습 등에 관해 법적인 보호를 바탕으로 현실과 동일한 사회적 조건이 반영된 가상세계'를 뜻한다. 또는 가상현실과 증강현실의 상위 개념으로써 '현실 세계를 디지털 기반의 가상세계로 확장해 가상공간에서 현실과 동일한 모든 활동을 할 수 있게 만드는 시스템'이라고 할 수 있다. 또한 '정치와 경제, 사회, 문화 전반적인 측면에서 현실과 비현실이 공존하는 생활형 가상세계나 게임형 가상세계'라는 의미로도 폭넓게 사용한다.

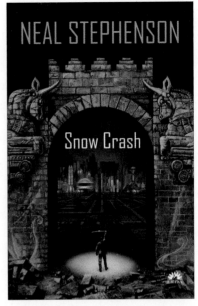

그림 1-1. 닐 스티븐슨(Neal Stephenson)의 소설 《스노우 크래쉬》

1.1 | Web의 출현

메타버스의 개념을 이해하기 위해서는 우선 인터넷의 발전 과정을 이해하는 것이 필수적이다. 왜냐하면 기본적으로 메타버스라는 플랫폼은 가상 사이버 공간으로써 디지털 시대를 사는 우리가 즐겨 사용하고 있으며 절대 없어서는 안되는 인터넷 공간이기 때문이다. 따라서 Web의 출현에서부터 Web 1.0·2.0·3.0에 이르기까지 발전 과정과 특징을 이해해야 진정한 메타버스 세상을 이해할 수 있는 것이다. 특히 Web 3.0은 메타버스형 사이버 공간이라고 볼 수 있다. Web의 출현과 발전 과정을 통해 메타버스를 이해해 보자.

먼저, World Wide Web(WWW)은 1989년 CERN에서 근무했던 영국 과학자 팀 버너스리가 발명하였다(그림 1-2).

"CERN은 광범위한 커뮤니티로 100개 이상의 국가에서 온 10,000명 이상의 과학자들이 본국의 대학과 연구소 간 서로 정보 공유를 위해 신뢰할 수 있는 커뮤니케이션 도구로 만들어졌다. WWW의 기본 아이디어는 컴퓨터, 네트워크 및 HyperText의 진화하는 기술을 강력하고 사용하기 쉬운 '글로벌' 정보 시스템으로 통합하는 것이었다."

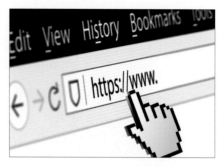

그림 1-2. World Wide Web(WWW)의 탄생

1993년에 WWW(World Wide Web)라는 인터넷 표준이 만들어졌고 넷스케이프(Netscape)와 같은 인터넷 접속 프로그램의 개발로 인터넷의 발전은 급성장하게 된다. World Wide Web은 수십억 명의 사람들이 인터넷을 통해 다른 사람들과 상호작용하기 위해 정보를 공유, 읽고, 쓰기 위해 사용하는 기본적인 도구라고 할 수 있다. World Wide Web은 출현 이후 Web 1.0과 Web 2.0을 지나 Web 3.0을 향해가고 있고 '메타버스'라는 개념도 Web 3.0의 주요 키워드라고 할 수 있다(그림 1-3). 즉 메타버스는 기존의 가상현실(VR)이나 증강현실(AR), 혼합현실(MR), 확장현실(XR) 등의 연장선상에 있는 표현인 것이다.

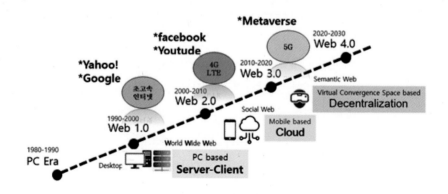

그림 1-3. Web의 출현과 진화

1.2 | Web 1.0

Web의 첫 번째인 Web 1.0 버전은 Syntactic web 또는 read only web이라고도 한다. 1991년 영국의 컴퓨터 과학자인 팀 버너스리(Tim Berners-Lee)가 WWW를 세상에 공개한 후 2004년까지 이어지는 기간에 Web 1.0 시대의 막이 열렸다. Web 1.0의 특징은 기본적으로 오로지 '읽기'만 가능했고 클릭 외에는 어떠한 상호작용도 없는 그야말로 정적인 웹페이지였다(그림 1-4). 당시 사용자의 역할은 온전히 콘텐츠 제작자가 제공하는 정보를 읽는 것으로만 제한되는 시대였다.

그림 1-4. Web 1.0 - 콘텐츠

1.3 | Web 2.0

2000년대에 들어서면서 스마트폰의 대중화로 인터넷 보급은 확산되었고, 디바이스의 다양화로 Web은 급속하게 발전했다. Web 2.0은 소셜 웹(Social Web) 또는 읽기-쓰기 웹(Read-write web)이라고도 한다(그림 1-5). Web 1.0은 단순한 웹페이지들의 집합으로 단방향 커뮤니케이션만 가능했지만, Web 2.0은 스마트폰의 보급으로 한 차례 더 진화하여 플랫폼의 형태로 발전하였다. 이는 웹 사용자와 사이트 간의 상호작용을 용이하게 하는 양방향 커뮤니케이션을 가능하게 한 것이다. 즉 단순히 '읽기'만 가능했던 이용자들은 이제 직접 콘텐츠를 만들어 '생산'도 하고 '공유'하며 적극적으로 '참여'하는 방식으로 발전하기 시작한다. 인터넷 이용자들은 스마트폰을 통해 언제 어디서나 접속이 가능해졌고, 기업이 제공하는 플랫폼을 이용해 다른 디바이스나 시스템 간의 서비스를 마음대로 공유할 수 있게 되었다. 그 결과 플랫폼의 역할이 커지면서 자연스럽게 소수의 사업자들이 웹 생태계를 주도하기에 이른다.

그림 1-5. Web 2.0 - 플랫폼

1.4 │ Web 2.5

Web 2.5는 2010년부터 2020년까지 사용된 것으로 볼 수 있으며, 실질적이고 실제적인 진화를 설명하기 위해 세분화한 개념이다. Amazon, Google, Salesforce, KiSSFLOW 등과 같은 일부 플레이어는 사용자가 언제 어디서나 어떤 기기에서든 연결할 수 있는 웹 애플리케이션을 개발할 수 있도록 클라우드 컴퓨팅 서비스 모델을 제공한다.

용어정리

모바일 웹과 모바일 앱의 특징

1. **웹(WEB)** : 월드 와이드 웹(World Wide Web)의 준말로써 '문자-영상-음성' 등이 혼합된 멀티미디어 정보를 인터넷 통신망에 거미줄과 같이 세계 각지에 연결시켜 주는 서비스를 의미한다.

2. **모바일 웹(홈페이지)** : HTML 기반이며 웹 브라우저로 동작한다. 데스크탑 브라우저에서 이동형 스마트폰 디바이스의 모바일 스크린 크기로 줄인 것이다. 화면 사이즈가 작으며 인터페이스가 터치스크린으로 되어 있다. 따라서 'Click-to-Call'과 같은 모바일에 특화된 기능을 제공한다. 새로운 정보의 지속적인 업데이트를 목적으로 하는 제품 리뷰, 블로그, 소식, 뉴스 등 에 모바일 웹을 사용한다.

3. **어플(APP)** : 스마트폰을 통해 형성된 개념으로 스마트폰에서 사용하는 애플리케이션 프로그램을 의미한다. 어플은 온라인상의 콘텐츠 장터인 앱 스토어에서 공급하며 프로그램 공급의 편리성, 보안성, 안전성 등을 보장한다.

4. **모바일 어플(APP)** : 디바이스에 직접 다운로드 후 사용하는 방식으로 플랫폼이 iOS와 Android로 나눠 서비스가 이용 가능하도록 구분된다. 콘텐츠는 웹 콘텐츠를 활용(하이브리드 앱)하거나 인터넷 연결 없이도 이용 가능하다.

   모바일 웹과 모바일 앱은 구동 방식과 운영체제가 플랫폼에 따라 다르기 때문에 각각의 장단점에 따라 개발의 판단 기준이 달라진다. 또한 서비스나 콘텐츠를 제공한다는 역할은 같지만 동작하는 플랫폼과 구현 방식에 따라 기술적 차이가 구분된다.

네이티브 앱(Native App)

- 모바일 기기에 최적화된 언어로 개발
- 안드로이드 SDK를 이용해 java 언어로 만드는 안드로이드 앱
- iOS SDK를 이용해 Objective-C 언어로 개발된 아이폰 앱
- 모바일 기기에 직접 다운로드하여 로컬(기기)에 저장되는 실행 파일로 사용
- 고성능의 그래픽 처리가 가능해서 2D 및 3D 게임 및 증강현실과 같은 앱 개발 가능
- 특정 플랫폼에서만 동작하기 때문에 앱 스토어를 통해서만 업데이트가 가능
- 업데이트가 느리고 해당 운영체제나 플랫폼이 다르면 많은 시간과 비용을 감수하며 새롭게 개발해야 함

Progressive Web Apps(PWA)

웹과 앱의 장점은 다음과 같다.

- 경로를 찾기 쉽다.
- 애플리케이션을 설치하는 것보다 웹사이트에 방문하는 것이 훨씬 쉽고 빠르다.
- 링크로 웹과 앱을 공유할 수 있다.

네이티브 앱의 장점은 다음과 같다.

- 운영체제와 잘 통합되어 쉽게 이용할 수 있다.
- 직접 설치를 통해 오프라인에서 동작한다.
- 사용자가 자신이 선호하는 앱에 쉽게 접근한다.

PWA는 이 두 기능 모두의 이점을 적용해 개발된 웹과 앱이다.

소셜 웹(Social Web)

유무선 의사소통 수단인 전화나 문자, 이메일, 메신저, 트위터(SNS) 등의 SNS를 통합하는 개념이다. 특정한 목적을 위해 사람들 간의 관계를 사이버 공간에서 형성하고 정보를 주고받는 서비스를 의미한다.

시맨틱 웹(Semantic Web)

웹의 창시자 '팀 버너스 리(Tim Berners-Lee)'가 제안했으며 기계가 웹 페이지를 이해할 수 있도록 조건을 만들어 주면 기계는 사람을 대신해서 웹 페이지의 수많은 정보를 이해하고, 우리에게 필요한 정보만 보여 주거나 정보를 가공해서 우리가 필요로 하는 형태로 제공해 주는 것을 의미한다.

1.5 | Web 3.0

Web 3.0은 Semantic Web 또는 읽기(Read)—쓰기(Write)—실행(Execute)이라고도 하며 2010년 이후 웹의 미래를 의미한다. 그림 1-6은 1998년 팀 버너스리가 제안한 개념인 '시맨틱 웹(Semantic Web)'이 그 시작이다. 시맨틱 웹은 사전적 의미로는 '의미론적인 웹'을 뜻하는데 기계가 인간들이 사용하는 자연어를 이해하고, 수많은 정보 중에서 상황과 맥락에 맞는 개인 맞춤형 정보를 제공하는 웹을 가리킨다. 이는 인공지능과 기계 학습을 통해 컴퓨터가 사람처럼 정보를 해석하고 사용자의 특정 요구에 맞춘 유용한 콘텐츠를 지능적으로 생성하고 배포하며 도움을 준다고 하겠다.

그림 1-6. Web 3.0 – 플랫폼

2 〉 4차 산업혁명과 통신기술의 이해

4차 산업혁명이란 인공 지능(AI)과 사물인터넷(IoT), 빅 데이터(Big Data), 클라우드 컴퓨팅 그리고 모바일 등 지능정보통신기술이 기존의 경제와 산업, 사회 전반에 융합되어 혁신적인 변화를 만들어 내는 차세대 산업혁명을 말한다. 4차 산업혁명과 통신기술의 특성을 통해 메타버스를 이해하자.

2.1 ▎ 4차 산업혁명(Industry 4.0)　　□

메타버스를 이해하기 위해서는 4차 산업혁명을 통한 통신기술을 이해하지 못한다면 의미가 없다. 메타버스의 핵심 기술이면서 가장 중요한 디지털 기술과 5G의 원리가 4차 산업기술과 통신기술을 바탕으로 형성되기 때문이다. 제4차 산업혁명은 일반적으로 정보통신기술의 융합으로 이루어지는 차세대 디지털 산업 혁명을 말한다.

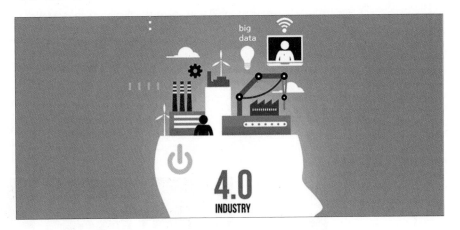

독일의 '산업 4.0'

'Industry 4.0'은 정보통신기술을 활용한 산업부문의 디지털 전환 전략으로 산업용 장비와 공정을 네트워크화하는 것이다. 세계 최고 수준의 제조업 역량을 자랑하던 독일은 중국과 한국 등 후발 국가의 기술 추격과 빠른 고령화 사회진입으로 인한 생산 인구 부족의 위기를 맞았다. 이를 극복하기 위해 독일은 자국 제조업의 경쟁력을 강화하고 주도권을 이어가기 위한 전략을 구상한다. Industry 4.0은 정보통신기술(ICT)과 제조업을 융합하고 생산에 투입되는 인력을 최소화하여 자동 생산 체계를 구축하는 차세대 산업혁명을 말한다.

4차 산업혁명의 정의

산업혁명은 18세기 후반 영국에서 시작되었고 18~19세기 사이에 유럽과 북미로 확산되었다. 그 변화의 바람은 사회·경제구조의 획기적인 변화로 이어졌고 급격한 산업 생산력의 증대를 일으켰다. 이러한 현상을 세계경제포럼 회장인 클라우스 슈바프가 2016년 1월에 스위스에서 열린 다보스포럼 기조연설에서 4차 산업혁명으로 지칭하였다. 독일의 '산업 4.0'에 의해 탄생한 디지털 전환을 통한 자동화 기술의 확산이 제조업뿐만 아니라 경제 전반의 생산과 사회 구조의 변동을 가져온 현상으로 이해할 수 있다. 즉 디지털 혁명 또는 지식정보혁명으로 정의된다.

4차 산업혁명을 이해하기 위해서는 1차 산업혁명에서부터 2차, 3차 산업혁명으로 이어지는 산업의 변화 과정들을 알아볼 필요가 있다. 그 변화의 특징들 속에서 4차 산업혁명이 가지는 의미와 가치를 살펴볼 것이다(표 1-1).

표 1-1. 산업혁명의 변화와 특징분석

특성	1차 산업혁명 -기계화 혁명-	2차 산업혁명 -대량생산 혁명-	3차 산업혁명 -디지털 지식 정보혁명-	4차 산업혁명 -디지털 혁명 또는 지식 정보혁명-
관련 이미지				

연도	18세기(1784년)	19~20세기 초반(1870년)	20세기 후반(1969년)	21세기 초반(2015년)
주도 국가	영국	독일, 미국	미국, 일본	독일
핵심 발명품	증기 기관, 방적기	전기, 전동기(모터)	컴퓨터, 반도체	사물인터넷(IoT), 로봇 공학, 3D 프린팅, 빅데이터, 인공지능(AI)
핵심 산업	면방직 산업	자동차, 중화학, 철강	인터넷, 컴퓨터, 반도체	디지털 기술, 바이오 기술, 물리학 기술
경제 구조의 변화	• 증기 기관 기반 기계화 혁명 • 공업 중심의 경제로 전환 • 지속적인 경제 성장으로 진입	• 전기 에너지 기반 대량 생산 혁명 • 대기업 중심의 경제 성장 • 후발 공업국의 산업화	• 컴퓨터, 인터넷 기반 지식정보 혁명 • 벤처 기업이 혁신의 주체로 등장 • 세계 경제의 글로벌화	인공지능, 바이오기반 CPS[1] 혁명
사회 구조의 변화	• 노동자 계급의 성장 • 자유 민주주의 체제 형성 • 증기 기관의 발명으로 기계적인 장치에서 제품을 생산	• 자본가의 영향력 증대 • 기술 의존도 심화 • 전동기의 발명으로 대량 생산이 가능해지고 노동력이 절약	• 생활 편의 향상 • 신지식인 그룹 등장 • 정보통신기술의 발달로 생산 라인이 자동화 • 사람은 생산 라인의 점검 및 관리를 수행	인공지능, 빅데이터 등 4차 산업혁명의 핵심 기술들은 정보를 자동으로 데이터화하고 분석하여 현실과 가상의 세계를 하나로 연결한 O2O(Online-To-Offline) 체계를 구축

산업혁명의 전개 과정

1차 산업혁명은 증기 기관을 기반으로 한 '기계화의 혁명'이다. 그리고 2차 산업혁명은 전기를 기반으로 한 '대량 생산 혁명'이다. 3차 산업혁명은 컴퓨터를 기반으로 한 '지식정보혁명'이다. 끝으로 제4차 산업혁명은 3차 산업혁명을 기반으로 수학, 물리학, 생물학 등의 기초과학과 정보통신기술(ICT) 융합으로 이루어지는 디지털 혁명, 지식혁명 시대로 정의할 수 있다.

4차 산업혁명의 특징으로는 사람과 사물, 사물과 사물이 인터넷으로 연결되는 초연결성(Hyper-connected Society), 그 초연결성으로부터 파생된 막대한 데이터를 분석하고, 그 분석을 통해 일정 패턴을 파악해 내는 초지능성

체크 포인트

1 CPS(Cyber-Physical System) : 가상세계와 현실 세계가 통합되는 가상 물리 시스템

(Superintelligence), 그리고 마지막으로 분석 결과를 토대로 인간의 행동을 예측해 내는 예측 가능성이라 할 수 있다. 또한 4차 산업혁명은 '초연결성', '초지능화', '융합화'에 기반하여 '모든 것이 상호 연결되고 보다 지능화된 사회로 변화'한다는 특징이 있다(표 1-2).

표 1-2. 4차 산업혁명의 특징

초연결성	CT를 기반으로 하는 사물인터넷(IoT) 및 만물 인터넷(IoE; Internet of Everything)의 진화를 통해 인간-인간, 인간-사물, 사물-사물을 대상으로 한 초연결성이 기하급수적으로 확대
초지능성	인공지능(AI)과 빅데이터의 결합·연계를 통해 기술과 산업 구조의 초지능화가 강화
융합화	'초연결성', '초지능화'에 기반하여 기술간, 산업간, 사물-인간 간의 경계가 사라지는 '대 융합'의 시대 전망

2.2 | 4차 산업혁명 주요 기술

4차 산업혁명은 초연결성, 초지능성, 융합화라는 특징으로 발전되고 있다. 따라서 사회적, 기술적, 문화적 특성을 고려해 볼 때 메타버스 시대의 미래를 준비하는 과정으로 이해할 수 있다. 메타버스 시대를 준비하는 세계적인 IT 기업들과 국내 기업들의 산업 변화를 살펴보고 4차 산업 핵심 기술과의 연계성을 알아보고자 한다. 또한 다가올 메타버스 시대의 미래를 통한 다양한 변화를 살펴보자.

4차 산업과 메타버스

코로나 이후 비대면 시대의 도래로 시공간 제약이 없는 게임 산업의 발달은 가속화되었고, 더불어 4차 산업의 기술 흐름은 메타버스라는 가상 플랫폼 시장으로 확장되고 있다. 해외 메타버스 대표 플랫폼으로는 로블록스나 마인크래프트가 있고, 국내에는 제페토가 있다. 페이스북의 CEO 마크 저커버그(Mark

Zuckerberg)는 메타버스 시장의 미래를 확신하며 최근 '메타'라는 이름으로 기업명을 바꾸었다. 로블록스, 마인크래프트, 네이버의 제페토, 아크버스는 물론 국내 정부 정책에서도 K-콘텐츠 산업 육성의 일환으로 메타버스 육성계획을 발표하고, 국가적인 투자와 미래를 준비하고 있다. 관련 핵심 기술로써 블록체인 기반의 NFT(Non-Fungible Token) 정책은 메타버스 시장의 성장을 가속화하고 있으며, 게임 방식에서도 아바타를 활용해 가상세계 어디든 갈 수 있는 오픈월드, 가상세계 속에서 무엇이든 생성하고 소멸시킬 수 있는 샌드박스 방식의 탈중앙화(Decentralization)라는 운영적인 변화도 나타나고 있다.

2022년 1월 20일 정부는 제53차 비상경제 중앙대책본부 회의(경제부총리주재)를 통해 가상융합세계(이하, 메타버스) 진흥 대책인 '메타버스 신산업 선도전략'을 발표했다. 내용을 살펴보면 2026년까지 글로벌 메타버스 선점을 통한 시장점유율 5위(현재 12위 추정) 목표를 시작으로 메타버스 전문가 4만 명 양성, 매출액 50억 원 이상, 메타버스 공급기업 220곳 육성, 사회적 가치 서비스 발굴을 통한 메타버스 모범 사례 50건 발굴 등을 그림 1-7과 같이 제시했다.

그림 1-7. 메타버스 신산업 선도전략

4차 산업과 주요 핵심 기술

4차 산업혁명은 3차 산업혁명의 기반이었던 디지털, 생물학, 물리학 등의 경계가 사라지고 '융합'의 형태로 발전하는 '기술 혁명'을 의미한다. 주요 3대 핵심 기술인 '디지털 기술', '바이오 기술', '물리학 기술'의 발전이 예상되며, 여러 분야의 기술이 '융합'되어 새로운 기술 혁신이 일어날 것으로 기대된다. 주요 핵심 기술의 특성을 살펴보자.

디지털 기술

자료의 디지털화를 통한 복합적인 분석을 의미한다.

> - **사물인터넷(IoT)** : 'IoT(Internet of Things)'라고 부르는 사물인터넷 기술로 사람, 사물, 공간 등 모든 것이 인터넷으로 연결되어 정보가 생성·수집·공유·활용되는 초연결망을 의미한다.
> - **인공지능(AI)** : 인공지능(Artificial Intelligence) 기술은 기계가 인간의 언어를 알아듣고, 사람처럼 지각하고 판단하는 기능을 갖는 기술로 4차 산업 첨단 기술 중 하나이다.
> - **빅데이터(Bigdata)** : 방대한 데이터를 활용해 기업은 고객 소비 패턴을 데이터로 축적, 분석하여 상품 추천 서비스나 신제품 개발 등 다양한 분야에서 활용할 수 있다.
> - **공유플랫폼** : 플랫폼이란 '다양한 상품의 생산 및 소비를 위해 형성된 경제활동의 토대'라고 정의할 수 있다. 공유플랫폼은 교육적 활용이 가능한 콘텐츠를 공유하는 시스템이며, 서로가 얻고자 하는 가치를 공정한 거래를 통해 교환할 수 있는 환경이다.

바이오 기술

생물학 정보의 분석 및 기술 정밀화를 통한 건강 증진의 변화가 예상된다.

> - 유전공학, 합성 생물학, 바이오 프린팅 등이 포함된 생물학적 기술

물리학 기술

현실공간과 가상공간의 연계를 통한 가상 물리 시스템 구축을 통해 새로운 부가 가치를 창출할 것으로 전망한다.

> - 무인운송 수단, 3D 프린팅, 로봇공학, 나노 신소재, 대체에너지, 로봇 수술
> - 3D 프린팅과 유전공학이 결합하여 생체조직 프린팅이 발명
> - 물리학적, 디지털, 생물학적 기술이 사이버 물리시스템으로 연결

4차 산업과 미래사회

4차 산업혁명 속에서 우리는 기술 발전과 트렌드 변화를 관찰하고 앞으로 다가올 미래사회 변화의 큰 방향을 예측해 볼 수 있다. 먼저, 미래사회의 교육, 경제, 산업구조, 노동시장, 가치 등 다양한 분야에 많은 영향을 미칠 것으로 예상된다. 그림 1-8과 같이 인공지능을 이용한 교육 방법이나 노동시장의 변화 등을 상상해 볼 수 있다.

그림 1-8. 인공지능을 이용한 교육

현실과 가상을 오고 가는 미래사회의 기술과 개념적 가치 변화를 이해하기 위해 4차 산업시대에서 나타나는 인간 삶의 변화되는 모습들을 다양한 사례들을 통해 예측해 보도록 하자.

- 4차 산업시대에는 인류의 일자리, 산업, 경제 영역에서 자동화, 지능화가 가속화되고 인공지능, 빅데이터 등을 통한 신산업군이 점점 늘어날 것으로 보인다.
- 인공지능의 발달은 인간의 노동시장에서부터 상당한 부분을 차지할 것으로 보인다. 즉 인공지능 기계가 반복적이거나 데이터 수집이 필요한 작업 형태의 노동시장을 대부분 대체할 것으로 예상된다.
- 인공지능 기술 및 첨단 IT 기술을 바탕으로 데이터, 정보, 지식의 축적과 발달 속도의 상승은 인간의 삶 속에 풍부한 지식과 빠른 정보 습득을 가능하게 한다.
- 행정이나 교육 분야에서도 빅 데이터, 인공지능, ICT 기술의 발달로 인한 초지능화가 가속화될 것으로 보이며, AI와 함께 살아가야 하는 디지털 융합 스마트 시대로 변화하게 될 것이다.

- 공공서비스 분야인 의료, 복지, 행정 등에서도 인공지능 기술의 도입이 확대되고 공장은 스마트 팩토리 시스템을 통해 생산력이 급격히 증가하게 될 것으로 예상된다.
- 사물인터넷의 발달은 초연결사회로의 진화를 가속화하고, VR, AR 기술의 발달로 고도화된 간접 가상체험이 가능하게 된다. 최첨단 스마트 실감 디바이스를 통해 현실보다 더 생생한 가상체험을 할 수 있다.
- IOT 기술과 실감형 디바이스 기술을 활용한 재택업무, 원격교육, 원격진료 등이 일상화되고 공간의 제약에 구애받지 않는다. 집에 앉아서 쇼핑을 즐기거나, 물품을 거래하고, 병원에 가지 않고 진료받으며, 학교에 가지 않고도 실감 나는 온라인 원격 학습이 가능하게 된다.
- 네트워크 기반의 초연결 사회가 일상이 되면서 인간은 새로운 사이버 공유가치를 형성하게 될 것이다. 가상세계 플랫폼의 '접속'과 디지털 사회의 '공유'라는 새로운 개념을 바탕으로 사회경제의 기본질서가 달라지고 물건을 소유하기보다는 리스, 멤버십, 렌탈, 카셰어링 등 언제나 편리하게 빌려서 사용할 수 있는 공유경제(Sharing Economy), 공유사회 문화가 형성될 것으로 보인다.

2.3 | 통신기술의 변화와 이해

메타버스는 결국 가상세계 속에서 형성되는 디지털 사회관계라고 보면 된다. 따라서 현실에서 가상세계로 들어가는 출입구가 필요하며 그 속에서의 삶을 유지하는 방법을 이해해야 한다. 우리가 스마트폰을 사용하는 가장 큰 이유는 이동 가능한 편리한 휴대성이다. 즉 활동과 시간, 장소에 구애받지 않고, 다른 누군가와 쉽게 소통하거나 쇼핑, 은행 업무, 필요한 정보수집을 할 수 있기 때문이다. 하지만 인터넷 통신이 제한되는 지역이나 공간에서는 이 모든 것이 무용지물이 된다. 그 이유는 네트워크 기반의 인터넷 통신기술이 중요한 역할을 하기 때문이다. 따라서 네트워크 기술의 발달이 필수적으로 따라줘야 스마트폰을 활용한 여러 가지 활동들이 가능하다.

결국은 메타버스 공간에 얼마나 많은 사람이 실시간으로 함께 소통하고 공유하며 문화를 함께 만들어 가는가는 통신기술의 발전과 밀접한 관계가 있다. 따라서 그림 1-9에서처럼 통신기술의 발전 과정과 변화의 특징을 이해하는 것은 앞으로 다가올 메타버스 세상을 이해하는 필수 과정이라고 할 수 있다.

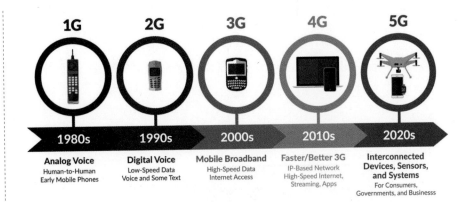

그림 1-9. 통신기술의 변화와 이해

이동통신 기술의 변화

무선 이동통신 기술의 변화는 기본적으로 휴대할 수 있으며, 통화를 하면서 움직일 수 있는 시점인 1980년대 1세대 아날로그 이동통신을 시작으로(표 1-3), 1990년대 2세대(표 1-4), 2000년대 3세대(표 1-5), 2010년대 4세대(표 1-6)로 발전했다. 또한, 무선 접속 네트워크(Radio Access Network) 기술의 발전은 최근 2020년대 접어들면서 5세대로 향하고 있다. 무선 전송 기술은 크게 1세대 아날로그 FDMA(Frequency Division Multiple Access), 2세대 TDMA(Time Division Multiple Access), 2세대와 3세대에 걸쳐있는 CDMA(Code Division Multiple Access), 4세대 OFDMA(Orthogonal Frequency Division Multiple Access) 기술을 들 수 있다. 이동통신 기술의 발달은 소통의 방식과 정보 전달 기술의 변화를 통해 발전해 왔다고 할 수 있다.

표 1-3. 1세대(G) 이동통신

- 상용화 시기 : 1980년대
- 가능 서비스 : 음성, 아날로그 통신
- 1988 서울올림픽 이후 휴대용 개인 전화기의 등장
- 모토로라(벽돌폰) 폰 : 이동통신의 시작, 240만 원대
- 통화만 가능 : 아날로그 방식으로 목소리를 전기신호로 전달, 잡음이 심하고 혼선이 자주 발생

이러한 기술 문제의 해결책으로 CDMA(Code Division Multiple Access) 기술이 개발되게 된다. 이 기술을 간단히 설명하자면 코드 분할 다중 접속 방식으로 코드를 이용하여 하나의 셀에 다중의 사용자가 접속할 수 있게 하는 기술이 도입되었다.

표 1-4. 2세대(G) 이동통신

- 상용화 시기 : 1990년대
- 가능 서비스 : 음성+문자, 디지털 통신
- 디지털 방식의 CDMA를 1996 우리나라가 세계 최초로 상용화 서비스 실시, 2세대의 시작
- 안정적 통화, 문자전송, 문자문화
- 확산, 통신사마다 앞 번호가 다름
- 통화품질이 중요 선택 기준

1996 우리나라가 세계 최초로 디지털 방식의 CDMA의 상용화 서비스를 실시하고, 2세대 이동통신의 시작을 알렸다. 이 기술은 2000년대 상용화가 되었고 음성과 문자까지 지원되는 디지털 통신 서비스를 선보였다. 통화는 물론 문자전송까지 가능해 문자문화라는 새로운 문화가 형성되었다. 통신사마다 앞번호가 달랐으며, 통신속도와 통화품질이 소비자가 제품을 선택하는 기준이 되었다. 당시 통신사들은 경쟁적으로 안정적인 주파수를 공급하기 위해 전국에 다량의 안테나를 세우게 된다.

표 1-5. 3세대(G) 이동통신

- 상용화 시기 : 2000년대
- 가능 서비스 : 음성+문자+영상, CDMA, GSM 통신 방식
- 2000년대 초 3세대-W-CDMA, CDMA2000 상용화 : 음성과 문자, 영상통화가 가능, 본격적인 데이터의 유통

2000년대 초 3세대(G) 이동통신의 등장은 음성과 문자 서비스는 물론 영상을 제공하게 된다. 이는 스마트폰의 등장을 의미하며 우리의 삶에 큰 변화의 바람을

일으키는 발명이었다. 본격적인 데이터 유통이 시작되는 시기로 컴퓨터와 휴대폰의 경계가 무너지기 시작한다. 즉 걸어 다니는 컴퓨터로 불리면서 휴대폰 기기를 통해 인터넷과 연결되고 데이터 저장 기술을 통해 음악이나 영화를 다운로드 받거나 온라인 게임을 즐기기도 한다. 따라서 데이터의 전송속도가 중요한 개념으로 등장하는 시기였다.

표 1-6. 4세대(G) 이동통신

- 상용화 시기 : 2010년대
- 가능 서비스 : 음성+문자+영상+데이터, LTE[2], LTE-A 방식
- 휴대폰 이용자와 데이터 사용의 폭발적 증가로 CDMA 방식의 한계! → 새로운 기술표준 LTE 등장

2010년대 4세대(G) 이동통신의 특징은 음성, 문자, 영상, 데이터 저장 기능은 물론 휴대폰 이용자와 데이터 사용의 폭발적 증가로 인한 CDMA 방식의 한계를 극복하기 위한 LTE, LTE-A 방식으로 변화하였다. 4세대(G) 이동통신은 전 세계 70%가 사용하고 있으며 W-CDMA 후속 기술을 활용한다. 3G 통신망과 연결이 용이하며, 고화질 영상과 네트워크 게임, 사물인터넷과 연결할 수 있는 환경조건을 갖추고 있다.

5세대(G) 이동통신의 등장

스마트폰이 일상이 되는 2020년 5세대(G) 이동통신은 모바일 네트워크를 의미한다. 기존의 4G LTE 셀룰러 네트워크를 보강하거나 완전히 교체할 목적으로 설계되었다고 할 수 있다. 5G는 더 높은 데이터 속도와 더 짧은 지연 시간 및 더 많은 사용자를 확보하고 디바이스를 통한 첨단 서비스를 지원하는 동시에 네트워크 효율성을 향상시키도록 설계되었다.

 체크 포인트

2 LTE(Long Term Evolution) : 오랫동안 진화한 것(장시간 기존시스템을 발전시킨 기술)

표 1-7. 5세대(G) 이동통신

- 상용화 시기 : 2020
- 5G는 5세대 모바일 네트워크를 의미 : 기존의 4G LTE 셀룰러 네트워크를 보강하거나 완전히 교체할 목적으로 설계
- 각 세대는 사용된 기술, 신호 송수신 사이의 시간(대기 시간), 네트워크로 연결된 장치 간의 데이터 전송 속도를 비롯한 여러 요소로 정의
- 5G는 더 높은 데이터 속도, 더 짧은 지연시간 및 더 많은 사용자, 디바이스, 서비스를 지원하는 동시에 네트워크 효율성을 향상시키도록 설계

5G의 다운링크 피크로써 최대 데이터 전송속도를 살펴보면 최대 20Gbps에 달하며, 이 수치는 4G LTE의 피크 속도인 1Gbps보다 약 20배 더 빠르다. 이와 유사하게 5G는 사용자 경험 데이터 전송 속도를 10배에서 100배로 높이고, 4G가 지원하는 연결 디바이스 수의 10배에서 100배까지 최대 연결기기를 지원하며, 처리 지연 속도는 1밀리초(ms)의 초저지연을 특징으로 한다.

5G의 특징과 기술의 이해

기본적으로 5G는 3G, 4G와 체계가 완전히 다르며 자율 사물들, 다양한 정보, 빠른 속도가 필요하다. 또한 다운로드 속도가 최대 20Gbps로 4G의 5배에서 40배까지로 늘어난다. 따라서 그림 1-10에서처럼 5G는 '직진성 밀리미터파'라는 특성 때문에 고주파의 직진성이 강한 주파수를 사용해야만 한다. 구체적으로 설명하자면 6GHz 이하, 또는 24GHz~100GHz의 대역폭이 큰 특성의 고주파수를 사용하게 된다. 이 대역폭의 크기는 데이터가 오가는 통로로써 넓을수록 더 많은 데이터를 전송할 수 있기 때문이다. 1G, 2G는 전화나 문자만을 사용하기 때문에 대역폭이 작은 국도 같은 정도의 간격인 저주파를 사용해도 된다.

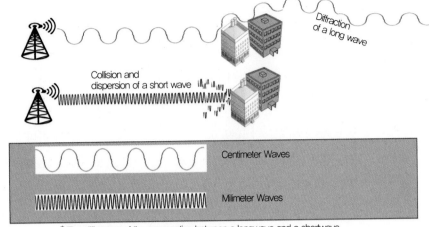

Diffraction of a long wave

Collision and dispersion of a short wave

Centimeter Waves

Milimeter Waves

* The difference of the propagation between a longwave and a shortwave

그림 1-10. 5G는 직진성 밀리미터파

3G, 4G는 같은 개념에서 보면 파장 길이가 수십 cm에서 최대 50km~150km 거리를 커버한다. 비교하자면 고속도로 정도의 넓이라고 생각할 수 있다. 하지만 5G는 비행기 활주로와 같은 넓이로써 파장 길이가 수 mm에서 250~300m의 거리 정도만 커버한다. 따라서 변질 위험이 높다는 단점 때문에 짧은 거리의 기지국이 많이 필요하다. 또한 그림 1-11에서 보이듯이 5G는 콘크리트 벽 형태의 지형지물을 뚫고 지나가지 못한다. 즉 5G는 직진성 밀리미터파로써 장애물이 있을 때 충돌 및 분산되는 변질 위험의 특성이 있다. 이러한 특성 때문에 건물 내 또는 지하공간에 5G를 사용하고자 할 경우에는 별도의 개별 '셀 타워'가 필요하다. 따라서 그림 1-11을 살펴보면 4G mobile Base station과 5G Cell station의 구조를 알 수 있다.

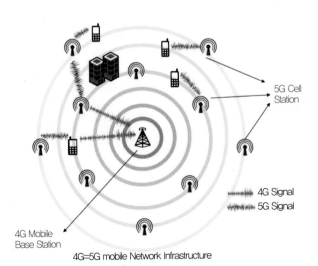

5G Cell Station

4G Signal
5G Signal

4G Mobile Base Station

4G=5G mobile Network Infrastructure

그림 1-11. 4G mobile Base Station and 5G Cell Station

특히 5G는 비가 오는 날에는 더 문제가 많이 발생하는데 그것은 GPS 및 고주파 위성통신 시스템의 공통된 문제점이기도 하다. 즉 고주파를 사용하는 위성통신들은 비가 오면 밀리미터파 신호의 강도가 저하되어 속도가 느려지면서 연결에 문제가 발생한다. 따라서 이러한 문제점들을 해결하기 위해서는 데이터 손상 없이 속도를 높이는 효율적인 방법을 활용하고 있다.

첫 번째 방법으로 더 많은 5G Cell Station이 구축되어야 한다. 두 번째는 4G와 Wifi 등을 겸용으로 사용해야 한다. 실질적으로도 5G는 4G 기지국을 기본으로 사용하면서 지역별로 5G 장비의 셀(Cell Station)을 추가적으로 구축해서 연결하는 새로운 방식으로 현재 활용되고 있다. 5G 무선통신을 더 효율적이고 원활하게 하는 추가적인 기술로써 그림 1-12와 같이 데이터 손상 없이 속도를 높이는 2가지 기술을 설명할 수 있다. 전파를 특정 방향으로 쏴주어 송수신을 가능하게 하는 빔 포밍(Beam Forming) 기술과 기지국과 단말기에 여러 개의 안테나(Massive MIMO System)를 사용해 기지국 용량을 향상시키는 다중 MIMO 기술이 있다.

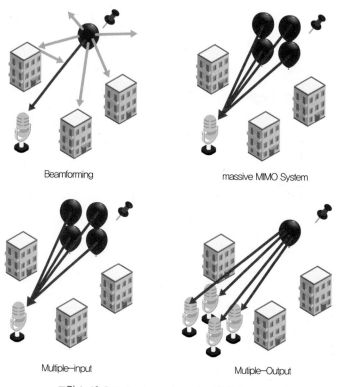

Beamforming

massive MIMO System

Multiple-input

Mutiple-Output

그림 1-12. Beamforming and massive MIMO System

3 〉 메타버스의 7가지 특징

본 장에서는 메타버스 플랫폼의 7가지 주요 특성에 대해 알아보자. 완벽한 메타버스 공간을 형성하려면 다음의 7가지 요소들이 구축되어야 한다. 오픈월드(Open World), 샌드박스, 탈 중앙화, 크리에이터 이코노미, NFT, 상호작용성, 아바타로 각각의 의미와 개념들을 알아보자.

3.1 | 오픈월드(Open World)

오픈월드의 개념을 설명하자면 우선 기존의 직선적 또는 구조화된 게임 플레이와 반대로, 사용자가 가상세계를 자유롭게 돌아다니며 탐험하고 게임 오브젝트(Objectives)에 자유롭게 접근할 수 있다. 또한 구성요소들을 사용자의 의지에 따라 자유롭게 바꿀 수 있는 게임 디자인의 한 유형이자 게임 메커니즘이라고 이해하면 된다.

그림 1-13을 통해 알 수 있듯이 기존의 RPG(Role-Playing Game : 각자의 캐릭터를 이용해 서로 협력해서 목표에 달성하는 방식) 온라인 게임 방식은 운영자가 구성해 놓은 맵 세상 속에서 주어진 퀘스트를 통해 문제를 해결하고 보상을 얻는 방식이 일반적이다. 정해진 미션을 수행하기 위한 루트로 캐릭터 이동을 안내한다. 즉, 미션 완수를 통해 성장하는 캐릭터를 육성하는 방식의 시스템인 것이다. 하지만 오픈월드 게임은 캐릭터를 육성하는 형식이 아니다. 이동의 자유를 전제로 하여 대부분 장소로 옮겨갈 수 있는 것을 특징으로 한다.

대표적인 게임으로 GTA《그랜드 테프트 오토》, 마인크래프트, 게리 모드, 엘든 링 등이 있다.

디아블로 이모탈(2020) : RPG

임모탈 피닉스 라이징(2020) : 오픈월드 액션 어드벤츠

그림 1-13. RPG와 오픈월드 게임 사례

3.2 | 샌드박스(Sandbox)

샌드박스(Sandbox)를 직역하자면 '모래 상자', '모래 놀이터' 정도로 해석되는데 나무나 플라스틱으로 만들어진 공간에 어린아이들이 모래를 담아 놀 수 있게 한 공간이란 의미로 사용자가 자유롭게 무언가를 창조해서 만들 수 있는 장르를 말한다. 표 1-8에서처럼 다양한 샌드박스 사례에 따른 의미들이 존재하지만, 기본적으로 게임 분야에서 나타나는 샌드박스의 의미를 살펴보고자 한다.

표 1-8. 다양한 샌드박스 사례

사례	의미
게임 샌드박스	특정한 목표가 없거나, 자유도가 높은 게임 분류 중의 하나. GTA 또는 심 시리즈가 대표적인 예
컴퓨터 샌드박스	어떠한 프로그램/코드를 실행할 때 격리된 공간(샌드박스)를 제공하고 그곳을 벗어나는 작업을 하지 못하도록 방지하는 기술
드라마 '스타트업' 샌드박스	드라마에 등장하는 스타트업들을 육성하는 액셀러레이터 이름. 애들이 모래사장에서 걱정 없이 뛰놀듯 스타트업이 맘껏 뛰놀고 실패해도 지원하겠다는 의미
유튜브 샌드박스 네트워크	잘 나가는 유튜브 MCN의 이름
규제 샌드박스	특정 산업의 육성을 위하여 사업자가 새로운 서비스나 상품을 출시할 경우 기존 규제를 유예하여 일정 기간 서비스를 제공할 수 있도록 한 후 문제가 발생하면 사후 규제하는 제도

샌드박스 게임은 목표와 목적은 주어지게 되지만 꼭 그대로 게임을 진행할 필요 없고 메인 퀘스트를 진행하거나 미션만 따라가는 방식에서 자유로운 형식이다. 대표적인 샌드박스형 게임으로는 그림 1-14의 5가지 사례가 있다. 마인크래프트는 정해진 목적과 스토리가 사실상 없으며 원하는 대로 세계를 만들 수 있다. 사용자가 짓고 싶은 대로 제작(Craft)하며, 캐고 싶은 대로 채광(Mine)하고, 몹(게임에서 제거 대상)과 싸우고 어디든지 새로운 곳을 탐험할 수 있는 무한한 가능성을 가지고 있다. 테라리아(Terraria)도 기본적으로 정해져 있는 건 없다. 지형 변경, 건축, 아이템 제작, 탐험하고 몬스터를 사냥하는 것 등 창작의 자유가 훨씬 높아 샌드박스형 게임인 동시에 맵 전체를 로딩 없이 이동하는 오픈월드 게임의 요소도 가지고 있다. 판타지와 SF, 현대 물건들이 뒤섞여 있고 월드의 크기가 수직으로는 엄청나게 깊은데 수평 크기 자체는 유한하다. 그 외 림월드(RimWorld), 포탈 나이츠(Portal Knight), 시티즈 : 스카이라인(Cities : Skylines) 등이 있다.

마인크래프트　　　테라리아　　　림월드　　　포탈 나이츠　　　시티즈:스카이라인

그림 1-14. 대표적인 샌드박스 게임

3.3 | 탈중앙화(Decentralization)

탈중앙화(脫中央化, Decentralization)를 사전적 의미에서 볼 때 어떤 조직의 활동에서부터 계획이나 의사결정을 함에 있어서 중앙의 권위 있는 집단이 아닌 다수에게 그 결정을 분산시키거나 위임하는 프로세스이다. 간단히 말해서 '탈중앙화'라는 개념은 중앙화의 반대적인 의미로 중앙 관리자에 의해 의사결정이 이뤄지던 시대에서 벗어나 참여자들에 의해 자율적으로 의사결정이 이루어지는 것을 의미한다. 따라서 최근의 블록체인 기술을 기반으로 탈중앙화는 반드시 필요한 의사

결정 시스템이라고 할 수 있다. 탈중앙화의 의미를 이해하기 위해서 탈중앙화가 필요한 이유 3가지를 통해 2가지의 의미에서 비탈릭부테릭의 탈중앙화와 크리스 딕슨의 탈중앙화를 살펴보고자 한다.

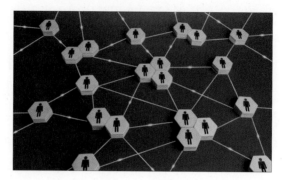

그림 1-15. 탈중앙화

탈중앙화가 필요한 3가지 이유

의사결정 시스템 탈중앙화의 장애 분산, 공격 저항, 담함 저항의 이유를 다음을 통해 알아보자.

- **장애 분산(Fault Tolerance)** : 탈 중앙화된 시스템에서는 네트워크가 많은 수의 독립된 데이터 전송 통로로 구성되어 분산적 속성이라 단일 장애 지점을 제거할 수 있다. 따라서 어느 단일 통로나 거래 내역 처리 과정에서 장애가 발생하더라도 전체적인 시스템에는 오류가 발생할 확률이 낮아진다는 의미이다.
- **공격 저항(Attack Resistance)** : 현재 중앙화된 시스템은 해킹 공격에 매우 취약하고 한 사람의 실수가 다수에게 피해를 줄 수 있는 구조이다. 하지만 블록체인 기반의 탈중앙화된 시스템은 저항력이 매우 강하다. 해킹 공격이 사실상 어렵고 해킹하는데 비용과 시간이 많이 들어 불가능하다는 의미이다.
- **담함 저항(Collusion Resistance)** : 일반적으로 중앙집중식 권력은 기관이나 기업들이 자신들끼리의 특정 대상을 억압하기 위해 서로 간에 담함하기에 용이한 구조를 가지고 있다. 하지만 탈중앙화된 시스템은 P2P(peer-to-peer network) 방식, 즉 동등 계층간 통신망(同等階層間通信網)으로 컴퓨터끼리 양방향으로 파일을 전송하는 시스템이며 중앙 서버 없이 각각의 컴퓨터가 서버와 클라이언트가 되어 서로 연결되고 파일을 주고받을 수 있다.

  따라서 이용자들 간의 자신의 이득을 직접적으로 취할 수 있는 관계구조라 서로에게 피해를 끼치는 행동을 하기는 어렵다는 것이다.

비탈릭부테릭의 탈중앙화

비탈릭부테릭이 주장하는 탈중앙화의 의미(The Meaning of Decentralization)를 중앙화, 탈중앙화, 분산화의 의미 비교를 그림 1-16을 통해 알아보자.

- **중앙화(Centralized)** : 국가적인 관점에서 본다면 믿을 수 있는 특정 기관의 관리하에서 이뤄지는 방식을 중앙화라고 한다. 믿을 수 있는 어느 한 주체가 통제나, 지시 및 결정을 내리는 방식으로 네트워크 관점에서 이해해 본다면 한 컴퓨터가 시스템 전체를 구축한다고 할 수 있다.

- **탈중앙화(Decentralized)** : 특정 플랫폼의 가치는 그것을 이용하고자 하는 커뮤니티에 의해 정해진다는 의미로 어떤 한 주체가 통제하지 않는다. 네트워크 관점에서 본다면 시스템 전체를 관리, 통제, 컨트롤하는 특정한 컴퓨터가 없는 상황이라 할 수 있다.

- **분산화(Distributed Networks)** : 탈중앙화의 의미와 비슷해 보이지만 명확히 다른 의미이다. 탈중앙화는 기본적으로 시스템의 관리 주체가 특정 지어져 있지 않음을 의미한다. 하지만 분산화는 관리, 연산 및 처리하는 주체가 분산되어 있음을 의미한다. 즉 중앙화된 주체들이 분산적으로 운영하는 중앙화 시스템으로 이해하면 된다.

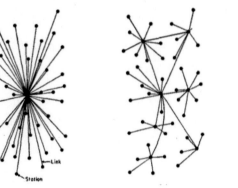

중앙화(Centralized)　　　탈중앙화(Decentralized)　　　분산화(Distributed networks)

그림 1-16. 비탈릭부테릭의 탈중앙화 특징

크리스 딕슨의 탈중앙화

크리스 딕슨은 미국에서 가장 유명한 VC(Venture Capital) 회사 중 하나인 앤드리슨 호로위츠의 제너럴 파트너이자 암호자산 담당자이다. 그는 탈중앙화에 관해 중앙화된 현재의 인터넷이 탈중앙화로 인해 어떻게 바뀌게 되는지를 서술하였다.

크리스 딕슨은 개인의 이익과 쾌락을 중요하게 생각하는 공리주의의 관점에서 탈중앙화가 필요하며 전체 네트워크가 제공하는 효용을 더 빨리 키울 수 있다는 점을 강조하고 있다.

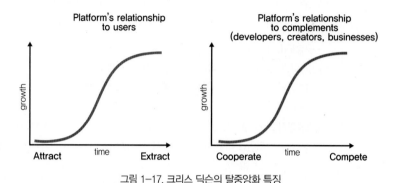

그림 1-17. 크리스 딕슨의 탈중앙화 특징

크리스 딕슨은 지금의 인터넷 서비스에 관해 주장하기를 초기 성장단계에서는 양질의 서비스를 저렴하게 제공하면서 사용자들을 유혹하고 있다. 따라서 열린 생태계를 만들어 참여하는 개발자나 사업체들과 협력하고 있다. 하지만 이후 충분히 성장하고 난 뒤에는 네트워크의 힘이 매우 강력해지면서 결국 사용자들을 착취하는 구조로 변화하고 서드파티 개발자나 사업체들과 경쟁하면서 그들의 이익까지 빼앗게 될 것이라고 주장한다. 하지만 블록체인 기반의 탈중앙화된 시스템은 다르다는 주장이다. 즉 사용자와 개발자들이 '토큰'이라는 경제적 인센티브를 받게 되고, 자발적으로 토큰의 가치향상을 위해 서로 협력하며 시스템을 함께 성장시킬 수 있다는 주장이다. 또한 만약 초기 개발팀이나 채굴자 등이 스스로의 권력을 쥐게 되어 횡포나 착취를 시도한다고 하더라도 토큰 기반의 투표와 같은 민주적인 방법으로 참여자들이 목소리를 낼 수 있고, 극단적인 상황에 처해지게 된다면 시스템을 전면 하드포크하여 기존 데이터와 유저군을 그대로 유지한 채 권력자들을 몰아낼 수가 있다는 것이다.

인터넷 가상공간은 오늘날 우리들의 삶 속에 필수적인 통신매체로 자리 잡았다. 과거에는 매체가 주는 정보를 수동적으로 받아들이는 것밖에는 할 수 없었다. 그러나 PC와 인터넷 그리고 스마트폰의 등장으로 정보통신 매체가 다양해졌고, 상호 소통이 가능해졌으며 자유롭게 개인의 의견을 개진할 수 있는 여러 형태의 플랫폼이 활성화되었다. 나아가 네트워크 소통의 발달로 전 세계 각국의 영화나 TV 프로그램을 언제든지 선택해서 볼 수 있는 콘텐츠가 등장했는데, 대표적인 예시로 Netflix를 들 수 있다. 또한 누구나 영상을 제작하여 공개하고 공유하는 참여형 콘텐츠인 유튜브의 등장은 과거 TV, 라디오, 신문이 주는 정보에 국한되었던 정보 습득 경로에서 벗어나 실시간으로 정보를 주고받고, 소통할 수 있게 되었다. 유튜브는 현재 전 세계인의 사랑을 받는 대표적인 콘텐츠로 자리매김했다. 다양하고 흥미로운 수많은 콘텐츠로 넘쳐나는 지금 우리는 이제 막대한 예산이나 기술적 노하우 없이도 기본적인 컴퓨터나 보조 장치에 아이디어만 있으면 자신만의 콘텐츠를 만들 수 있게 되었다. 개인이 자신의 콘텐츠를 만들 수 있는 이러한 시스템은 크리에이트 경제의 탄생으로 이어졌다.

그림 1-18. 크리에이터 이코노미

창조경제의 정의

메타버스를 이해하기 위해서는 그림 1-19의 크리에이터 이코노미, 즉 창조경제라는 말을 이해해야 한다. 왜냐하면 현실과 동일한 가상세계에서의 경제활동은 진정한 메타버스의 의미에서 중요한 요소를 차지하기 때문이다. 최근 들어 창조경제라는 단어를 직접 들어본 적이 없다하더라도 어떤 식으로든 접했을 가능성이 크다.

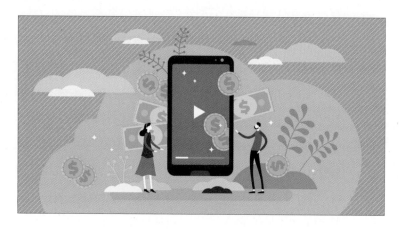

그림 1-19. 크리에이터 이코노미의 의미

창조경제에 관한 간단한 정의를 내려 보면 크리에이터는 뉴스레터, 패션, 게임, 웹툰, 영상, 음악, 소설, 그림, 디자인, 팟캐스트 강좌 등 창의적인 콘텐츠를 만드는 사람이다. 즉 창조경제란 창작자(크리에이터)에 의해 만들어진 콘텐츠들이 생산과 소비의 관계로 형성된 경제활동(이코노미)으로 이해할 수 있다. 사용자가 콘텐츠 비용을 창작자에게 직접 지불하는 방식으로 광고에 의존하지 않고도 창작자가 자신의 콘텐츠를 꾸준히 생산할 수 있는 시스템을 말한다. 실리콘밸리에서는 이를 '크리에이터 이코노미'라고 부른다.

창조자 경제는 어떻게 작동하는가?

온라인 세상에 존재하는 모든 창작물이 디지털 자산으로 재평가되는 요즘 개인 창작 클래스부터 웹툰, NFT(대체불가토큰)까지 크리에이터 이코노미가 대중화되고 있는 것이 현실이다.

창조자 경제의 원리는 매우 단순하고 명확하다. 창조자들은 누군가를 위해 무언가를 만들고 그것은 돈을 벌기 위한 자신만의 창작물로 경제활동을 만들어 간다. 당신이 무엇을 만드는지는 전적으로 자신에게 달려 있고 그것은 재미있는 비디오, 블로그, 브이로그, 음악, 먹방, 요가 수업, 어떤 것들의 '사용법' 비디오와 같은 것이 될 수도 있다. 그것에 관한 창작 목록은 무궁무진하다. 그런 다음 유튜브, 인스타그램, 클럽하우스, 틱톡 등 다양한 크리에이터 이코노미 플랫폼 중 하나에 콘텐츠를 배포해 게시하면 된다. 게시된 콘텐츠는 수익화될 수 있으며, 잠재적으로 개인 크리에이터에게 유리한 수입을 가져다줄 수 있다.

그림 1-20을 살펴보면 대표적인 크리에이터 이코노미 플랫폼 사례로 제페토 스튜디오와 로블록스를 들 수 있다. 2020년 3월 AR 아바타 서비스의 제페토 스튜디오는 가상세계 전용 패션 아이템을 제작하고 판매하는 국내 플랫폼이다. 대표적인 크리에이터인 '렌지'는 2021년 기준 월 1,500만 원 이상의 수익을 올려서 유명해졌고 관련 온라인 클래스를 만들어 디자인 교육사업도 진행하는 크리에이터이다.

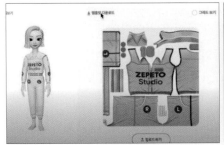

그림 1-20. 대표적인 크리에이터 이코노미 플랫폼 사례

로블록스도 외부 개발자들이 게임을 직접 만들고 판매하며 창작자들 간 만든 게임을 즐길 수도 있는 플랫폼이다. 일명 게임판 유튜브라고도 하는데 등록된 게임 수만 2021년 기준 5,000만 개에 달한다. 로블록스에서는 각종 패션 아이템을 제작하고 판매하거나 직접 만든 게임 패스를 판매하는 방식으로 수익을 올릴 수 있다고 한다. 미국경제 매체인 CNBC에 따르면 1,299여 명 게임 개발자가 2020

년에 벌어들인 로벅스 금액만 평균 1만 달러(약 1,200만 원)라고 한다. 이중 상위 300명은 10만 달러(약 1억 2,000만 원)의 수익을 올렸다고 한다.

창조자 경제의 가능성

인터넷이 모든 일상을 바꾼 방법 중 1가지는 훨씬 더 많은 시청자에게 콘텐츠를 개방할 기회가 있다는 것이며 앞으로의 창조자 경제의 가능성이라고 할 수 있다. 팬덤 층의 욕구 충족이 중요한 메타버스 시대를 앞두고 이러한 특징들은 창작자들에게 그들이 더 나은 틈새 관객들에게 집중하게 할 수 있다는 것을 의미한다.

Web 1.0~2.0 초기의 인터넷은 다른 어떤 것보다 정보를 위해서만 사용되었고, 오락적 가치는 거의 없었다. 그러나 Web 2.5 시대 인터넷 속도는 점점 더 빠르게 증가하여 사용자에게 더 많은 기능과 유연성을 제공하고 점점 더 많은 수의 사람들이 가정에서 인터넷에 접속하였다.

2004년 페이스북이 출시되어 소셜 미디어의 확장 가능성을 한 단계 끌어올렸다. 거의 1년 후, 그림 1-21의 유튜브의 등장은 정말 모든 것을 변화시켰다. 유튜브는 컴퓨터와 인터넷이 연결된 곳이라면 어디든지 모든 사람이 자신만의 채널을 쉽게 창조할 수 있도록 만들었다. 대부분 아마추어는 거의 모든 일상과 경험, 흥미와 재미들에 관한 영상을 공유하고 있었다.

그림 1-21. 유튜브의 등장

페이스북과 유튜브와 거의 동시에 등장한 스마트폰의 대중화는 창조경제의 활성화에 결정적인 역할을 했다. 그 외 트위터나 인스타그램 등 SNS를 통한 삶의 변화가 디지털 문화 활동으로 자리 잡았다. 또한 틱톡, 메타, 넷플릭스 등의 동영상 플랫폼 전쟁은 아직도 현재형이다.

창조자 경제의 사례

1분 동영상(숏폼)전쟁

2021년 1월 전 세계의 주목을 받은 18세 미국 소녀가 있었다. 찰리 디아멜리오(Charli d'amelio)라는 이름의 이 소녀는 지난해 한 해 동안 무려 '1,750만 달러(약 222억 9,500만 원)의 수익을 올렸다.'라는 내용의 '포브스' 기사가 보도되었다. 디아멜리오는 6월 1일 기준 팔로워 1억 4,100만 명을 거느린 '대형 틱톡 크리에이터'다. 그의 인생을 바꾼 것은 15초가량의 짧은 동영상(숏폼)을 틱톡에 올리면서부터이다.

숏폼(Short-Form)은 지난 2020년 국내 가수 지코의 '아무노래 챌린지'를 시작으로 각종 챌린지가 크게 유행할 때 MZ세대(밀레니얼+Z세대·1981~2010년생)를 중심으로 인기를 끌다가 코로나19로 전 세대의 사랑을 받은 콘텐츠로 부상했다. 숏폼은 보통 평균 15초에서 최대 10분을 넘기지 않는 콘텐츠로 정의할 수 있으며 콘텐츠 플랫폼 그림 1-22의 '틱톡'이 대표적이다.

그림 1-22. 콘텐츠 플랫폼 '틱톡'

인플루언서의 영향력

크리에이터 이코노미에서 인플루언서 마케팅은 매우 중요한 요소이다. 인플루언서의 사전적 의미는 '영향력'이라는 뜻의 Influence에 사람 접미사 −er이 붙은 단어이다. 즉, 사람들에게 영향을 줄 수 있는 사람을 뜻한다. 공식적인 연예인 외에도 인터넷과 소셜 미디어에서 콘텐츠를 창작하여 인기와 수익을 얻는 사람들을 지칭한다. 많은 사람이 비록 그들이 의도하지는 않았더라도 특별한 영향력이 있는, 즉 유명한 사람들이다. 하지만 신뢰도 면에서나 윤리적인 면에서 등 연예인들과는 사뭇 차이점이 있다고 생각된다. 하지만 디지털 창작 콘텐츠의 다양한 분야에서 인플루언서의 영향력이 나타나는데 최근에는 기업광고, 사회, 정치적인 홍보에 활용되는 등 그 영향력이 커지고 있는 것은 사실이다. 인플루언스들의 수익구조는 결국 구독자의 수와 직결된다. 얼마나 많은 구독자를 보유하고 있는가에 따라 수익이 결정되고 영향력을 인정받게 되는 것이다.

그림 1−23. 인플루언서의 광고 수익 사례

3.5 │ NFT

NFT는 최근 들어 가장 많이 들어본 단어 중 하나일 것이다. 단어적 의미는 Non−fungible Token으로 각 토큰에 고유한 인식 값을 부여하여 서로가 대체할 수 없다는 뜻으로, 즉 교환이나 복제가 불가능하다는 의미를 가지고 있다. 디지털 자산을 NFT로 만드는 것을 '민팅(Minting)'이라고 하는데 '화폐를 주조한다.'

는 의미가 있다. 메타버스 시대를 가장 현실적인 공간으로 만들 수 있는 개념이 기도 한 NFT의 형성 배경과 사회적, 경제적, 기술적 의미를 살펴보자.

대체 불가능 토큰 NFT(Non-fungible Token)

기본적으로 대체가 가능(Fungible)한 토큰이란 개념은 각기 동일한 가치를 지니고 있기 때문에 서로 간에 교환이 가능하다는 의미를 가진다. 관련 사례로는 명목화폐, 암호화폐, 귀금속, 채권 등을 들 수 있다. 하지만 대체 불가능(Non-fungible) 토큰은 블록체인을 통해 각기 고유한 특성을 보장받을 수 있어서 영구적이라는 것이다. 따라서 과거에 쉽게 복제할 수 있었던 '디지털 파일'에 대해 블록체인 기술을 적용하여 제도적인 안전장치가 가능해졌다는 의미이다. 이러한 기술적 장치인 NFT를 통해 디지털 파일의 고유성까지도 발행할 수 있다는 점에서 최근 다양한 분야에서 주목받고 있다.

소유권에 대한 보증문서

그림 1-24. NFT(Non-fungible Token)

사람들이 창조자 경제를 사용하는 가장 새로운 방법 중 하나는 블록체인 기술을 이용해서 디지털 자산의 소유주를 증명하는 가상의 토큰(Token)이다. 즉, 대체 불가능 토큰 NFT(Non-fungible Token)는 일종의 가상 진품 디지털 인증서로 그림·영상 등의 디지털 파일을 가리키는 주소를 토큰 안에 담음으로써 그 고유한 원본성 및 소유권을 나타내는 용도로 사용된다. 간단하게 NFT는 블록체인 특성상 위변조가 불가능한 원본 인증서, 소유권에 대한 보증문서, 즉 증명서라고 말할 수 있다.

NFT는 모든 사람이 볼 수 있도록 여전히 공용 영역에 남겨질 수 있는 디지털 자산에 대한 소유권을 소유자에게 부여한다. 영상·그림·음악 등을 복제하더라도 고유한 인식 값은 새롭게 부여되기 때문에 디지털 진본과 복제본의 구별이 가능하고, 콘텐츠 소유에 관한 경로를 추적하는 것이 가능하다는 등의 장점이 있다.

NFT와 비트코인

메타버스 시대 가장 이슈되고 있는 단어 중 3가지를 선정한다면 그림 1-25의 NFT-블록체인-비트코인일 것이다. 각각의 단어적 개념들은 어떤 차이점이 있을지 알아보자.

NFT는 블록체인 기술을 바탕으로 만들어졌다. 따라서 가상자산이라는 점에서는 비트코인과 비슷하다고 생각될 수 있지만, 비트코인은 현실의 화폐처럼 누구에게나 통용될 수 있게 만들어졌다. 반면 NFT는 하나하나의 가치가 디지털 자산으로 고유한 인식 값을 담고 있어서 모두 다를 수밖에 없다. 그런 면에서 화폐처럼 누구에게나 같은 가격으로 거래되지는 않는다. 즉 비트코인은 교환과 대체가 가능한 평범한 암호화폐로써의 가치를 가진다면, NFT는 각기 고유한 디자인의 그림과 일련번호를 새겨 가치를 증명해 준다. 또한 거래한 기록이 자동 저장되고 위·변조가 불가능해 무결성 확보를 통해 데이터의 정확성과 일관성을 유지하고 보증할 수 있는 토큰이라고 할 수 있다.

NFT

블록체인

비트코인

그림 1-25. NFT-블록체인-비트코인

블록체인(Block Chain)

NFT의 핵심 기술인 블록체인의 특징을 알아보자. 그림 1-26의 '블록체인(Block Chain)' 특징으로는 블록에 데이터를 담아 체인 형태로 연결한 뒤, 수많은 컴퓨터에 이를 동시에 복제·저장하는 분산형 데이터 저장 기술이라는 점이다. 즉, 거래 데이터가 담긴 '블록'들이 사슬 구조로 연결되어 있는 공공 거래 장부라고 말할 수 있다. 사실상 블록체인 기술과 비트코인은 '사토시 나카모토'라는 개발자에 의해 세상에 처음 알려졌는데 이러한 블록체인 기술의 등장은 전 세계 가상화폐 시장에 새로운 바람을 불러일으키게 되었다. 가장 특징적인 점은 은행 같은 중앙 기관의 개입 없이도 안전하게 개인 간 거래가 가능하다는 점이다. 이것이 가능한 이유는 블록체인이 데이터를 하나의 중앙 컴퓨터에만 저장하는 것이 아니라 무수히 많은 컴퓨터에 동일하게 저장하는 방식이었기 때문에 가능한 것이다. 만약 블록체인으로 저장된 화폐를 훔치려면 짧은 시간에 연결되어 있는 수많은 사용자에 접근해야 하는데 사실상 그건 불가능한 일이다.

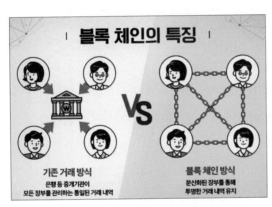

그림 1-26. 블록체인의 특징

퍼블릭 블록체인 Public Block chain		프라이빗 블록체인 Private Blockchain
누구나 열람 가능	읽기 권한	허가된 기관/담당자만 열람 가능
불가능	참여자 구분	권한 부여, 권리 제한 가능
느림(7~20TPS*)	속도	빠름(1000 TPS 이상)
가능	분산화	가능
높음	탈중앙화	낮음
어려움	업그레이드	쉬움
비트코인, 이더리움 등	대표	리플, 아이콘 등

*TPS(Transaction Per Second): 블록체인이 초당 처리 가능한 거래량

그림 1-27. 블록체인의 종류

블록체인은 접근 권한에 따라 크게 누구나 참여할 수 있는 개방형 블록체인 네트워크인 퍼블릭 블록 체인(Public Blockchain)과 미리 정해진 조직이나 개인들만 참여 가능한 폐쇄형 블록체인 네트워크인 프라이빗 블록체인(Private Blockchain)의 2가지로 나눌 수 있다(그림 1-27).

NFT의 활용 사례와 위기

NFT는 우리 생활 전반의 가상화에 발맞춰 다양한 영역에서 그 가치와 활용방안을 연구 중이다. 게임은 물론 디지털 문화콘텐츠 전반에 나타나는 NFT의 활용 사례와 가능성을 살펴보자. 반면 최근에 발생한 우크라이나 전쟁 등으로 세계 경제가 위기에 빠져있는 지금, 그로 인한 NFT의 위기에 관하여 논의해 보고자 한다.

NFT와 돈 버는 게임(P2E)

NFT는 문화·예술·게임·스포츠 등 다양한 분야로 가치가 확산되고 있다. 이처럼 NFT 자산은 활용 사례가 무궁무진하다. 디지털 파일로써 다양한 산업과 연계 가능하기 때문에 미술 분야는 물론 수집품, 음악, 웹툰, 디지털 부동산 혹은 누군가의 기록이나 영상 등 희소성의 가치에 따른 인간의 소유 욕구를 자극할 수만 있다면 한계가 없다고 본다.

최초의 NFT이며 돈 버는 게임(P2E)으로 불렸던 가상 고양이 수집·거래 게임 그림 1-28의 '크립토키티'는 2017년 첫선을 보인 이래 4,000만 달러(450억 원) 이상의 매출을 거둔 것으로 알려졌지만 최근 몰락의 길을 걸었다. 그 이유는 초기 엄청난 인기를 끌면서 성장했지만, 인기만큼 접속자가 많아지면서 네트워크 장치에서 일정 시간 내에 흐르는 데이터의 양인 트래픽이 증가하여 이더리움 네트워크 서비스 지연 문제가 발생하였다. 또한 이더리움은 데이터베이스의 상태를 변화시키기 위해 수행하는 작업인 트랜잭션이 발생할 때마다 사용자가 수수료를 부담하는 퍼블릭 블록체인의 특성이 문제가 되었다.

미 프로농구 NBA 경기에서 나오는 선수들의 명장면 영상을 플로우 블록체인 기반 NFT 스포츠 스타 카드 수집 게임으로 만들어 거래하는 플랫폼인 그림 1-29의 'NBA 탑 샷(NBA Top Shot)'이 출시 후 1년이 안되어 이용자 수 100만 명을 돌파했다. 다음으로 그림 1-30의 스타트업 라바랩스의 온라인 아바타 거래 서비스 '크립토펑크'도 NFT 시장에 빠르게 뛰어들어 높은 성장세를 보이고 있다. NFT의 시조로 불리는 크립토펑크는 캐나다인 소프트웨어 개발자 맷 홀(Matt Hall)과 존 왓킨슨(John Watkinson)이 2017년 실험적으로 개발한 NFT 프로젝트이다.

전 세계에 딱 10,000개만 존재하고, 더 이상 발행하지 않는다. 따라서 그 가치가 더 이상 희석되지 않는다는 장점이 있다. 크립토펑크 7523은 외계인이 마스크를 쓰고 있는 형상인데, 10,000개의 크립토펑크 중에 외계인 형태의 크립토펑크는 9개밖에 존재하지 않아 희소성이 있고, 또한 마스크를 착용하고 있는 것이 코로나 시대 상황을 반영하였기 때문에 높은 가격으로 판매된 것으로 보인다.

그림 1-28. '크립토키티'

그림 1-29. 'NBA 탑 샷(NBA Top Shot)'

그림 1-30. '크립토펑크'

2000년대 중후반 스마트폰 보급을 통해 창작가 경제가 대중화되고 본격화되었던 Web 2.0 시대에 창작자들은 창작물에 대해 플랫폼 의존도가 높아서 100% 자기 수익을 내기 힘들었다. 따라서 개인 창작 수익을 기업이 가져간다는 부정적 인식이 팽배했다. 하지만 Web 2.5 시대를 거쳐 탈 중앙화 시대인 Web 3.0 시대가 도래하는 지금, 개인이 콘텐츠도 만들고 수익도 직접적으로 가져가는 시대가 왔다. 어쩌면 이러한 특성을 고려할 때 기존의 많은 수의 열성 팬을 확보해야 수익 배분받아가던 방식보다는 자신의 콘텐츠 가치를 알아주는 한 명의 충성스러운 소유자를 통해 직접 판매하는 방식이 중요한 시대일지 모른다.

다수의 팬을 유입해야 했던 과거의 팬덤 시대 보다는 함께 내 작품의 스토리텔링에 참여하는 팬들의 충성도와 커뮤니티를 통한 소통이 중요한 시대이다. 또한 창작자의 권리가 커진 만큼 그 경쟁도 치열해지고 있다는 사실은 가치와 공유의 중요성을 다시 한번 인지시킨다.

디지털 문화콘텐츠와 NFT

지난 3월 11일 미국 크리스티 경매에서 그림 1-31의 '매일: 첫 5000일 (Everydays : The First 5000 Days)'이라는 작품이 6,930만 달러(약 785억 원)에 팔렸다. '비플'이라는 예명의 디지털 아티스트 마이크 윈켈만은 독학으로 미술을 배웠지만 제프 쿤스와 데이비드 호크니에 이어 3번째로 높은 경매가격으로 이 작품이 팔리면서 단숨에 생존 작가 중 엄청난 작품 판매가격을 기록한 작가가 됐다. 놀라운 것은 이 작품은 액자에 담긴 작품이 아니라 300메가바이트(Mb)가량 용량을 가진 단순한 1개의 컴퓨터 JPG 파일이라는 점이다.

그림 1-31. 디지털 아티스트 '비플'의 '매일: 첫 5000일'

이러한 현상을 두고 일부에서는 부정적인 시각도 많다. 투기 형태의 거품이라는 지적들이 있는데 과거 17세기 네덜란드 튤립 파동과 비교하기도 한다. 17세기 네덜란드의 황금 시기에 터키에서 수입한 튤립이 큰 인기가 있었다. 인기에

힘입어 튤립의 가격이 급상승했지만, 이후 하락세로 보이며 가격거품은 사라진 것이다. 이러한 일화를 NFT에 비교하기도 한다. 이러한 우려 속에서도 지속적인 연구와 관심이 필요한 이유는 디지털 문화콘텐츠의 성장 가능성이 지금의 예술시장과 문화 혁신에 기대하는 가치가 크기 때문일 것이다. 또한 가상세계에서 형성되는 창작 콘텐츠의 지속적인 성장을 위한 가치 부여와 MZ세대가 가지는 트렌디한 문화 특성이 앞으로의 디지털 문화의 흐름을 지속시켜 갈 가능성으로 부여되기 때문일 것이다.

NFT의 위기

최근 미국발 긴축 공포와 글로벌 증시의 폭락으로 2022. 6월 기준 월스트리트저널(WSJ)은 최근 "가상자산 잔치는 끝났다.", "NFT 판매가 죽어가는(Flatlining) 상태"라고 진단하였다. 이러한 결과를 말해주듯 비트코인과 이더리움의 거품이 빠지면서 투자도 급격히 위축되는 분위기다.

올해 1월까지만 해도 NFT 전 세계 총거래액은 2020년 한 해 9,500만 달러, 2021년 1분기에 12억 달러, 2021년 3분기에 107억 달러, 2022년 1월에는 165억 달러로 폭발적인 성장세를 보였었다. 하지만 최근 미국 금리 인상 여파로 가상자산시장의 폭락세가 이어지면서 최근 5월 19일 블록체인 분석 사이트 '더블록'에 따르면 글로벌 NFT 시장의 지난달 5월 거래액은 그림 1-32에서처럼 40억 달러로 집계됐다. 이는 거래액이 사상 최대였던 올해 1월(165억 7,000만 달러)에 비해 76% 줄어든 규모다. 거래액은 1월 정점을 찍은 뒤 2월(114억 달러), 3월(59억 1,000만 달러), 4월(71억 8,000만 달러) 등으로 줄고 있다.

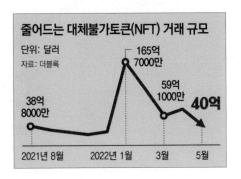

그림 1-32. NFT의 위기

업계에서는 NFT 시장의 부정적인 영향으로 비트코인 등 가상자산 가격의 하락과 유명 대출 플랫폼 기업들의 잇단 파산 등을 원인으로 내다보고 있다. 하지만 긍정적인 해석과 반응도 나타나고 있다. NFT 시장의 거품이 빠지면서 가치 없는 NFT는 시장에서 퇴출당하는 분위기고, 활용성이 입증된 NFT만 살아남는 '옥석 가리기'가 본격화되었다는 전망이다. 이러한 사회적인 등락 현상들은 아직 불안한 투자자들의 심리를 반영한 것이며 앞으로 NFT에 관해 해결해야 할 과제가 많음을 암시하는 현상이라고 생각한다.

3.6 상호작용성(Interactivity)

상호작용성은 메타버스 플랫폼이 가지는 가장 중요한 몰입 요소 중 하나이면서 Web 3.0 시대가 추구하는 플랫폼의 방향성이라고 할 수 있다. 기본적으로 그림 1-33과 같이 디바이스와 인간의 신체활동을 통해 형성되는 관계로써 사람과 사람 간의 행동을 디바이스의 기술 활용을 통해 연결되는 과정으로 이해할 수 있다. 즉 'Interactive'에서의 'Inter'는 '상호 간'이라는 뜻으로 복수의 개체 간의 사이 혹은 관계를 의미한다. 'Activity'는 행위, 행동, 작용, 효과 등 '활동적'이라는 뜻의 합성어를 의미한다.

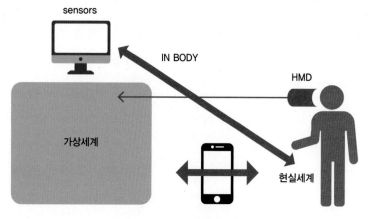

그림 1-33. 상호작용성의 원리

예를 들어 설명하자면 우리는 인간과 기술의 만남에 예술이 더해진 인터랙티브 아트를 통해 상호작용성을 쉽게 이해할 수 있다. 다양한 예술 영역에서 활용되고 있는 상호작용성(Interactivity)은 기본적으로 인간이 어떤 주어진 환경하에서 사물이나 사람 혹은 존재물(Entities)들과 행하는 모든 행위의 가능성을 제공한다. 따라서 커뮤니케이션 참여자 간의 의미교환 행위로써 활용되는 매체를 상호작용적이라고 한다. 또한 디지털 미디어의 특성에는 상호작용성, 네트워크성, 멀티미디어성을 들 수 있다. 이런 특징들을 활용한 상호작용 방법들을 살펴보면 다음과 같다.

1. 인간-인간의 상호작용(Human-human Interaction)
   • 대인커뮤니케이션에 근접할수록 상호작용적이다.
   • Mediated Interpersonal Interaction
2. 미디어-미디어(machine-machine)
   • 정보네트워크(유비쿼터스)의 발전으로 미디어 간 상호작용성이 증가한다.
3. 인간-미디어(human-machine)
   • 인간과 미디어의 상호작용 관계를 의미한다.
4. 인간-컴퓨터 HCl(Human Computer Interaction)
   • 인공지능 기계와 사람이 보다 쉽게 상호작용하면서 멀티미디어를 체험할 수 있다.

3.7 | 아바타(Avatar)

아바타(Avatar)의 사전적 의미는 아바타(Avatar)는 신의 화신(神의 化身, Incarnation of God or god)을 뜻하는 힌두교 용어 또는 교의로 사용된다.

가상사회가 열리면서 최근 일반적인 의미로는 인터넷 채팅이나 머드 게임 등에서, 사용자가 자신의 역할을 대신하는 존재로 내세우는 애니메이션 캐릭터로 정의된다. 자기 자신을 나타내는 디지털 그래픽 아이콘으로써 세계에서 사람들과 소통하기 위한 가상 육체라고 보면 된다. 디지털 세상의 장점은 현실에서 이루기 어려운 일들이 가능하며 물리적, 사회적, 경제적 제한에 구속받지 않아도 되며 현실 속 자아는 디지털 세상 속 제2의 자아로 색다른 인생을 가상 체험할 수도 있다.

메타버스는 크레이터가 만들어 둔 창의적인 가상공간 속에서 유저들이 자신의 아이덴티티를 가진 다양한 형태의 아바타(디지털 캐릭터)를 통해 연결된다. 유저들은 몰입형 디바이스 기술을 이용해 실감 나는 신체적 활동을 인식할 수 있는 것이다.

이 공간 속에서 아바타는 유저들 자신을 표현하는 독립적인 매개체로 매우 중요한 도구 역할을 한다. 10대들은 아바타를 통해 소통하고 현실에서는 표현할 수 없는 자신을 표현하는 대상으로 대리만족을 느끼고 있다. 메타버스에 대한 투자가 이어지면서 아바타 중심으로 크리에이팅, NFT 수익화가 경제 주체로 집중되고 있다. 아바타는 메타버스에서 활동하는 이용자의 아이덴티티로써의 단순한 의미를 넘어서 크리에이터 이코노미를 중심으로 형성되는 메타버스 경제체제의 핵심이다. 더 샌드박스나 크래프톤의 경우도 크리에이터가 자신의 창작물로 돈을 벌 수 있는 메타버스 환경을 구축 중인데 가장 기본적인 경제모델 중 하나가 아바타 커스텀이다.

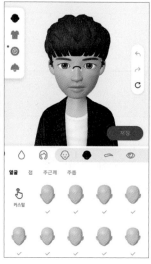

그림 1-34. 제페토 커스텀 작업

대표적인 커스텀 작업 사례로 그림 1-34의 최근 국내 메타버스 플랫폼인 제페토를 살펴보자. 여기에서는 10대들이 자신의 캐릭터를 비용을 지불하고 대신 성형해 주는 '대리 커스텀'이 유행이다. 일정한 비용과 아이디, 비밀번호를 넘겨주고 자신이 원하는 스타일을 메시지로 보내면 아바타를 대신 꾸며준다. 제페토에서는 얼굴형, 눈, 의상, 포즈 등 기본적으로 제공하는 템플릿을 이용해서 자신의 아바타를 만들기도 하고, 커스텀 기능을 이용해 자신만의 독창적인 아바타를 디자인하기도 한다. 또한 이용자는 직접 아바타 관련 옷이나 안경, 액세서리 등 개성적인 디자인을 통해 디지털 창작물을 제작하고 이를 NFT로 수익화하는 '예술의 상업화'를 구현하고 있다. 실제로 국내에서도 아바타 자체가 돈 버는 주체이자 대상으로써 소수의 NFT 크리에이터들이 활동하고 있으며, 더 샌드박스는 NFT 크리에이터 양성을 위한 메타버스 크리에이터 양성 과정을 지원, 관련 펀드도 운영하고 있다.

4 〉 메타버스 4가지 유형

기술의 진화는 일상생활과 사회 활동을 영위하고 있는 공간을 더욱 확장시키고 지능화할 것이다. 가상·증강현실 기술과 보다 편리하게 기기를 활용할 수 있도록 돕는 인터페이스와 사용자 경험(User Experience, UX) 기술 등의 발전으로 현실 세계의 물리적 공간과 가상세계의 디지털 공간 간의 경계가 흐려지고 있다.

미국의 비영리 미래 예측 기술연구단체인 'ASF(Acceleration Studies Foundation)'는 처음으로 메타버스 분류기준을 다음 그림 1-35와 같이 제시하였다. 메타버스를 설명하는 4가지 유형에는 일반적으로 증강현실-라이프로깅-거울세계-가상현실의 4가지 개념들이 존재한다. 기술의 적용 형태에 따라 증강(Augmentation)이나 모사(Simulation)로 구분한다. 또한 대상의 지향 범위에 따라 내적인 개인의 친밀함과 외적인 환경의 생소함으로 구분한다. 이러한 특성에 따른 각각의 유형들에 관해 사전적 정의와 의미를 알아보자.

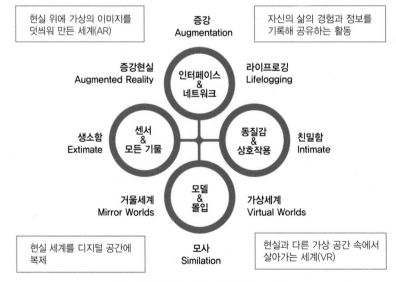

그림1-35. 메타버스를 설명하는 4가지 유형

증강현실은 가장 보편적으로 잘 알려진 개념으로 현실 속에 디바이스를 통해 가상의 이미지를 증강시켜 주는 기술이다. 즉 실제 환경에 가상 사물이나 정보를 투영시켜 원래의 환경에 존재하는 것처럼 보이게 하는 컴퓨터 그래픽 기술로 GPS 정보와 네트워크를 활용해 가상세계를 구축하며 몇 년 전 국내서 인기를 끌었던 '포켓몬 고' 게임이 이러한 증강현실을 기반으로 하는 대표적인 사례이다. 증강현실의 특징을 살펴보면 현실의 정보를 수집하는 방법으로 위치 정보는 GPS를 통해 얻고, 기울기나 기기가 움직이는 속도는 자이로스코프를 통해 얻는다. 현실 속에 가상의 이미지를 보여 주기 방식이라서 현실감이 높고, VR 기기를 착용했을 때 느껴지는 어지럼증이 없거나 덜하다는 특징이 있다.

그림 1-36. AR 기술 적용 사례

현실 세계 모습 위에 가상의 물체를 덧씌워서 보여 주는 기술이며 가상의 물체를 덧씌울 때 스마트폰, 컴퓨터, 기계장치, 설치물을 통해 구현된다. 현실의 공간 속에 가상의 그래픽을 증강시켜 정보를 공유한다는 점에서 교육적 활용도도 높은 장점을 가진다.

활용 예시로는 포켓몬고, 구찌 스니커 개라지, SNOW, 차량용 HUD 등이 있다.

4.2 | 라이프로깅(Lifelogging)

라이프로깅은 일단 삶의 기록이라고 이해하면 되는데 삶을 뜻하는 'Life'와 흔적이라는 'Logging'의 합성어이다. 사용자를 둘러싼 환경보다는 사용자 자신의 삶에 관한 경험과 정보에 초점을 두는 메타버스형 SNS 기술이다. 따라서 그림 1-37과 같이 일상의 모든 순간을 텍스트, 영상, 사운드 등을 자신이 스스로 기록하고 의미를 부여하는 페이스북, 인스타그램 같은 형식과 나의 의지와는 관계없이 위치, 검색 기록, 방문 기록 등이 자동적으로 기록되는 형식도 있다. 또한 내가 사회 속에서 보여 주고 싶은 나의 모습만을 선택적으로 보여 주는 형식과 아바타(부캐)등을 이용한 개인적인 자아를 보여 주기도 한다.

기술의 발전은 라이프로깅의 기능을 강화시키고 있는데 GPS의 정확도나 센서 기술 그리고 기기 간 연동 기술 등을 통해 일상적인 경험과 정보를 캡처하고 저장하고 묘사하는 등 다양한 변화를 가져오고 있다.

그림 1-37. 다양한 라이프로깅 사례

활용 분야로 웨어러블 디바이스, 블랙박스, 페이스북, 인스타그램 등의 SNS, 자율주행, AI 스피커 등이 있다.

거울세계를 한마디로 정의하면 '정보적으로 확장된 세상'이라고 할 수 있다. 즉 실제세계를 가능한 있는 그대로 복사하듯이 반영하되 정보적으로 선택, 확장된 가상세계이다. 따라서 실제 세계의 모습, 정보, 구조 등을 가져가서 보여 주고 싶은 것만 만들어 낸 메타버스다. 예를 들자면 그림 1-38의 구글 어스(Google Earth)는 구글에서 제공하는 지도 프로그램이다. 전 세계의 모습을 위성 사진으로 볼 수 있으며 지구를 3D로 묘사한다는 장점이 있다.

그림 1-38. 구글 어스(Google Earth)(3D)로 표시된 미국 뉴욕 맨해튼

구글 어스(Google Earth), 카카오 택시, 우버, 모델링, GPS, 라이프로깅 기술 활용, 배달의 민족 앱, 네이버 지도 등이 대표적 활용 분야이다.

4.4 | 가상세계(Virtual World)

가상세계는 3차원 디지털 데이터로 구축한 메타버스로 현실과 유사하지만, 가상 세계로 존재하는 생활공간이다. 무한한 상상의 재현으로써 공간, 시대, 문화, 제도 등 디지털 세상을 통해 자유롭게 구현하는 모든 것이라고 볼 수 있다. 리니지나 디아블로 같은 게임 세상 속이나 세컨드 라이프 등의 개념으로 해석할 수 있다. 그림 1-39의 가상세계에서는 이용자의 자아가 투영된 아바타 간의 상호작용을 통해 현실과 같은 경제적, 사회적인 활동들이 발생한다.

가상세계는 크게 분류하면 게임 형태와 비게임 형태로 나눌 수 있는데 게임 형태는 게임문화를 통한 자신만의 세상을 만들어 갈 수 있다.

그림 1-39. 가상세계

예시로 온라인 멀티플레이어 게임, 세컨드 라이프, VR Chat, 로블록스, 제페토 등이 있다.

| 2장 |

메타버스와 인문학

학습 목표

메타버스는 시각을 통해 참여하는 형태의 기술이다. 인간은 오감을 통해서 감각적 자극을 느끼고 이에 흥미가 더해졌을 때 집중하고 나아가 몰입하게 되는 특성을 보인다. 인간의 몰입은 창조적이고 생산적인 결과물을 끌어내는 매우 중요한 에너지로 볼 수 있다. 특히 인간의 오감 중 시각은 이러한 몰입감을 끌어내는 데 가장 중요한 역할을 하는 감각이다. 따라서 메타버스의 특성과 시각과의 연관성을 이해하기 위해서는 먼저, 인간의 시각 체계에 대해 살펴보고 이를 인문학적 관점에서 어떤 사회적, 문화적, 기술적 변화로 나타나는지 알아보자.

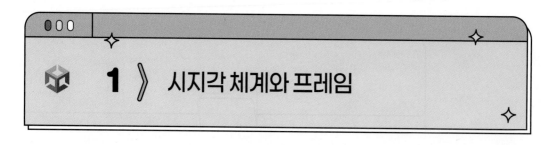

1 〉 시지각 체계와 프레임

1.1 │ 시각과 시각성

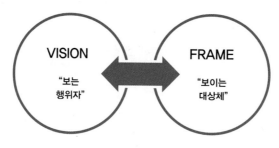

그림 2-1. 시각의 관계도

일반적으로 시각은 보는 행위자로서의 'VISION'과 보이는 대상체인 'FRAME' 과의 관계로 구분된다(그림 2-1). 이에 대해 헬 포스터는 시각(Vision)과 시각성(Visuality)에서 시각을 본다는 의미의 시선(Sight)으로 규정하고, 시각성은 사회적 사실로써의 이야기를 전달하는 매체의 측면으로 보았다. 즉, 시각과 달리 시각성은 시선의 작동원리 속에 시대와 문화와 역사의 관점이 반영된 틀에서 보는 것이다(그림 2-2). 또한 헬 포스터는 시선은 보이는 이미지로 이해하는 반면 시각성은 시대별 특징을 알 수 있는 일종의 패러다임인 인지적 관점에서 이해할 수 있다고도 보았다.

> "시각(Vision) 또는 시각성(Visuality)에 관한 논의는
> 생리적인 과정으로서의 시선(Sight)인 동시에
> 역사적인 과정으로써 자연과 문화가 만들어 낸 공동작품"

그림 2-2. 시각과 시각성의 정의

따라서 시각성은 우리가 무언가를 본다는 것에는 보는 주체가 있고 보이는 대상 뿐만 아니라 그것들이 위치하는 사회적 관계와 역사, 문화적 맥락, 특히 어떠한 권력의 시각으로 형성되어 시각 체계에 관여하고 있다고 볼 수 있는 것이다.

시지각

시지각(視知覺)이란 사물의 외형을 시각을 통해 지각하면 이를 전체 즉, 하나의 집합으로 인식하는 종합자극과 이와 대립되는 비교 자극들의 집합으로 이루어짐을 뜻하는 말이다. 종합자극은 책상 위에 놓인 핸드폰을 볼 때 시각으로 휴대폰의 외형 전체를 지각하고 이것이 휴대폰임을 대뇌 정보를 통해 알게 됨을 뜻한다. 또한 비교 자극은 휴대폰과 케이스를 구분하여 각각의 다른 집합으로 지각함을 의미한다. 즉 시지각은 시각과 시각성을 통해 현대적 매체를 이해하는 원리로써 중요한 요소이며 사전적 의미의 시각을 이해하는 것과는 다른 의미로 해석한다.

인식

인간은 5가지 감각은 외부로부터 얻는 정보의 70%는 시각(Vision)을 통해서, 20%는 청각(Hearing), 나머지는 촉각(Touch)에 의해 받아들이고 있다(그림 2-3). 그렇다면 우리가 일상에서 느끼는 모든 감각은 과연 실제일까? 아니면 우리의 뇌가 그려내는 가공의 이미지일까? 생리학적으로 볼 때 우리의 뇌는 인간의 모든 감각에 관여한다. 가령, 우리는 촉감이 손끝이나 피부, 신체 부위를 통해 직접적으로 체감된다고 생각하지만 실제로는 그렇지 않다. 생리학적인 관점에서 보면 외부로부터 받은 신체적 자극은 전기신호로 변환되어 뇌로 전달되며 뇌는 그 전기신호를 가공해서 우리가 어떻게 느껴야 하는지를 다시 알려준다. 그것이 바로 '인식'이다.

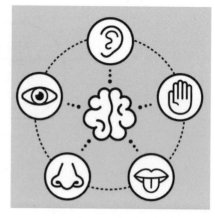

그림 2-3. 인간의 5가지 감각기관

1.2 | 근대적 시각 체계

서양에서 근대(Modern Period)라는 시대적 용어의 기준은 일반적으로 15~16세기경부터 20세기 초중반을 말한다. 종교개혁을 통한 중세 권위의 해체로 사상적 자유와 시민 사회가 성립되었고 이로 인한 사회적 자유가 형성되면서 개인의 권리가 중요하게 인식되는 계몽 시기이다. 또한 과학의 발달과 함께 불합리하거나 낡은 제도적 권위 타파에 기여한 시기이다.

원근법적 시각 체계

15세기 원근법의 창안은 건축가 필립포 브루넬스키의 실험을 통해 기하학적 원근법에서 비롯되었다. 원근법에 관한 실험은 일종의 리얼리즘 효과로서 당시의 사람들에게는 아마 마법과도 같아 보였을 것이다. 그러나 원근법적 시각 체계를 본격적으로 논의한 것은 알베르티의 '회화론'에서이다. 알베르티의 〈회화론〉 지오토에서부터 원근법을 전면으로 활용하기 시작하여 다빈치(Leonardo da Vinci)에 이르기까지 지금의 현실 자체를 중심으로 한 현전성을 바탕으로 한 재현의 역사로 볼 수 있다.

원근법의 시각 체계는 알베르티에 의해 논의되었는데 그 특징은 다음과 같다.

첫 번째
- 하나의 대상이 빛을 받아 인간의 눈에 인식되는 과정을 통해 파악되는 것이다.
- 빛을 통해 사람의 눈이나 카메라가 사물을 기록하는데 빛의 파장은 어떤 물체 혹은 어떤 표면에 닿게 되는가에 따라 다양하게 색이 변화한다.

두 번째
- 일반적으로 작품 속 평면 안에서 하나의 소실점은 2차원의 평면에서도 3차원의 공간감을 느낄 수 있도록 시각적으로 연결한다. 즉 대상과 시각 사이의 중심점을 통해 피라미드 모양의 시각적 도해(삼각형 구조의 그림)가 형성되고 그것은 소실점과 연결되면서 관람자의 위치를 알 수 있게 된다.
- 소실점은 광선과 더불어 평면에서 입체감을 획득하기 위한 중요한 요소로 작용한다.

세 번째
- 알베르티의 '투명한 창'에 관한 논의는 결과적으로 시각적 몰입의 과정으로 볼 수 있다. 원근법의 화면은 그 형태적 특성을 볼 때 관람자가 대상을 파악하는 '창'으로 여기게 된다.

이러한 시각 체계를 라깡이 제시한 응시에 관한 도판을 이용해 원근법적 시각 체계를 이해해 보면 그림 2-4와 같다.

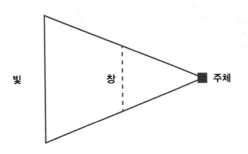

그림 2-4. 원근법의 시각성 도판

카메라 옵스큐라적 시각 체계

카메라 옵스큐라는(라틴어 : camera obscura) '어두운 방' 또는 암상(暗箱)을 뜻하는 말로 화가들이 그림 등을 그리기 위해 만든 광학 장치이며 사진술의 근본원리이다.

카메라 옵스큐라는 그림 2-5에서 보듯이 어두운 방의 한 벽에 작은 구멍을 뚫으면, 빛이 그 반대편 벽면에 투사된 이미지로서 외부 세계의 상이 거꾸로 맺히는 것을 응용하여 만든 그림 도구였다. 유클리드와 아리스토텔레스, 로저 베이컨(Roger Bacon)과 레오나르도 다빈치 등 다양한 사상가들이 시대의 변화에 따라 이 도구를 언급했으며, 그 당시의 시각 체계를 대변하는 도구로써 활용되었다. 이후 기술이 발달함에 따라 다양한 시각 매체들은 각각의 특성을 드러내는 것과 동시에 원근법적 시각을 매개하게 된다. 이때 카메라 옵스큐라는 시각 매체의 변화라는 관점에서 원근법적 시각을 재매개화하는 역할을 했던 것이다.

그림2-5. 카메라 옵스큐라

1500년대 후반에서부터 1700년대 말까지는 사진 기술의 전신인 카메라 옵스큐라로 인간의 시각을 설명하고 이를 통해 보는 세상만이 진짜 현실이라는 인식을 가르치는 대표적인 사회 논리로 사용되었다. 또한 당시 권력층의 지배적 패러다임을 재현해내는데도 가장 널리 활용되었다.

옵스큐라적 특성은 하나의 구멍을 통해 들여다보는 단안의 고정된 눈으로 '불규칙하고 단속적인(Saccadic)' 움직임들로써 시선이 이동하거나 옮겨 다니는 동적인 움직임은 아니다. 깜빡임이 없는 정적인 눈이며 기계를 통해 보아야 하고 외부의 이미지를 단안을 통해서 확장시켜 준다. 어둠 속에서 재현되는 평면적인 빛의 재현은 단순히 바라보기만 할 뿐 관람자로 하여금 신체의 감각적 경험들은 무시되고 거부된다. 이러한 시각 체계의 특징을 라깡의 응시에 관한 도판[1]을 통해 이해해 보면 다음 그림 2-6과 같다.

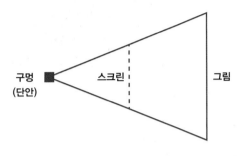

그림 2-6. 옵스큐라의 시각성 도판

파노라마적 시각 체계

카메라 옵스큐라의 시각 체계 이후, 기술적인 재현의 효과로 더 발전적인 형태는 파노라마의 시각이다. 파노라마 시각은 프레스코 벽화를 비롯하여 스크린 영상 작업에서도 사용되는 시각 체계이며, 3차원의 입체감을 제공해 주는 탁월한 도구 중 하나라고 할 수 있다. 자신의 시각 축을 중심으로 360°로 회전시킴으로써 전체 그림들의 종합적인 이미지를 구성한다. 관람자가 한 시각의 중심축에서 그림에 빠져들기 위한 프레스코화의 경험처럼 360°의 3차원 공간의 구현 역시 단지 새로운 매체의 등장으로 인한 새로운 경험이 아니다. 이는 앞에서 살펴보았던 원근법과 카메라 옵스큐라의 시각이 재매개화되어 있는 것이다. 다시 말해, 3차원의 사실적인 공간에 대한 추구는 과거에서부터 현재까지 지속되고 있는 행위라 할 수 있을 것이다. 따라서 동굴벽화를 비롯한 많은 밀폐된 공간의 벽화에서 나타나는 파노라마의 재현 형태는 바로 가상현실이 추구하는 방향성을 이미 수행하고 있던 것이다. 그림 2-7은 그러한 파노라마의 시각성을 라깡의 응시도판에 적용하여 설명하였다.

체크 포인트

1 도판 응시도판1 Lacan, Jacques, [세미나11], 자크라깡, 맹정현, 이수련 옮김, 새물결, 2008, p.144

그림 2-7. 파노라마의 시각성 도판

1.3 | 프레임

회화 프레임

'프레임(Cadre)'이라는 의미는 라틴어의 'quadratum'에서 유래되었다고 한다. 즉 정사각형(carré)이라는 뜻으로 우리의 일상 속 모습들은 기본적인 4각의 프레임에서부터 다양한 형태의 프레임을 형성하고 있고 이는 현대에 와서 더욱더 다양화되고 융합화되고 있다.

회화에서 나타나는 프레임은 기본적으로 4각의 경계를 가지고 있다. 이러한 4각의 프레임이 가지는 시각적, 사회적 의미를 살펴보자. 보드웰은 그림 2-8에서처럼 '프레임'을 2가지 관점을 바탕으로 설명한다. 첫째, 화면에서 나타나는 구성적인 관점에서 프레임이란 '화면 내에서 물리적 크기를 제어하고 이해할 수 있도록 정도의 범위를 설명하는 사각의 테두리'라고 하는 물리적 영역의 경계 개념으로 해석하였다. 둘째, 프레임이란 사물을 '바라본다.'라는 관점의 심리적, 인지적 관점의 프레임으로 해석하였다.

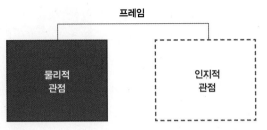

그림 2-8. 프레임의 정의

첫 번째 관점은 시각적으로 보이는 사물의 경계로써 물리적인 화면 크기로써 이해할 수 있다. 즉 화면의 물리적인 크기를 설명하는 개념으로 '시각'으로 이해할 수 있다. 두 번째 관점은 사물을 인지하는 개념에서 사회적인 인식의 일종인 그 시대의 패러다임과도 같은 것이다. 즉 시대별 트렌드나 그 시대를 의미하는 특성으로써 '시각성'과도 같은 의미이다.

영화 프레임

1895년 프랑스의 뤼미에르 형제가 〈기차의 도착〉이라는 세계 최초의 영화를 제작하였다(그림 2-9). 회화는 기본적으로 정지된 이미지이지만 영화는 움직임을 동반하는 이미지이다. 따라서 뤼미에르 형제가 제작한 영화 속 움직이는 이미지는 회화의 프레임과는 다른 형식의 것으로, 그 당시의 사람들에게 '영화'라는 매체는 놀라운 이미지였다.

영화의 등장 이후 다양한 관점에서 영화 프레임에 관한 정의가 대두되었는데 윗테이커는 영화 프레임에 관해 다음과 같이 표현하였다. "영화 프레임은 하나의 정지 이미지인 사진이 필름이라는 연속성을 통해 다른 프레임과 물리적으로 연결되어 있으면서도 각각은 사진처럼 분리되어 있는 하나의 명확한 반투명의 이미지이다."라고 밝히고 있다. 즉 영화 필름이 가지고 있는 물리적인 특성을 통해 영화가 가지고 있는 특성으로 잘 반영한 것으로 영화 필름 속 이미지들은 프레임과 프레임의 시간 배열을 통해 움직임을 유도하듯이 서로 간의 연속성을 통해 형성한다고 보았다.

이러한 개념은 회화의 프레임이 가지고 있던 정지된 이미지는 경계의 의미에서 물리적인 4각 테두리로써는 유사하지만, 움직임을 동반한다는 의미에서는 시각적인 차별성이 나타난다. 즉 움직이는 이미지가 화면 밖의 공간으로 이어지는 상상의 공간들이 형성된다는

그림 2-9. 1895년 프. 뤼미에르 형제 〈기차의 도착〉

점에서 고정적이었던 회화 프레임과는 시각의 역동성과 상상력의 확장범위가 달라지는 것이다.

프레임 확장

회화 프레임에 관한 다양한 논의 중에서도 데리다의 '액자'에 관한 논의를 살펴보면 아방가르드 작가들은 그 당시 4각이라는 형식적인 틀에서 벗어나기 위해 액자와 그림을 분리시키는 등 프레임에 관한 다양한 노력을 시도했고 이는 프레임 확장의 단초라고 생각한다. 원근법적 시각 체계와 옵스큐라적 시각 체계를 넘어 파노라마의 시각 체계로 이어지면서 나타나는 다양한 작품들은 캔버스로써의 크기 변화뿐만 아니라 형태에서도 그림 2-10과 같이 새로운 방식을 모색하게 되었고 이는 프레임의 변화로 나타난다.

그림 2-10. 회화적 관점의 프레임 확장

하지만 기본적으로 몰입감이라는 관점에서 살펴보면 결국 프레임의 확장은 물리적인 크기로써의 전통적인 4：3 비율에서 16：9로 확장되고 발전된다. 즉 그림 2-11에서 보듯이 수평적으로 확대된 16：9의 프레임 비율은 인간의 시지각 경험을 물리적으로 확장 시키는 의미에서 회화에서의 이미지 영역 확장은 물론 동영상의 가장 기본이 되는 움직임에 대한 표현 영역 확대까지 대상과 배경이 만들어 내는 좀 더 충분한 정보의 제공 등이 나타난다. 따라서 기존의 4：3 화면 비율에 비해 정지된 이미지의 정보전달이나 영상적으로도 한층 향상된 표현이 가능하게 되었다.

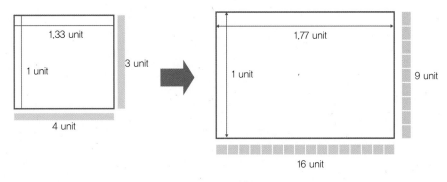

그림 2-11. 프레임 확장의 정의

1.4 ║ 디지털 예술과 프레임의 변화

디지털 시대의 가장 큰 특징은 움직이는 가상 이미지의 등장일 것이다. 컴퓨터의 등장은 디지털 이미지의 새로운 해석으로 이어졌고, 미디어아트라는 예술 영역의 확장으로 이어졌다. 기술의 변화는 일상의 편리함을 바탕으로 형성되기도 하지만, 문화적인 창작활동으로 나타나는 것이 일반적인 듯하다. 즉 기술과 예술의 융합적 관계는 사진기의 등장 전의 예술과 이후의 예술로 나눠진다. 또한 영화의 등장은 정적인 예술과 동적인 예술의 변화를 초래했다. 그리고 컴퓨터의 등장은 아날로그 예술과 디지털 예술로 구분 짓는 기준이 된다. 이러한 기술과 예술의 상관관계 속에는 시각적 관점에서 나타나는 프레임의 변화와도 연결되는 것이다.

전통 회화에서 나타나는 프레임의 한계에서 본다면 디지털 영상 프레임은 그 확장성이 한계가 없다고 할 수 있다. 미디어 파사드나 디지털 맵핑과 같은 영상 표현방식을 통해 어디에서든 어떤 디바이스를 통해서 보여 주는가에 따라서 그 시각 프레임의 확장성은 무한한 것이다.

디지털 이미지

디지털 이미지는 기본적으로 '비트'라는 형태로 나타나며 가상의 디지털 네트워크 속에서 존재한다. 가상의 공간인 네트워크의 등장은 곧 사이버네틱의 사회적 출현을 의미하며, 이는 비트의 공간을 보장한다고 본다.[2]

디지털 이미지에서 나타나는 이미지의 재현원리를 살펴보면 디지털 미디어(Digital Media)는 화소(Pixel)를 기본단위로 한다. 비트는 기존의 문자, 음성, 영상 등 개별적인 존재로서의 매체로 '바이너리 코드(컴퓨터가 인식할 수 있는 0과 1로 구성된 이진코드를 의미)'라고 한다. 표 2-1을 통해 시대별 매체의 진화와 그 특성을 알아보자.

표 2-1. 시대별 매체의 진화

	1단계	2단계	3단계	4단계
매체 분류	인쇄매체 시대 (1440년 이전)	전자매체 시대 (1440년 이후)	디지털매체 시대 (1970년 이후)	디지털컨버전스 시대 (2000년 중반)
특징	문자 시대 선형적, 고정적	전자 시대 단방향 소통, 이미지, 변형적, 비선형	디지털 스마트 시대 양방향 소통, 상호작용, 네트워크	뉴디바이스 시대, 가상과 현실의 융합, 360° 몰입형
대표 매체	활자, 신문, 책	축음기, 영화, 타자기, TV	컴퓨터, 웹, 모바일, 디지털TV	피지컬 컴퓨팅, 증강현실, 가상현실, 홀로그램

체크 포인트

2 라도삼, 『비트의 문명 네트의 사회』, 커뮤니케이션 북스, 1999, p. 117.

표 2-1을 통해 시대별 매체의 변화 과정을 살펴보면 1단계에서는 문자의 시대로 정보전달에 있어서 고정적이고 단편적인 방식으로 소통되었다.

2단계 과정에서는 전자 매체의 시대로 시각과 청각이 강조되고 움직이는 이미지의 등장을 통해 정보를 공유하고 있지만 아직은 단방향적인 소통 방식이었다.

3단계에 접어들면서 본격적인 디지털 시대가 시작되었고, 컴퓨터의 등장은 가상세계를 인지하는 초기 단계이다. 스마트 시대 모바일의 대중화와 네트워크의 확산으로 가상과 현실의 소통 방식에 큰 변화를 가져온다. 즉 양방향 소통 방식과 상호작용이 본격화되는 시기이다.

4단계인 디지털 컨버젼스 시대는 몰입형 디바이스의 등장과 더불어 가상과 현실의 융합 시대로써 다양한 디바이스를 통해 새로운 가상세계로의 경험을 유도하고 있다.

미디어아트에서 나타나는 프레임 유형

현재 디지털 예술에서 나타나는 특징들을 바탕으로 디지털 프레임의 변화를 정의해보면 첫째, LED 모니터나 빔프로젝터의 크기 변화로 정의할 수 있는 물리적 관점의 프레임 확장, 둘째, 인간과 실감형 가상 매체(AR/VR/MR) 기기의 관계를 통해 정의할 수 있는 융합적 관점의 프레임 확장, 셋째, 첨단 디지털 매체와 인간의 신체활동이 상호작용을 통해 창조되고 확장되는 관계로 정의할 수 있는 인터랙션적 관점의 프레임 확장이다. 이러한 3가지 관점 중 디지털 미디어 아트의 물리적 관점에서 나타나는 프레임 확장의 유형별 특징을 살펴보면 다음 표 2-2와 같다.

표 2-2. 물리적 관점의 프레임 유형

유형	외형적 특징
단일프레임	• 하나의 모니터로 형성된 4:3 '기본형' • 와이드로 길게 넓어진 16:9 이상의 '일자형'

멀티 프레임	'프레임 by 프레임'형	• 2개 이상의 모니터가 x축(가로)으로 연결된 '일자형' • X축(가로)*Y축(세로)의 다양한 창의적 형상으로 군집을 이루는 '복합형'
		• 2개 이상의 모니터가 연결되어 꺾이면서 90°~360°의 다양한 시야각을 형성
	'프레임 간(間) 프레임'형	• 프레임과 프레임 사이에 간격이 발생하는 형태

물리적 관점에서 프레임 확장의 특징으로는 관람자가 모니터 화면을 바라보는 관점에서 시야각의 범위가 확장되어 나타나는 몰입감이라고 할 수 있다. 단일프레임의 유형에서는 하나의 모니터로 형성된 4:3 비율의 '기본형'과 와이드로 길게 넓어진 16:9 비율 이상의 '일자형'이 있다. 멀티 프레임형으로는 1–'프레임 by 프레임'형으로 2개 이상의 모니터가 x축(가로)으로 연결된 '일자형'과 X축(가로)*Y축(세로)의 다양한 창의적 형상으로 군집을 이루는 '복합형' 그리고 2개 이상의 모니터가 연결되어 꺾이면서 90°~360°의 다양한 시야각을 형성하기도 한다. 또한 2–'프레임 간(間) 프레임'형은 프레임과 프레임 사이에 간격이 발생하는 형태로써 공간적 확장을 통해 시각적으로 넓은 공간에서 몰입감을 유도하고 있다.

이러한 특징들의 사례를 이미지로 유형화해서 살펴보면 표 2–3과 같다. 단계별로 변화하는 물리적인 프레임의 확장방식이 결국은 몰입감을 유도하기 위한 방식이며 전통적 프레임 변화와 동일하다. 단지 디지털이라는 비물질 오브제의 등장과 움직이는 이미지라는 점만이 차별점이라 할 수 있다.

표 2–3. 물리적 관점의 단계별 프레임 확장

1단계	2단계	3단계		4단계	
단일 프레임	멀티프레임				
	프레임 by 프레임			프레임 간(間) 프레임	

물리적 관점에서 나타나는 단계별 프레임 확장의 작품 사례는 표 2–4를 통해 살펴보고자 한다.

표 2-4. 물리적 프레임 확장 및 작품 사례

프레임 확장 유형			시각화	예시 작품	재현 방식	
물리적 관점	멀티 프레임	기본형			LED 방식	
					줄리아 오피	
		'—'자 형			프로젝트 영사 방식	
		프레임 by 프레임	'—'자 형 '—'자 형			LED 방식
						임상국
			복합형			TV 모니터	LED
					백남준	유아트(주) 최환조 대표
		'ㄱ'자(90° ~180°)형			프로젝트 영사방식 (주)미디어앤아트 지성욱	
		'ㄷ'자(180° ~270°)형			LED 전병삼	
		'ㄷ'자(270° ~360°)형			프로젝트 영사방식 클림트 인사이드 전	
		'큐브'(360° ~360°)형			프로젝트 영사방식 team Lab, Interoctive Digital Installation	
		프레임 간(間) 프레임 형	단독형			디지털 모니터 임상국
			복수형			프로젝트 영사방식
			큐브형			프로젝트 영사방식 고흐 전
			기둥형			LED 최종범

다음은 디지털 미디어 아트에서 나타나는 융합적 관점과 인터랙션적 관점에서의 프레임 확장에 관해 그 유형별 특징을 표 2-5를 통해 살펴보자. 우선 융합적 관

점에서의 프레임 확장은 VR, AR, MR을 통한 디지털 프레임 확장이다. 4차 산업 시대를 맞이하면서 디지털 예술 영역에서도 다양한 디바이스를 이용한 예술 작품들이 등장하기 시작했다. 이는 현실과 가상의 융합적 관점에서 소통되는 방식이며 관람자와 디바이스의 접촉을 통한 소통 방식이다. 따라서 직접적인 신체활동으로 체험하거나 디바이스를 활용하여 몰입감이 높은 가상세계를 체험할 수 있다.

표 2-5. 융합적 관점과 인터랙션적 관점의 프레임 유형

관점	유형	외형적 특징
융합적 관점	AR형	관람자가 현실 공간에서 디바이스를 들고 가상공간을 체험
	VR형	HMD 디바이스를 활용하여 현실을 차단하고 관람자의 눈을 통해 가상공간만을 체험
	MR형	홀로렌즈를 이용해 현실 속에서 가상의 이미지를 동시에 체험
인터랙션적 관점	매체 간(間) 인간형	관람자가 작품 앞에서 실행하는 행동을 작품 속에 동일하게 재현하는 형식
	교감형	관람자의 신체가 작품 디바이스를 만지면서 신체와 교감하는 형태
	매체 속 인간형	관람자가 디지털 작품 속으로 들어가 버린 방식으로 관람자 행동과 작품이 하나가 되는 형태

융합적 관점과 인터랙션적 관점에서 나타나는 단계별 프레임 확장의 작품 사례를 표 2-6을 통해 알아보자.

그림 2-6. 물리적 프레임 확장 사례

융합적 관점	AR형			임상국 'Portal – Beyond', 인사아트센터
	VR형			Art&Technology #32: 가상현실(VR) – 현대자동차
	MR형			신준식, '모든 것은 정보다'
인터렉션적 관점	매체 간(間) 인간형			SPACE, 스페이스, 공간
	교감형			디지털 아트전 '팀랩월드'
	매체속 인간형			디지털 아트전 '팀랩월드'

디지털 이미지와 프레임 변화

디지털 프레임의 변화를 살펴보기 위해서는 우리는 전통적인 회화의 프레임 형식부터 이해해야 한다. 전통적인 회화의 물리적인 프레임은 액자 형태로 되어 있다. 그것은 과거의 예술 장르에서부터 시작된 형식이며 지금까지도 이어져 내려오는 방식이다. 따라서 프레임의 변화라는 관점은 사회적인 권위, 형식주의 탈피에서부터 그 의미가 시작된다. 즉 '발터 벤야민'이 주장한 '아우라의 붕괴'를 출발로 프레임은 변화되고 확장되는 것이다. 과거에서부터 작가들은 액자라는 형식주의를 벗어나 자유롭고 주체적인 작품들을 그려내기 위해 다양한 도전을 시도하였다. 기술의 발달과 더불어 작가들의 작품 경향은 정적인 오브제의 방식에서 동적인 오브제의 확장으로 더 확대되는 현상으로 나타난다(그림 2-12).

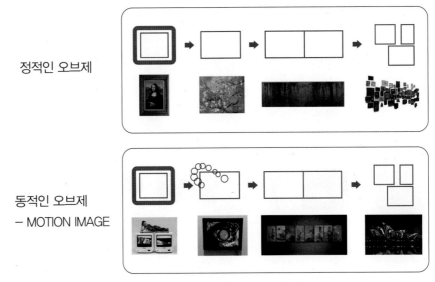

그림 2-12. 오브제의 프레임 변화 과정

현실의 재현을 궁극적인 목적으로 했던 전통 회화의 정적인 이미지 프레임은 사진기라는 미디어의 출현으로 급변화의 시대를 맞이하게 된다. 사진기의 등장은 단순한 기술의 발전을 넘어 작가들에겐 직업을 잃었다는 절망감을 주기도 하였다. 하지만 그러한 변화를 통해 예술의 역사는 추상회화라는 새로운 영역을 창조해 가는 시기이기도 했다.

이후 사진 기술의 발전은 동적인 이미지를 대표하는 영화라는 매체를 등장시켰고, TV라는 대중매체로 이어졌다. 그것은 움직이는 이미지의 등장을 의미하며 현실을 기반으로 한 가상의 이미지를 인지하게 되는 시대로 발전된다. 하지만 영상매체에서는 기본적으로 만질 수 없는 비물질의 오브제라는 특징이 있다. 따라서 물질 중심의 매체에서 비물질을 활용한 비디오 아트라는 영역이 형성되는 계기가 된다. 컴퓨터의 등장은 또 다른 개념이 창작활동으로 이어지는데 피지컬 컴퓨팅과 상호작용을 중심으로 관람자와의 소통을 중심으로 변화하기 시작한다. 관람자는 작품을 바라보기만 하는 것이 아니라 만지고 느끼며 직접 만들기도 하는 형태로 변화한다. 작가는 미디어 상호작용 기술을 통해 관람자와의 소통을 중요한 작품 컨셉으로 설정하고, 관람자 참여를 중요한 작품 소재로 제작하게 된다. 여기에 가장 중요한 요소는 몰입감인데 이는 과거의 예술에서나 현대적인 예술 영역에서도 중요한 표현 요소로 적용되었다. 그림 2-13에서 나타나는 시각 미디어의 변화를 살펴보면 그러한 매체와 인간의 소통 방식이 어떻게 발전되었는지 알 수 있다. 또한 최근에 등장한 VR, AR, MR, XR 등 다양한 실감 콘텐츠가 몰입감을 중심으로 관람자와 어떻게 소통할 것인가에 중요성을 부과하고 있음을 알 수 있다.

전통회화
– 정적인 관점
의 프레임

영화의 탄생

TV의 등장

비디오 아트
– 동적인 관점
의 프레임

컴퓨터의 등장

피지컬 컴퓨팅
– 상호작용적
관점의 프레임

가상현실
(VR, AR)

그림 2-13. 시각 미디어의 변화

이러한 일련의 변화 과정은 전통적인 시각 체계의 변화를 가속화하였고, 우리의 시각인지 방식에도 큰 변화가 나타난다. 그림 2-13에서 나타나듯이 정적이었던 전통적인 시각 체계는 대상을 바라만 보는 형식이었고 시각의 주체는 관람자가 아닌 작가였다. 그것은 전통적인 표현양식의 권위와 형식에 억압된 사회적인 인식으로써 일종의 패러다임이라고 할 수 있다. 하지만 기술을 바탕으로 한 미디어의 변화는 이제 움직이고 만지며 현실의 이미지를 넘어 가상의 존재와 소통하고 있다.

국내 대표적인 비디오 아트의 창시자인 백남준은 가상세계에 대한 예술적 가치와 경험을 제공한 작가라고 볼 수 있다. 아날로그 방식의 전자 매체는 컴퓨터의 등장으로 디지털 체계로 변화하기 시작한다. 컴퓨터의 등장은 형식상 현실과 가상의 개념을 가장 명확하게 제시한 매체이다. 우리의 삶 속에서 현실의 일상을 가상의 공간 속에서 공유하고 업무를 연동하게 된 출발점인 것이다. 이러한 변화를 실질적인 대중화로 이끈 미디어가 스마트폰이다. 디지털 디바이스 중 가장 빠른 시간에 대중화되었고 확장성이 높은 미디어로 자리매김하였다. 이제 우리는 스마트폰이 제공하는 다양한 정보와 서비스를 일상에서 공유하며 소통하고 있다. 그림 2-14와 같이 피지컬 컴퓨팅 기술의 발달은 디바이스와 인간의 소통 방식을 바꿔 주었고 일상 속 상호작용은 정보의 몰입감 증대는 물론 또 다른 세계로의 연결을 제안하고 있다.

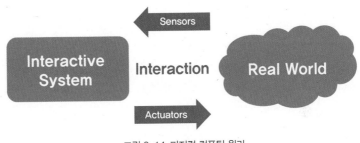

그림 2-14. 피지컬 컴퓨팅 원리

이제 디지털 프레임은 전통적인 4각 프레임에서 벗어나 다양한 디바이스를 통해 등장한다. VR/AR/MR/XR을 통해 가상공간 속으로 완전히 몰입하게 되었다. 이러한 디지털 디바이스의 변화는 다양한 영역에서 나타나고 있지만 가장 대중적으로 접할 수 있는 미디어 아트 영역에서도 급격하게 변화되고 있다. 예술가들은 이제 기술의 발달을 두려워하기보다는 더 적극적으로 활용하고 대중들과 소통하며 공유하고자 한다.

2 〉 미디어를 통해서 본 가상현실

가상현실 기술의 핵심은 현실에서 이룰 수 없는 경험이나 다양한 상상을 현실화하는 과정일 것이다. 인간의 상상과 가상현실의 욕망은 과거에서부터 지금까지 이어져 오는 인간 고유의 욕구일 것이다. 그 중심에는 신체의 몰입감이 중요한 성취 요소이면서 그 욕구의 충족 도구로 미디어가 큰 역할을 하고 있다. 미디어의 역할은 과학기술 이전의 시대에서부터 우리의 삶 속에서 자연스럽게 변화되어 왔다. 따라서 인간의 의사 소통 방식과 욕구 실현의 연결고리인 미디어의 역사를 이해한다는 것은 가상현실을 이해하는 지름길이 될 수 있다. 나아가 새로운 가상세계인 메타버스로 나아가야 하는 근본적인 이유를 알려줄 것이다.

2.1 │ 미디어의 역사

미디어의 역사는 기본적으로 기술을 기반으로 한 인간의 삶과 밀접하게 연결되어 있다. 그 이유는 미디어의 역사가 문화의 출현에서부터 시작되기 때문이다. 원시시대의 신앙을 바탕으로 시작되어 문자의 탄생과 숫자의 등장, 그리고 사회적 인식의 변화 과정을 겪으면서 전자미디어의 발달로 이어진다. 즉 미디어 기술의 발전은 산업혁명을 기반으로 그 성장을 가속화 했고 컴퓨터의 등장은 인간과 인간의 소통에서 시작하여 인간과 미디어, 미디어와 미디어로 이어지는 기술의 융합화로 나아가고 있다. 따라서 미디어의 역사를 이해한다는 것은 곧 기술의 변화를 알아가는 과정이면서 우리의 삶에 변화를 이해하는 것과 같다. 즉 대중심리와 인식의 변화 과정은 결국 시대적 패러다임의 변화를 이해한다는 것으로 설명할 수 있다.

이미지의 주술성과 상징성

미디어란 정보를 전송하는 수단인 매체를 의미한다. 따라서 문자가 없었던 원시시대는 동굴벽화나 조각품 등이 당시 사람들의 문화와 인식을 대변하는 역할을 했던 것이다. 특히 무속신앙을 중심으로 형성된 구석기 시대 빌랜도르프의 비너스는 임신한 여성을 상징하며 과장된 여성성을 통해 풍요와 다산을 기원하기도 하였다. 라스코 동굴벽화에서 나타나는 동물 그림과 사냥하는 그림은 당시 사람들의 정보전달의 역할 뿐 아니라 사냥에 대한 기대와 공포의 주술적 기원으로 이해할 수 있다. 알타미라 동굴벽화에 그려진 동물 그림은 현대적인 관점에서는 당시의 현실성도 전달되지만 어떤 면에선 예술적인 감성과 표현의 창의적인 면까지도 느껴진다.

빌랜도르프의 비너스	라스코 동굴벽화	알타미라 동굴벽화
	 	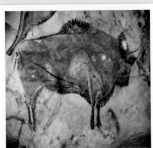 
• 후기 구석기 시대 – 수렵, 채집 생활 • 기원전 24,000년~22,000년 전 • 유럽 산악지역 여러 곳에서 발견 • 특징 : 높이 11cm, 커다란 엉덩이, 풍만한 가슴, 불룩한 배 • 임신한 여성, 과장된 여성성 – 풍요, 다산기원 • 국내 발견 – 울산 신암리 여성상 • 4,500년 전 – 높이 3,6cm	• 구석기 시대 • 사냥은 공포 – 주술적 기원 필요	• 알타미라 동굴(Altamira Cave) : 15,000년쯤 된 것으로 추정. 스페인 북부의 산탄데르 지방에 있는 선사시대 동굴유적 • 스페인어로 Altamira는 'High View'라는 뜻 • 메인 천정화 – 최초로 안료 사용, 지형을 살린 입체감이 특징

키프로스 공화국의 전설적인 인물로 알려진 피그말리온은 오비디우스의 '변신 이야기'에 등장하며 그리스 신화 속 일화인 피그말리온의 여자로 유명하다. 자신이 만든 조각상 갈라테이아와 사랑에 빠진다는 내용의 피그말리온 신화는 후대에 들어와서도 다양한 사랑 이야기의 소재가 되기도 하였다. 현실 관계에서 고립된 자신의 원망을 투사한 가상의 이상적 존재에 탐닉하는 것을 가리킬 때 피그말리오니즘이란 말을 사용한다. 교육 심리학에서는 무언가에 대한 사람의 믿음, 기대, 예측이 실제로 기대만큼 일어나는 경향을 의미하는 피그말리온 효과로도 불린다.

이카로스 전설은 이카로스가 이카로스의 아버지 다이달로스가 만들어 준 날개를 달고 크레타를 탈출할 때 다이달로스의 충고를 무시하고 욕망에 빠져 무모한 행동을 한 탓에 하늘에서 떨어져 죽었다는 전설이다. 이 전설은 이후 많은 이들에게 절제와 자기조절에 관한 교훈으로 해석되면서 다양한 평가가 이루어 졌다.

이처럼 우리는 전설을 통해 삶의 교훈을 배우기도 하고 담겨진 스토리와 이미지를 통해 현실과 비교해서 해석하기도 한다. 결국 가상세계는 현실을 기반으로 형성된 상상의 공간인 것이다.

피그말리온의 여자(갈라테이아)	이카로스 전설

• 피그말리온 효과 : 무언가에 대한 사람의 믿음, 기대, 예측이 실제적으로 일어나는 경향을 말하며 1964년 미국의 교육심리학자 로버트 로젠탈이 실험	이야기를 상징적으로 그림

문자의 등장

문자(文字, Writing System)는 언어를 기록하기 위한 상징체계라고 말할 수 있다. 따라서 문자의 구성을 살펴보면 각각의 글자들은 대부분 다양한 동물이나 사물의 모양 또는 신체의 모습을 본뜬 형태를 가지고 있다. 그리고 거의 대부분 음성언어를 기록하기 위해 생겨나거나 생성되었다. 이러한 관점에서 글자들은 일반적으로 3가지로 분류할 수 있다고 한다.

> 1. **소리 글자** : 모습과는 상관없이 단어의 소리인 구어(口語)로 나타내는 데 쓰인다.
> 2. **의미 글자(Determinatives)** : 소리 글자로 이루어진 단어의 맨 뒤에 붙어 그 단어의 뜻을 결정한다.
> 3. **소리-의미 글자(Ideograms)** : 그 자체로써 소리와 의미를 모두 가진다.

문자의 발달은 정보를 전달하고 시각화하는 과정을 통해 기록하고 공유하며 공감하는 형태로 발전하게 된다. 따라서 미디어의 역할로써 문자가 가지는 전달력은 인간의 생각과 삶의 방식이라는 추상적인 요소를 시각화하여 현실적인 이미지로 구체화하는 과정이라고 본다.

문자의 등장	
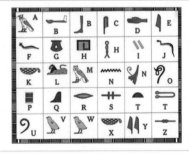	
• 이집트 상형문자(신성문자)	• 쐐기문자(Cuneiform) 또는 설형문자(楔形文字) : 수메르인들이 기원전 3000년경부터 사용했던 상형문자로, 현재 기록/발굴 중 가장 최초의 문자 • 시간이 지나면서 상형문자적인 요소는 줄어들고 점점 추상화됨

숫자의 등장

일반적으로 우리가 사용하는 숫자는 아라비아 숫자를 말한다. 숫자의 등장 원리는 기본적으로 각의 개수에서 만들어졌다고 한다. 1은 쓸 때 위에 꺾는 각이 하나이고 2는 각이 2개여야 하는 이유이기도 하다. 인간의 삶에서 숫자의 등장은 모든 문명과 문화발달의 기초가 되었고, 정확한 측정과 결론이 가능해짐에 따라 숫자의 역할로 인해 경제, 사회, 과학 등 다방면에서 매우 많은 변화를 일으켰다. 숫자를 이용해 계산을 빠르게 할 수 있도록 도와주는 도구가 계산기이다. 초기에는 기원전 2000년에 중국에서 주판이 있었지만, 가감산이 가능한 최초의 계산기는 1642년 블레즈 파스칼(Blaise Pascal)이 만든 '파스칼린(Pascaline)'이다.

계산기의 등장		자연의 수학화로
• 라이프니츠 계산기 : 덧셈과 뺄셈만이 가능했던 파스칼린과는 달리 덧셈, 곱셈, 나눗셈의 기능까지 갖춘 단계형 계산기(Stepped reckoner)	• 파스칼린 : 블레즈 파스칼은 1642년 세계 최초의 기계식 수동 계산기	• 명확한 공간과 수치개념이 생김

프랑스 출신의 수학자이며 철학자인 블레즈 파스칼(Blaise Pascal)은 톱니바퀴를 이용한 수동계산기이며 입력 다이얼(Dial)을 사용하여 덧셈과 뺄셈이 가능한 계산기를 발명했다.

약 50년 이후 1971년에 라이프니츠는 덧셈과 뺄셈만이 가능했던 '파스칼린'과는 달리 덧셈과 곱셈과 나눗셈의 기능까지 갖춘 단계형 계산기(Stepped Reckoner)인 '라이프니츠 계산기'를 발명한다. 파스칼의 계산기에 자동 곱셈과 나눗셈 기능을 추가했고, 모든 디지털 컴퓨터의 기반이 되는 이진법 수 체계를 다듬었다.

숫자의 등장은 단순한 계산상의 결과 도출을 넘어 자연을 수학화하는 과정으로 이어진다. 이러한 개념은 추상적일 수 있는 공간 상황에 대한 구체적인 설명이나 공간설계에서 명확한 거리를 설정하고 수치화할 수 있는 개념이 생겨나게 된 것이다.

카메라의 개발

초창기 사진용 카메라의 기원은 카메라 옵스큐라(Camera Obscura)에서 찾을 수 있다. 이후 1839년 쉬스 프레르의 다게레오타입(Daguerreotypes)이나, 1840년 칼로타입 (Calotypes), 1851년 습판(Wet Plates), 1855년 건판(Dry Plates)으로 이어졌다.

사진 필름(Film)은 조지 이스트만(George Eastman)이 1885년 종이 필름을 제작하기 시작하였고 1889년 셀룰로이드(Celluloid)로 전환했다. 디지털카메라(Digital Cameras)는 1991년 미국의 코닥에서는 최초로 디지털 SLR 카메라 'DSC 100'을 출시하면서 다양한 기술로 변화를 계속해왔다(그림 2-15).

| 카메라 옵스큐라 | 다게레오 타입 | 칼로 타입 | 습판 | 건판 | DSC 100 |

그림 2-15. 카메라의 역사

카메라의 등장은 당시 전통 회화의 작가들에게는 큰 충격과도 같았다. 자신의 일자리를 잃어버린 상황이었으며 기존의 작품 제작방식에 대한 새로운 대안이 필요한 시점이었다. 세상을 있는 그대로 복제해 버리는 카메라의 등장은 오리지널이라고 할 수 있는 원작의 개념인 전통적 아우라의 관점을 사라지게 했다.

사진이 발명된 후로 오랜 세월 '사진이 예술이다! 아니다!'의 논쟁은 계속되었다. 문화비평가 발터 벤야민은 '사진이 예술인가 아닌가는 중요하지 않다. 그 전에 사진의 발명 이후 예술의 전반적인 변화가 어떻게 진화했는지를 생각해 봐야 한다.'라고 평하였다. 이러한 논쟁을 무마하려는 시도일까? 픽토리얼리즘이라고 불리는 장르가 사진작가들에 의해 시도된다. 이는 회화주의 사진을 의미하며 전통적인 정물화의 포맷을 따라 구도에 맞게 배치하고 블러 효과나 노출 과다를 통해 회화 주의를 추구하였다. 또는 출력을 캔버스 천에 하거나 여러 장의 사진을 붙여서 회화작품의 한 장면처럼 연출하기도 하였다.

이 당시 많은 회화 작가들이 절망에 빠지기도 했지만, 사진을 이용해 작업을 하는 사진사로 직업을 바꾸는 작가들과 카메라가 할 수 없는 표현방식을 연구하는 작가들이 생겨난다. 그들은 카메라가 할 수 없는 방향으로 작품의 표현방식을 변화시켜 가기 시작했고 이는 구상 회화에서 추상 회화로 발전하게 된다.

현대인의 심리변화

'도스토옙스키'는 러시아를 대표하는 대문호 중 한 명으로 그는 특히 그의 작품 속에서 19세기 러시아의 불안한 정치, 사회와 영적 분위기에서 인간의 심리를 탐구하였고, 다양한 현실적인 철학과 종교적인 주제를 다루었다. 그의 작품과 사상은 당대의 유명한 지성인들에게 큰 영향을 끼쳤고 많은 인물에게 천재 또는 위대한 작가, 사상가라는 평가를 받고 있다. 그는 당시 사람들의 정신적인 지주였다.

이처럼 과거 우리는 책을 통해서 세상을 배우기도 하고 지식을 얻기도 하는 시대가 있었다. 당 시대에는 그것만이 지식과 정보를 얻을 수 있는 유일한 방법이었고 지성인들만이 가지고 있던 지식이라는 것은 권력과도 같았다. 하지만 현대로 접어들면서 책뿐만이 아니라 다양한 매체나 영상 등이 수많은 정보를 쏟아내고 있다. 현대인의 심리는 그림 2-16에서처럼 기술의 발전과 정보의 다양성을 통해 점차 복잡하고 깊이 있게 변화하기 시작한다. 절대적이라고 믿었던 정책과 개념들은 의문점과 질문으로 돌아오고 대중의 지식수준이 향상되면서 반론되고 비판되기 시작한다. 이제 누군가의 책 한 권은 그냥 다양한 생각 중 하나가 되었고 과거 시대에서처럼 절대적인 가치가 되지는 않는다.

현대인의 심리 이해
'도스토옙스키'

컴퓨터의 등장

비트-디지털 이미지

그림 2-16. 현대인의 심리변화와 기술의 발전

현대인의 심리변화는 과학과 기술의 발전이 큰 영향을 주었다고 생각한다. 서로의 생각을 공유하고 정보를 얻을 수 없었던 시대에는 지성인이라 불리는 이들이 제공하는 지식이 유일한 정보였고 절대적인 가치였을 것이다. 하지만 컴퓨터의 등장은 그러한 정보의 단절과 소통 문제를 해결하기 시작한다. 단순한 정보의 저장을 목적으로 했던 컴퓨터의 역할은 사람과 사람을 이어주는 매개체로 진화한다. 수많은 정보의 저장은 다양한 생각들을 공유할 수 있는 방법을 제공하고 디지털 기술은 그러한 정보의 이해도를 이미지와 영상이라는 형태로 진화시킨다. 인터넷 문화의 발달은 직접적인 소통보다는 비대면 소통을 선호하게 되었고 가상세계 속에서의 소통 방식은 현실에서의 소통 방식으로 자리매김하고 있다. 디지털 기술의 발전은 비트라는 개념을 통해 현실보다 더 현실 같은 이미지를 형성시키고 현실과 가상의 경계는 모호해지기 시작한다.

컴퓨터의 등장

21세기 현대인에 가장 큰 삶의 변화를 주도하고 인류의 소통 방식을 급 변화시킨 발명품인 컴퓨터의 등장은 획기적인 일이 아닐 수 없다. 세계 최초의 컴퓨터라고 불리는 에니악의 등장 이후 다양한 형태의 컴퓨터들이 개발되면서 우리의 일상은 급변하게 된다. 이러한 컴퓨터의 생성 과정을 통해 기술의 발전을 이해하고 다가올 인터넷 세상을 이해하는데 도움될 것이다(그림 2-17).

주판   파스칼의 계산기   라이프니츠의 계산기

배비지의 차분기관과 해석기관   천공카드 컴퓨터   마크-I(Mark-I)

그림 2-17. 컴퓨터의 생성 과정

주판: 기원전 26세기경 중국에서 활용되었고 계산을 통해 숫자의 개념을 형성하게 되는 최초의 도구라고 할 수 있다.

파스칼의 계산기: 1642년 서양에서 개발되었고 톱니바퀴를 사용해 덧셈과 뺄셈이 가능한 최초의 기계식 계산기이다.

라이프니츠의 계산기: 1671년 파스칼의 계산기를 계량하여 만든 것으로 곱셈과 나눗셈도 가능하게 만들었다.

배비지 차분기관과 해석기관: 배비지가 1820~1830년대에 걸쳐 만든 차분기관 (1823)과 해석기관(1834)으로 제어, 연산, 기억 입출력 등이 가능한 컴퓨터를 설계하였다.

천공카드 컴퓨터: 홀러리스의 천공카드 컴퓨터는 1889년도에 개발한 천동카드 시스템으로 종이 카드에 구멍을 뚫어 자료를 처리하는 방식이며 인구조사 통계에 활용되었다.

마크-I(Mark-I): 1944년 미국 하버드 대학의 에이컨 교수가 전기 기계식 계산기인 마크-I을 개발하였다.

그림 2-18. 1946년 에니악, 세계 최초 컴퓨터의 등장

에니악 : 1946년 전쟁을 위해 개발되었다. 진공관을 사용하였고 엄청난 크기로 제작된 세계 최초의 컴퓨터로 인정받는 개발품이다.

2.2 | 가상현실의 역사

가상현실은 기본적으로 인터넷 공간에서 일어나는 비현실적인 경험을 말한다. 또는 현실에선 불가능한 경험들을 콘텐츠로 제작하여 즐기고 느끼고 소통하는 과정이다. 따라서 가상과 현실을 오가며 어떠한 방식으로 어떤 디바이스를 통해 무엇을 경험하고 소통하는가가 중요한 요인이다. 이러한 맥락 속에서 가상현실의 역사를 통해 우리는 어떤 과정들 속에서 가상과 현실을 경험하며 지금의 메타버스 시대까지 왔는가를 이해할 필요가 있다.

인터넷의 발달은 컴퓨터의 등장이 없었다면 불가능했을 것이다. 또한 스마트폰의 등장이 없었다면 인터넷의 대중화도 일어나지 않았을지 모른다. 결국 모든 현대인의 삶과 소통의 방식은 기술과 문화의 발달에 따라 흘러가고 있는 것이다. 때문에 이러한 소통은 더 나은 방식으로 진화되어 다양한 디바이스를 만들어 내었고 이러한 디바이스의 역할은 VR, AR, MR, XR, 홀로그램이라는 개념들을 형성시켰다. 이러한 용어의 의미를 알아보고, 가상과 현실의 경계를 확인해 보자.

VR

그림 2–19. VR 디바이스

가상현실(Virtual Reality)

VR 디바이스 그림 2–19은 외부 세계를 시각적으로 완전히 차단하며 100% 가상 환경의 몰입 경험을 제공한다. 가장 대중적이면서 인기 있는 VR 헤드셋 혹은 웨어러블 기기로는 HTC '바이브', 오큘러스 '리프트'가 대표적이다. 360° 영상 체험을 기반으로 하는 기기인 삼성 '기어 VR'과 세계적으로 판매량 1위인 구글 '카드보드' 등이 사용자에게 고선명(HD) 몰입 경험을 제공한다. 주로 게임이나 멀티미디어 영상 콘텐츠 소비용으로 활용되며 머리의 움직임을 감지해 현장에 있는 것처럼 실감 나는 가상현실 콘텐츠를 시각적으로 재현해 주는 역할을 한다.

일반적으로 가상현실(VR)은 HMD를 기반으로 현실과 상상의 경계를 초월하는 첨단 영상 3D 컴퓨터 그래픽 기술이라고 정의한다. 즉 HMD(Head Mount Display)라는 기기를 머리에 쓰고 현실을 완전히 차단한 후 체험하며 참여자가 현실에서 느끼는 것과 유사한 감각을 체험하며 몰입할 수 있도록 만들어 주는 과학 기술을 의미한다. 하지만 현실의 시야가 완전히 차단된 상황이라 체험 중에는 신체적 활동에 불편함이 있고 안전을 고려하고 체험해야 한다는 단점이 있다.

장점은 사람들이 일상에서 경험하기 어려운 특정 환경이나 상황을 직접 체험하지 않고도 실제 주변 상황과 상호작용하는 것처럼 컴퓨터로 구현하여 몰입감 있는 경험을 할 수 있다는 것이다. 하지만 360°로 촬영된 영상의 경우에 HMD가 아닌 카드보드로 감상할 때는 가상현실이라고 칭할 수는 없다. 왜냐하면 VR은 완벽하게 3D 그래픽 기술로 구현된, 즉 만들어진 세상을 형성할 때만 가상현실이라고 정의하고 있다. 기타 콘텐츠 사례로는 게임뿐만 아니라 의료실습, 건축, 교육 등 다양한 콘텐츠가 있다.

AR

그림 2-20. AR 증강현실

증강현실(Augmented Reality)

그림 2-20의 증강현실은 우리가 살아가는 현실(Reality) 세계에서 디바이스 기기를 통해 시각적으로 존재하지 않는 비물질의 이미지를 현실 속에 증강시켜 현실과 함께 시각적으로 보여 주는 기술이다. 즉 현실에 부가적인 가상의 정보를 덧붙여주는 것으로 '확장된 현실'이라는 의미로 증강현실이라고 정의할 수 있다.

일반적으로 스마트폰 카메라를 활용해 현실 세계의 정보를 바탕으로 컴퓨터로 처리된 가상의 디지털 요소를 실시간으로 결합해 보여 준다.

AR을 사용하면 실제 현실 개체와 상호작용하고 공간적으로 일관된 방식으로 가상 개체를 현실 세계로 가져올 수 있다. 비물질 오브제의 세계로 들어가는 가상현실과 달리 증강현실은 비물질 오브제를 우리의 현실 세계로 가져오는 방식이다.

증강현실은 현실의 이미지나 배경에 3차원의 비물질 가상 이미지를 겹쳐서 하나의 영상으로 보여 주는 기술이다. 따라서 현실과 가상을 이어주는 연결점인 디바이스가 매우 중요하다. 증강현실은 디바이스를 통해 감상하기 때문에 이동성이 편리하고 어디에서든지 체험 가능하다는 장점이 있다. 하지만 디바이스의 크기에 따라 프레임의 경계가 있어 몰입감에 차이가 발생한다. 즉 현실을 완전히 차단하여 프레임의 시각적 제한이 없는 VR HMD 기기에 비해 상대적으로 프레임의 경계가 잡혀있어서 좁은 프레임 공간 때문에 몰입감은 떨어진다는 단점이 있다. 최근 다양한 디바이스들이 개발되고 있으며 보편적으로는 스마트폰이나 갤럭시 탭, 아이패드 등을 이용해 AR을 체험할 수 있다.

MR

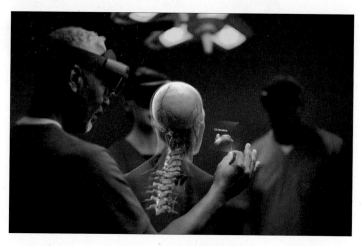

그림 2-21. MR 혼합현실

혼합현실(Mixed or Merged Reality)

MR(그림 2-21)은 혼합현실 또는 융합현실이라고도 하며 가상세계와 물리적 세계 사이의 연속체를 설명해 준다. 혼합현실은 3D 입체영상을 현실 공간에 구현해 줌으로써 현실 공간 속에서 가상의 시각적 사실감을 극대화하여 강한 몰입감을 제공한다. 체험방식은 여전히 헤드셋과 움직임 센서 장비를 착용해야 한다. 하지만 차이점은 디바이스 기기의 렌즈가 VR과 달리 현실을 보여 주면서 동시에 가상의 이미지를 재현해 준다. 즉 가상의 그래픽 이미지는 실제 세계 위에 겹쳐 증강되며 현실을 온전히 보여 주는 안경형 형태로 프레임의 경계는 사라졌다. 표 2-7의 MR 적용 사례를 통해 보이듯이 다양한 분야에서 적용되고 있다.

표 2-7. MR 적용 사례

	매직리프 : 몇 년 전 사람들이 가득찬 체육관 바닥을 뚫고 거대 고래가 공중으로 도약하며 객석으로 물을 튀기는 홀로그램을 구현해 큰 화제를 모았다.
	오토데스크 퓨전 360 : 산업디자인, 기계공학 엔지니어링, 기타 산업용 개발 분야에 활용될 수 있는 혼합현실 솔루션을 개발하고 있다.
	AR, VR : 게임 산업이 가장 주목했으나 혼합현실은 산업계의 수용이 활발할 것으로 전망된다.
	혼합현실 기술 : 3D프린터의 대체재로 생산성을 개선할 것으로 보인다.
	의료계 : 혼합현실 기술을 의대생 교육 프로그램으로 우선 활용하고 있다.
	볼보자동차 : 제품디자인뿐만 아니라 생산 현장에서도 혼합현실 도입을 서두르고 있다.
	NASA : 3D 화성 탐사 시뮬레이션 소프트웨어를 마이크로소프트와 함께 개발했다.

XR

확장현실(eXtended Reality)

확장현실로 불리는 XR은 실제 대면한 듯한 경험과 몰입감을 제공해서 비대면의 제약을 극복할 수 있는 대안 기술의 스펙트럼을 포괄하는 용어이다. 일반적으로는 가상현실(Virtual Reality), 증강현실(Augmented Reality), 혼합현실(Mixed Reality) 등 실감 기술을 통칭해서 사용한다. 이 기술들은 최근 비대면 시대를 맞아 일, 여가, 소통 등 오프라인 활동들이 가상공간으로 옮겨가면서, 가상과 현실을 넘나드는 메타버스(Metavers)의 형태로 확산하고 있다. 이러한 분위기 속에서 교육·유통·문화·의사소통 분야에서 XR 기술이 급속도로 성장하였고, XR은 모바일 장치, VR 헤드셋 및 실감형 안경 등을 통해 연결할 수 있다는 점이 특징이다. 표 2-8의 XR 기술 사례 중 특히 교육 분야는 가상과 현실의 융합을 통해 현실의 경험을 확장하고 가상교육 환경 플랫폼 구축을 통한 비대면 실시간 온라인 강의로 특별한 몰입감을 제공하면서 주목을 받고 있다.

표 2-8. XR 적용 사례

	제조 분야의 XR 활용 – 현장 작업자의 업무 효율 향상과 안전 보호 : AR 기술기업 버넥트 관계자가 공장 조립 라인에서 손가락을 활용해 데이터 시각화, 기기 원격제어를 하고 있다.
	교육 분야의 XR 활용 – 안전하고 몰입감 있는 교육 경험 제공 : VR 기업 브래니가 개발한 VR 기반 실감형 교실 '쿠링'. AI 음성인식 캐릭터, 실시간 채팅 기술을 접목한다.
	의료 분야의 XR 활용 – 의료 훈련 및 재활 치료 지원 : 분당 서울대 흉부외과, XR 기술 활용 가상현실 의료교육이 있다.
	유통 분야의 XR 활용 – 온라인 제품 홍보 및 맞춤형 쇼핑 정보를 제공한다.

	문화 분야의 XR 활용 - 온라인 공연, 관광 등 다양한 미디어 경험 제공 : 코로나19로 인해 래퍼 트래비스 스콧은 '포트나이트' 게임 내에서 가상 콘서트를 개최했다.
	국방 분야의 XR 활용 - 훈련 비용 절감 및 안전성 확보 : VR 전투 훈련 플랫폼 제조사 네비웍스는 전술 및 임무 절차 훈련을 위한 가상 전술 훈련 시뮬레이션을 제공한다.

XR 산업의 변화

시장 및 소비자 데이터를 전문으로 하는 독일 회사 연구 그룹 Statista는 2021년에 310억 달러로 예측되는 글로벌 XR 시장 규모가 2024년 이후에는 3,000억 달러로 증가할 것으로 예상했다(그림 2-22).

Global XR(VR/AR) Headset Forecast by Device Type, 2016 to 2025

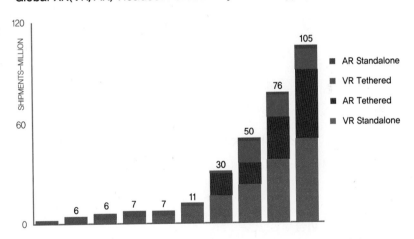

그림 2-22. Global XR(VR/AR) Headset Forecast by Device Type, 2016 to 2025

확장현실(Extended Reality)의 급속한 발전에는 최근 마크 저커버그(Mark Zuckerberg)가 Facebook의 이름을 메타(Meta)로 변경한 후부터 XR에 대한 관심도가 증가하는 현상도 영향을 주었다. 저커버그는 인터넷이 3D로 진화하는 메타버스에 대한 회사의 계획을 공개했다. 그는 급변하는 디지털 트랜스포메이션

(Digital Transformation) 시대에 사람들은 인터넷을 통해 가상의 장소에서 운동, 일, 소통, 쇼핑, 예술 등 비대면 교류를 하고 있기에 메타가 바로 그러한 XR 몰입형 기술을 통한 공유형 플랫폼으로 발전할 것이라고 밝혔다. 이처럼 확장현실 (Extended Reality)은 현실이라는 물리적 공간에 가상의 공간 혹은 정보를 시간의 오차 없이 제공한다. 실재감, 몰입감, 그리고 상호작용 특성을 이용해 사용자들이 시간과 공간의 제약 없이 필요한 정보와 서비스를 이용하는 실감형 미디어라는 장점을 갖고 있는 것이다.

XR의 활용 분야

엔터테인먼트 및 게임 분야: 이미 잘 구축된 XR 용 애플리케이션을 통해 새로운 산업으로 빠르게 확장되고 있다.

자동차 회사: 설계 생성에 XR을 사용하고 있다. 여기서 설계자는 새로운 차량 라인의 3D 개념을 생성한 다음 원거리에서도 공동으로 설계를 검토할 수 있다.

의료기관: Mayo Clinic과 같은 의료 기관에서는 이 기술을 적용하여 대화형으로 수술 전 계획을 만들고 심장 수술을 지원하기도 하는 외과 팀을 교육하고 있다.

건설 회사: 프레임 및 배선 설치의 속도와 품질을 개선하기 위해 설치 직원에게 AR 안경을 제공하고 있다.

프로덕션 스튜디오: XR을 사용하여 Disney의 The Mandalorian에서 볼 수 있는 것과 같은 환상적이고 3차원적으로 실제와 같은 세계를 만들고 있다.

XR의 이점

향상된 이해도: 건축가나 디자이너의 스케일 감각이나 입체감, 밀집도 그리고 빛, 음향, 물질성은 일반적으로는 2D 스크린에 의해 제약을 받는다. 하지만 XR을 활용해 최적의 공간을 구성하고 완전히 몰입하게 되면 주요 기능에 대한 이해도가 향상될 수 있다는 이점이 있다. 이것은 클라이언트에게도 동일한 원칙이 적용된다.

프로젝트의 효율성: 초기 계획 단계에서 AR 및 VR을 활용하면 프로젝트의 이해

관계자의 조건에 적합한 과정을 미리 보장하고, 작업 현장에서 사람과 장비의 조정을 개선할 수 있다. 또한 불필요한 이동을 줄이고, 재작업의 필요성을 감소시킬 수 있다.

향상된 안전성 : 외과의사, 소방관, 군인, 원자력 기술자, 건설 노동자 등 잠재적으로 신체적 위험 상황에 노출된 사람이라면 누구나 XR 기술을 통해 몰입감 있고 실제와 같은 환경에서 안전한 교육을 받을 수 있다.

더 나은 의사결정 : 건물, 교량, 자동차 및 비행기에 관한 디지털 트윈 기술은 엔지니어, 소유자, 시설 및 운영 관리자에게 전반적인 향후 결과에 대한 예측과 통찰력을 제공할 수 있다. 이것은 유지 관리에 불필요한 오류를 개선하고 경비 절감에 도움을 줄 수 있다.

XR의 미래

COVID-19는 여러 면에서 삶의 방식을 변화시켰다. XR은 특히 COVID-19가 발생했을 때 사무실, 디자인 및 프로덕션 스튜디오, 수술실, 제조 및 건설 현장 등에서 새로운 변화의 가능성을 보였다. 예시로 건설 현장의 팀원들은 함께 일을 할 수 없는 상황에서도 각자의 프로젝트를 진행해야 했다. 이러한 소통의 부재를 해결하기 위한 방안으로 VR과 AR 기술을 도입하여 서로의 공간을 3D 형태로 보여 주며, 만나서 소통하고 함께 일을 해나갈 수 있는 가상의 공간을 제공한 것이다.

XR 기술의 개선된 문제점

투박하고 값비싼 헤드셋, 격리된 소프트웨어 응용 프로그램, 느린 렌더링 속도, 무선 네트워크의 제한된 대역폭이 XR 채택을 가로막았다. 그러나 XR 기술이 발전함에 따라 기업(특히 AEC 기업)은 실제 공급망 전반에서 불필요한 낭비를 줄이고 개선하여 경제적 산출을 증가시킬 수 있으므로 의사결정 도구로써 활용할 수 있게 되었다.

XR 기술의 개선해야 할 문제점

• 헤드셋은 더 저렴해지고 배터리 수명에 대한 제약을 덜 받아야 한다.

• 이미지 렌더링 속도를 개선해야 한다.

• 각 부서의 이익만을 추구하고 사업 단위나 브랜치 별로 데이터가 일치하지 않는 증상인 사일로화(Silo)된 소프트웨어 플랫폼은 클라우드에서 보다 원활하게 통합하기 위해 개인정보

제어 및 인프라 지원이 필요하다.

- 상호작용은 사용자를 공간으로 안내하고 스케치, 프로토타이핑 및 애니메이션을 지원하는 제스처 및 시선 신호를 지원하여 보다 직관적이어야 한다.
- 실제 위치 데이터를 건물 모델과 동기화하는 지리정보 태그를 자동화하고 더 높은 정밀도를 달성해야 한다.

홀로그램

홀로그램(Hologram)은 1947년 헝가리의 과학자 데니스 가보르(Dennis Gabor)가 홀로그래피(Holography)라는 개념으로 처음 제시했다.

홀로그래피(Holography)란, 2개의 샌즈(랜즈)가 서로 접촉해서 발생시키는 빛의 간섭 현상을 이용하여 입체적인 정보를 기록하고 재생하는 기술이다. 홀로그램은 같은 개념에서 파생된 기술로 가상의 이미지로 존재하지만, 실제와 같은 3차원 영상이나 이미지를 재현하는 기술이라고 정의한다. 그리스어로는 '완전함', '전체' 혹은 '모두'를 뜻하는 홀로(Holo)와 '메시지', '정보'를 뜻하는 그램(Gram)이 합쳐져 이름이 붙여졌다.

홀로그램 산업의 시장동향

홀로그램은 기존 산업 기술과의 융복합에 의해 의료, 계측, 에너지, 보안, 인쇄, 교육, 자동차 등의 다양한 분야에서 첨단 고부가가치 산업으로 성장하고 있다. 그러나 국내는 대부분이 수입에 의존하고 있는 상황이다.

세계 홀로그램 산업시장

- 2018년 약 277억 달러 규모로 예상되며, 이중 의료기기 등 산업 장비 시장이 약 166억 달러로 60%의 비중을 차지하였다.
- 홀로그램 기술이 발전하면서 연평균 14%의 지속적 성장을 통해 2020년에는 약 349억 달러, 2025년에는 743억 달러 규모로 성장할 전망이다.
- 2025년부터 홀로그램 디스플레이를 사용하는 모바일 기기가 상용화될 것으로 예상되며, TV는 2027년경부터 등장할 것으로 전망한다.

국내 홀로그램 산업시장

- 국내 홀로그램 시장은 연평균 10% 성장을 통해 2018년 약 7천억 원, 2025년에 1조 4천억 원 규모로 성장을 예상한다.
- 2025년에는 의료기기 등 산업 장비 비중은 39% 수준으로 감소하며, 보안 및 인증 분야의 비중이 증가할 전망이다.

홀로그램의 종류

홀로그램은 빛의 간섭현상에 의해 입체영상이 구현되는 것으로 대상을 입체영상으로 찍어내는 사진술인 아날로그 홀로그램 방식과 대상에 반사된 빛을 디지털로 재현하는 디지털 홀로그램 방식이 있다.

1. 대상을 입체영상으로 찍어내는 사진술인 아날로그 홀로그램

그림 2-23은 필름을 사용하여 실물을 입체영상으로 찍어내는 사진 기술이다. 즉 2개의 레이저 광선을 하나는 반사경(Mirror)에, 다른 하나는 피사체(Object)에 쏘아서 피사체에 난반사된 빛과 반사경에서 반사된 빛이 겹쳐지면 빛의 간섭 현상으로 간섭무늬가 Film Plate에 나타난다. 아날로그 방식은 이를 기록하여 정지 입체 이미지로 만드는데 우리가 흔히 보는 올록볼록한 3D 이미지의 책받침이나 지폐의 위조 방지 표식에서 볼 수 있다. 주로 홀로그램 사진이나 전시 등에 활용된다. 핵심 기술은 홀로그램 필름, 광원 및 광학소자 기술이다.

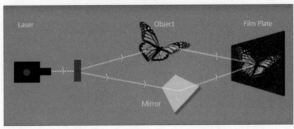

그림 2-23. 아날로그 홀로그램 방식

2. 대상에 반사된 빛을 디지털로 재현하는 디지털 홀로그램

그림 2-24는 디지털 방식은 수학적 계산과 처리를 통해 간섭무늬를 만들고 데이터로 기록하여 3D 영상을 다시 재현시키는 것이다. 즉 사물에서 반사된 빛을 실제와 같은 현실감을 위해 디지털화된 기록 및 재현을 통해 현실감을 제공하는 실감 기술이다. 주로 HMD, HUD, HMobile, H게임 등에 활용된다. 핵심 기술은 디지털 홀로그램 획득, 생성, 전송, 재현 기술이다.

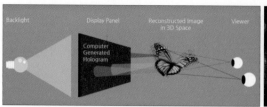

그림 2-24. 디지털 홀로그램 방식

3. 유사 홀로그램(슈도 홀로그램(Pseudo Hologram) 또는 플로팅(Floating) 홀로그램)

디지털 영상 합성 기술을 통해 투명한 막 뒤에 이미지가 만들어지도록 투사해 실제 사람이나 물체가 그 이미지를 자유롭게 통과하거나 바로 앞에 있는 것과 같은 착시를 일으키는데 눈속임처럼 생각된다.

플로팅 홀로그램은 1860년대 '페퍼의 유령'이라는 이름으로 시연되기도 하였는데 보통 아홉 대 이상의 카메라를 배치하고 초다시점(Super-multiview) 입체영상을 촬영해 홀로그램과 유사한 입체 효과를 구현하는 기술과 미리 촬영한 입체영상을 반 투과형 스크린에 투영하는 방식의 유사 홀로그램이 있다. 주로 공연, 홍보, 원격회의 등에서 활용되며 핵심 기술은 초다시점 콘텐츠 획득, 생성, 전송, 재현 기술이다.

그림 2-25. 홀로그램 콘서트홀 클라이브(Klive) 공연 모습.

위 사진 그림 2-25는 2014.1.16. 홀로그램 콘서트홀 클라이브(Klive) 공연 모습이다. 흰색 슈트를 입은 싸이가 '강남스타일'을 부르며 댄서들과 코믹한 제스처로 '말 춤'을 추면서 호흡을 맞췄다. 그러나 손을 뻗으면 만져질 것 같은 장면 속 싸이는 실제가 아니라 '홀로그램'이었다. 반면 싸이의 무대 곳곳에서 등장하는 댄서들은 '진짜'이다.

그림 2-26은 플로팅 방식의 프로젝션 홀로그램의 원리는 상단에 설치된 프로젝터의 빔을 통해서 미리 제작, 촬영한 3D 영상을 반사 표면이 있는 미러 성질의 바닥으로 영상 소스를 발사한다. 영상 소스는 바닥의 반사판 스크린을 통해 반사되고 45° 각도의 기울기로 고정된 투명 포일(Transparent Foil)이라는 0.2mm 두께의 광학필름에 일정 투과율로 반사된다. 이때 무대아래에서 보는 관객에게는 투영된 영상이 마치 공중에 뜬 것처럼 보이면서 입체감을 느끼게 하는 영상 기술이다.

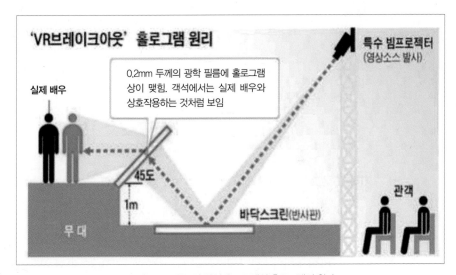

그림 2-26. 플로팅 방식의 프로젝션 홀로그램의 원리

플로팅 홀로그램의 유형

플로팅 홀로그램에는 Single Plane, Pyramid, Multi-planar의 3가지 유형이 존재한다. 각 유형의 특징들을 표 2-9를 통해 살펴보자.

표 2-9. 플로팅 홀로그램 3가지 유형

Single Plane	Pyramid	Multi-planar
광원 기준 45° 기울기를 가진 산란 코팅된 반사판을 사용하여 투영시켜 재생 영상을 왜곡하여 보여 주는 방식이다.	3면(270°) 또는 4면(360°) 구현을 위해서는 피라미드 형태로의 제작이 불가피하며, 이렇게 제작된 형태를 피라미드형 플로팅 홀로그램이라고 한다. 피라미드형은 특성상 3면 이상의 입체영상을 구현할 수 있다.	페퍼스 고스트 방식을 연속으로 나열하여 여러 개의 레이어를 구현하는 방식으로 세 군데 위치의 투명 거울상에 맺히는 영상을 원근감 있게 볼 수 있는 영상 기법이다.
특징 : 한 방향에서 볼 수 있다. 홀로그램 공간이 크다.	특징 : 여러 방향에서 볼 수 있다. 홀로그램 공간이 작다.	특징 : 한 방향에서 볼 수 있다. 3D 효과를 위해 여러 레이어의 홀로그램이 가능하다.

기타 홀로그램 기술 사례

기타 홀로그램 기술 사례인 표 2-10의 윈크루(Vinclu)-Gatebox는 가상 캐릭터인 아즈마 히카리를 원형의 홀로그램 안에 표시하는 사물인터넷(IoT)용 소형 스마트 디바이스이다. 한국전자통신연구원(ETRI)의 360° 입체 홀로그램 영상 '테이블 톱형 홀로그래픽 디스플레이'와 팔목에 인터페이스를 디스플레이 시키는 시크렛(Cicret)-홀로그램 기술 활용 스마트워치, 그리고 운전자에게 가상의 터치스크린 화면을 제공해 손짓으로 홀로그램 화면을 조작할 수 있도록 한 인터페이스의 BMW-홀로액티브 터치가 있다.

표 2-12. 기타 홀로그램 기술 사례

윈크루(Vinclu) Gatebox		음성인식, 카메라, 인체 감지 센서가 탑재되어 있으며 이용자는 명령을 음성 혹은 연결된 스마트폰을 통해 내릴 수 있고, 이에 맞춰 역할을 수행하는 스마트 허브 제품의 하나이다.
한국전자통신연구원 (ETRI) 360° 입체 홀로그램 영상 '테이블 톱형 홀로그래픽 디스플레이'		3.2인치 크기로 360° 홀로그램 영상을 시연했으며, 오는 2021년까지 영상 화질 개선과 크기 확대, 시스템 소형화를 위한 기술을 개발하였다. 실사 영상 홀로그램을 5G 네트워크를 통해 송수신하는 기술도 함께 개발할 계획이라고 한다.
시크렛(Cicret) 홀로그램 기술 활용 스마트워치		스마트워치 시장에서는 홀로그램을 이용한 인터페이스의 혁신이 가장 먼저 이루어질 것으로 전망한다. 유튜브를 통해 공개한 2014년 홀로그램 기술 활용 스마트워치도 2017년에는 상용화될 수 있을 것으로 전망된다.
BMW 홀로액티브 터치		BMW는 2017년 1월 미국 라스베거스에서 열리는 국제 소비자 가전박람회에서 차량용 인포테인먼트 조작 시스템인 홀로액티브 터치 기술이 시연되었다.

2.3 | 몰입감

일반적으로 몰입감이란 단어적 의미는 흥미가 고조되는 순간 주변 요소를 배제하고 모든 감각기관과 생각과 감정이 일체가 되어 대상에게 집중하는 순간을 의미한다. 능동적인 몰입감을 경험하는 예로 게임을 들 수 있다. 우리가 게임을 할 때 머릿속에서는 게임을 이기기 위해 분

그림 2-27. 몰입감

석을 하게 되는데 이로 인해 게임을 하는 동안에는 그림 2-27과 같이 집중 상태에 들어가게 된다. 이러한 몰입 경험 상태에서 목표가 가까워지면 가까워질수록

더 강력한 몰입 상태에 빠지게 된다.

따라서 메타버스 세상이 현실과 동일한 인간의 삶을 유지 시킬 수 있으려면 인간의 오감을 만족하는 몰입 요소가 필수적으로 필요하다. 따라서 다양한 오감 사례를 통해 메타버스에서 필요한 몰입 요소를 알아보자.

오감을 통한 몰입 요소

세계적인 펜데믹 상황 이후 온라인 게임시장은 사용자가 폭발적으로 증가하게 된다. 게임사들은 이러한 급성장과 더불어 글로벌 게임시장으로 진출하고자 노력하고 있다.

게임사들에게는 더 많은 글로벌 이용자들을 모으기 위한 게임 몰입감 분석과 그들의 플랫폼 이탈을 막기 위한 노력들이 매우 중요하다. 따라서 인기 게임 요인 분석에 관한 이용자 몰입 요소 연구, 가입과 이탈에 관한 원인분석 연구 그리고 XR 콘텐츠 체험 시 멀미감 감소 방법과 피로도에 미치는 영향 연구 사례가 있다. 또한 시각 체계 특성과의 관련성 연구, 인터넷 환경과 인간관계의 연계성 연구 등 다양한 기술적, 인문학적 접근이 시도되고 있다.

그림 2-28은 시각 분야에서 연구되고 있는 대표적인 디바이스로 메타의 오큘러스 퀘스트2와 마이크로소프트 사의 홀로랜즈2를 들 수 있다. 메타의 오큘러스 퀘스트2는 HMD 기반 VR 방식의 디바이스로 최근 대중적인 가격으로 매출이 가장 높게 나타나는 제품이다. 홀로랜즈2는 MR 방식의 디바이스로 현실과 가상의 이미지를 동시에 볼 수 있어 가장 효과적인 디바이스이지만, 아직 가격적인 부담과 시각 프레임이 좁아 대중적으로 확대되기에는 시간이 필요해 보인다.

오큘러스 퀘스트2

홀로랜즈2

그림 2-28. 시각과 청각을 이용한 몰입 디바이스

그림 2-29는 촉각 분야에서 나타나는 디바이스로 최근 비햅틱스라는 회사의 '택트슈트 X40'이 있다. 햅틱슈트는 가상세계에서 받은 반응을 실제 몸에 진동을 통해 전달하는 장치로 '햅틱(Haptic)'은 오감 중 촉각과 힘, 운동감을 느끼게 해주는 기술이라고 보면 된다. 비햅틱스가 조끼 형태의 햅틱슈트인 택트슈트(TactSuit)를 공개했다. 또한 미국 HaptX 사의 'HaptX Gloves'가 발표되었는데 촉각의 세밀화에 초점을 맞춘 통합형 글러브이다. 사용자가 글러브를 장착하고 VR의 가상 객체에 닿으면 글러브 내부의 수백 개의 작은 공기주머니가 팽창, 수축하면서 가상 사물의 모양, 움직임, 질감, 온도까지 느낄 수 있다고 한다.

비햅틱스의 '택트슈트 X40과 택트슈트 X16'　　　　　　미국 HaptX 사의 'HaptX Gloves'

그림 2-29. 촉각을 이용한 몰입 디바이스

그림 2-30은 후각 분야에서 나타나는 디바이스로 VAQSO 사가 개발한 후각 VR 장치 'VAQSO VR'이다. 유니티 엔진으로 제작된 프로그램이 내장되어 있으며 이를 이용하여 무선으로 냄새가 나오도록 타이밍을 설정한다.

VAQSO 개발 후각 VR 장치　　　4D 마스크 '필리얼(FeelReal)'　　　싱가포르 국립대학 인공미각
'VAQSO VR'　　　　　　　　　　　　　　　　　　　　　　시뮬레이터 기기 'Taste+'

그림 2-30. 후각을 이용한 몰입 디바이스

또한 2015년 미국에서는 VR 마스크인 4D 마스크 '필리얼(FeelReal)'을 출시했다. 이 제품 역시 기존 VR 헤드셋에 추가적으로 장착하는 액세서리로 사용하며 가상

현실에 각종 냄새, 습기, 바람, 진동 등의 효과를 제공한다.

싱가포르 국립대학의 인공미각 시뮬레이터 기기인 'Taste+'는 니메샤 나라싱게 교수가 인공미각 시뮬레이터 기기로 'Taste+'를 개발하고 있는 사례이다. 이 장치는 숟가락과 컵 형태로 이루어져 있다.

디바이스의 상호작용을 통한 몰입 요소

전통적인 미디어 시대를 지나 스크린 디바이스 시대인 21세기 디지털 영상 시대를 스크린 디바이스와 관람자의 관점에서 간단한 그림으로 표현하면 다음 그림 2-31과 같다. 그림을 통해서 알 수 있듯이 과거 전통 회화의 고정적이었던 스크린(그림)과 관람자의 관계는 스크린(그림)의 물리적 크기 변화로 이어졌다. 영상 기술의 발전은 큰 스크린에 투사되는 영상에서부터 좀 더 가까운 TV, 더 가까운 스마트폰을 지나 컴퓨터 스크린으로 변화되었다. 나아가 몸에 장착해서 직접적으로 볼 수 있는 웨어러블 방식의 VR, AR, MR, XR, 피지컬 컴퓨팅 등 기본적으로 스크린이라는 형태에 이동성까지 더해지고 있다.

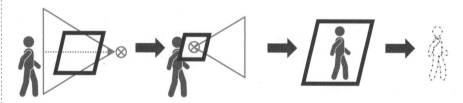

그림 2-31. 스크린 디바이스와 관찰자의 관계도

스크린은 이제 몸을 이용한 인터랙션을 통해 상호작용하고 관람자는 인터넷을 통한 가상공간 속으로 들어가게 된다. 즉 그림 2-31에서처럼 가상공간 속 대체자아로 가상의 공간 속에 현실의 관람자가 함께 공존하는 것이다.

인터랙션 즉 상호작용은 기본적으로 디바이스를 활용해야 가능한 체험이다. 게임 디바이스의 상호작용 특성들을 살펴보면 전통적인 게임 방식에서 다양한 방식으로 변화하고 있다. 그중에서도 게임 UI의 변화와 컨트롤러의 사용 방법에서도 그 변화의 특성이 나타난다. 표 2-11에서 시대별 게임 맵 이동 경로 변화와 컨트롤러의 방향을 살펴보면 X Axis에서 X Axis-Y Axis로 변화하였고 Y Axis-X Axis에서 X Axis-Y Axis-Z Axis로 확장되고 있음을 알 수 있다.

표 2-11. 시대별 게임 맵 이동 경로 변화

X Axis	X Axis-Y Axis	Y Axis-X Axis	X Axis-Y Axis-Z Axis
1981. Arcade Game, Gallag	1985. Video Games, Super Mario	1995. Shooting Game, Strikers1945	2014.MMORPG Genre, Lost Arc

스토리텔링을 통한 몰입 요소

최근 스토리텔링의 중요성이 부각되고 있다는 점에서 볼 때 메타버스형 콘텐츠 관련 스토리텔링에 관한 연구가 필요해 보인다. 따라서 게임처럼 단순한 재미를 넘어선 스토리텔링 기반의 몰입 요소 분석과 관련 콘텐츠의 평가 툴 개발 연구가 필요하다. 기본적으로 실감형 콘텐츠는 몰입감이 매우 중요하며 기존의 다양한 미디어 중에서도 그림 2-32와 같이 시각적인 생생함과 상호작용 기술을 통한 몰입 요소가 중요한 요소로 발전되고 있다.

그림 2-32. 미디어 기술에서 나타나는 생생함과 상호작용성

일반적으로 스토리텔링에서 나타나는 개념은 서사를 바탕으로 한다. 신화, 전설, 우화, 설화, 단편 소설, 역사, 비극, 서스펜스, 코미디, 판토마임, 회화, 영화, 지역 뉴스, 대화 등 서사 구조는 다양한 형태로 사람들의 삶 속에 존재한다. 이러한 특성은 디지털 시대에 와서도 영상 매체물, VR 콘텐츠, 게임 역시 서사를 통해 스토리텔링 방식으로 표현하고 있다. 즉 서사는 스토리텔링을 의미하며 디지털 영상 및 시각 매체들의 이야기 양식을 포괄하는 개념으로 이해되고 있다.

메타버스 환경에 필요한 몰입 요소

앞서 우리는 메타버스 플랫폼 환경에 필요한 다양한 조건들을 살펴보았다. 이러한 조건들이 갖춰졌을 때 비로소 완전한 몰입감을 형성한다고 볼 수 있다. 그러면 진정한 몰입감을 완성시켜 줄 메타버스 시대의 환경적인 조건은 무엇일까?

우선 Web 3.0이라는 인터넷 환경이 필수적으로 만들어져야 할 것이다. 인터넷을 통해 우리는 현실의 공간에서 가상의 세계로 넘나들며 다양한 활동들을 할수 있기 때문이다. 또한 5G 이상의 6G, 7G로 형성된 네트워크 환경이 필요할 것이며 탈 중앙화 환경에 필요한 오픈월드 형식과 샌드박스형 공간도 필수적이라고 본다. 실감형 디바이스를 이용해 사용자의 아이덴티티를 책임질 실제와 유사한 아바타가 있어야 한다. 경제활동을 이어 갈 수 있도록 NFT의 안정화 정책도 중요한 요인으로 작용된다. 이렇게 메타버스 환경에 필요한 몰입 요소를 정리해 보면 6가지로 정리가 된다.

1. Web 3.0 환경을 통한 5G 이상의 네트워크 기반형성과 VR/AR/XR 디바이스를 활용한 몰입감이 높은 3D 공간으로 운영한다.
2. 누구나 콘텐츠 제작이 쉽도록 플랫폼 자체 툴을 제공한다.
3. 탈중앙화로 이용자의 자유도가 높은 오픈월드, 샌드박스형 공간이 필요하다.
4. 아바타간 감정전달, 의사소통이 가능하고 언어장벽이 없어야 한다.
5. 블록체인 기술을 기반으로 NFT 가상화폐의 안정적인 사용이 가능해야 한다.
6. 이용자들 간의 자유로운 생산과 소비활동을 통해 가상과 현실이 공존하는 경제활동이 법적으로 가능해야 한다.

2.4 | 실감형 콘텐츠 소프트웨어 기업 동향

국내 실감형 콘텐츠 소프트웨어 시장은 SK텔레콤, 유브이알, 버넥트, 다림비젼, 코아소프트, 아이아라, 팝스라인, 케이쓰리아이 등이 주요 업체이며, 국내 중소 기업들은 전문가들을 위한 제작 소프트웨어보다는 일반인들의 AR/VR 콘텐츠 제작을 쉽게 해주는 소프트웨어에 더 중점을 두고 개발 및 사업을 진행하고 있다.

국내 실감형 콘텐츠 개발 사례

표 2-12는 국내 실감형 콘텐츠 개발 사례이다. SK텔레콤에서는 Google과 협력하여 AR, VR 서비스 제작 도구를 제공하는 소프트웨어 플랫폼 T리얼 VR 스튜디오를 발표하였다. 콘텐츠 제작자가 VR 기기를 착용하고 레고 블록을 쌓아가듯이 직관적으로 콘텐츠를 제작하는 방식이다.

유브이알에서는 ETRI 기술을 이전 받아 모바일 환경에서 쉽게 360° VR 콘텐츠를 하드웨어 없이 만들 수 있는 모바일 앱을 개발하였다. 무선 로테이터로 360° 사진을 촬영하고 자체 개발 스티칭 알고리즘을 통해 사진으로 생성한다.

버넥트는 Make AR 기술을 선보였는데 일반인들이 쉽게 AR 콘텐츠를 제작할 수 있는 모바일 앱이다. 코딩이 필요 없으며, 사용자가 위치만 설정하면 AR 콘텐츠를 제작, 배포, 사용이 가능한 것이다.

다림비젼에서는 mStudio라는 VR 강의 제작 솔루션을 제작하였고 코아 소프트에서는 일반인들이 쉽게 콘텐츠를 등록하고 증강현실 구현을 할 수 있도록 설계한 AR 콘텐츠 제작 플랫폼 앱인 COAR AR Builder-APP이 개발되었다. 끝으로 아이아라는 고릴라 AR이라는 AR 콘텐츠 제작, 편집 플랫폼을 개발하였다.

표 2-15. 국내 실감형 콘텐츠 개발 사례

SK텔레콤	유브이알	버넥트	다림비전	코아 소프트	아이아라
T리얼 VR 스튜디오	YouVR 앱	Make AR	mStudio	COAR AR Builder-APP	고릴라 AR

해외 실감형 콘텐츠 개발 사례

표 2-13은 해외 실감형 콘텐츠 개발 사례이다. 해외 실감형 콘텐츠 소프트웨어 시장은 Unity Technologies(미국), Epic Games(미국)가 오랜 게임 엔진 개발 경험에 의한 선진화된 기술과 콘텐츠 제작 소프트웨어 플랫폼을 보유하고 있으며, Google(미국), Microsoft(미국), NVIDIA(미국) 등 다수의 글로벌 IT 업체들이 참여하고 있다.

Unity Technologies는 전 세계 AR/VR 콘텐츠의 대부분을 유니티가 제작하고 있으며 프로젝트 마스를 통해 AR/VR/MR 콘텐츠의 제작 편의성을 높이고 있다. Google은 VR 아트 제작 프로그램인 틸트 브러쉬를 출시하였고, HTC 바이브를 통해 3차원 공간에 그림을 그릴 수 있는 프로그램으로 기업 홍보나 공연에 활용되고 있다. EPIC Games의 언리얼은 3차원 게임 엔진으로 우수한 퀄리티의 게임 콘텐츠 제작이 가능하다. AR/VR 콘텐츠 제작도 가능한 기술들이 포함되어 수준 높은 콘텐츠 제작에 활용되고 있다. Microsoft 사는 홀로그래픽 플랫폼 개발에 집중하며 최근 홀로랜즈2를 발표하며 MR 기기 제작에 몰두하고 있다. NVIDIA도 자사 GUP(그래픽 처리 유닛)를 기반으로 차세대 VR 콘텐츠를 위한 최적화 작업에 몰두 중이다.

표 2-13. 해외 실감형 콘텐츠 개발 사례

Unity Technologies	Google	EPIC Games	Microsoft	NVIDIA
Unity	틸트 브러쉬	언리얼	홀로그래픽 플랫폼	NVIDIA

기타 실감형 콘텐츠 개발 사례

위지윅스튜디오는 주력사업으로 CG/VFX 기술을 바탕으로 2016년에 설립된 기업이다. 영화, 드라마, 뉴미디어, 공연 및 전시 등 온·오프라인 콘텐츠 제작 필요한 기획, 제작 서비스를 종합적으로 제공하고 있다.

자이언트스텝은 주력사업으로 광고, 영상에 관한 VFX와 리얼타임(Real-Time) 콘텐츠 솔루션에 이르기까지 다양한 콘텐츠를 제작하는 2008년 설립된 기업이다. AI 기반 리얼타임 콘텐츠 솔루션을 전문적으로 제공하며 다양한 클라이언트와 소비자의 요구에 맞춰 리서치, 컨설팅, 기획 및 제작한다. 기존의 아날로그 미디어와 디지털 미디어의 시각적 결과물을 활용하여 최상의 그래픽 결과물을 만들어 내는데 차별화된 글로벌 영상 기술력을 바탕으로 디즈니, 넷플릭스, NBC유니버설의 공식 협력사로 등록되어 있다.

최근에는 리얼타임 기반의 실감형 영상 콘텐츠를 제작하는 크리에이티브 테크 기업으로 순조롭게 진화해 가고 있다.

3 〉 메타버스 원격현전

메타버스 속 가상현실을 이해하기 위해 우리는 원격현전이란 개념을 정의할 필요가 있다.

원격현전(Telepresence)이란, 멀리 떨어진 공간에 마치 내가 존재하는 것처럼 환경과 상호작용하는 상황으로 정의할 수 있다. 즉, 가상현실은 지각자(Perceiver)가 원격현전을 경험하기 위해 모사된 실제 같은 환경을 뜻한다. 따라서 말 그대로 원격지에 위치하는 사용자가 지금 현재 자신의 위치가 아닌 다른 장소에 존재하는 것과 같이 지각하도록 느끼거나, 동작할 수 있도록 만드는 일련의 가상현실 기술을 의미한다.

3.1 | 가상현실 기술 동향

가상현실(VR : Virtual Reality) 기술은 이용자가 원격현전을 경험하게 하는 시뮬레이션 된 환경인데 컴퓨터 시스템에서 생성한 3D 가상공간과 사용자 간의 상호작용을 이루는 기술이다. 사용자에게 가상공간에서 신체의 오감(시각, 청각, 후각, 미각, 촉각)을 통해 현실 같은 몰입감을 느끼고, 실제로 그 공간에 존재하는 것과 같은 경험을 제공하는 융합 기술이다.

HMD 디바이스 기술의 발전 동향

페이스북(Facebook)이 오큘러스 VR(Oculus VR)를 인수한 것을 시작으로, 애플, 구글, 삼성 등 글로벌 IT 기업들이 가상현실 기술에 대한 준비에 나서고 있다.

특히, 2016년에 들어서는 CES(Consumer Electronic Show)와 MWC(Mobile World Congress) 등과 같이 가전 및 모바일 분야를 대표하는 전시회에서는 가상현실이 주된 주제(Main Topic) 중 하나로 다뤄지기도 할 만큼 큰 관심을 끌고 있다.

가상현실 기술의 동향은 또 다른 디지털 문화 성장을 이끌 플랫폼이 되고 있는 것이다. 따라서 가상현실 기술의 발전 동향을 표 2-14를 통해 정리해 보자.

표 2-14. 가상현실 기술 동향

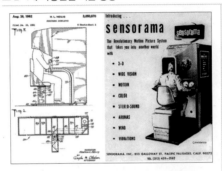1957년 모턴 레오나드 하일리그(Morton Leonard Heilig)[3]의 센소라마(Sensorama)	• 1957년 모턴 레오나드 하일리그(Morton Leonard Heilig)가 발명한 입체영상 기기로 센소라마 시뮬레이터(Sensorama Simulator)라는 기기를 만듦, 일명 경험 극장 • 센소라마(Sensorama) 대형 디스플레이를 통해 3D 영상을 제공, 스테레오 사운드, 향기와 바람, 떨림 효과까지 전달해 오감을 활용할 수 있는 미디어지만 성인물 오락 장치 정도로 평가됨 • 개인용 3D 입체 영화관이라고 할 수 있으며 외형이 굉장히 크고 대중화에는 어려움 • 영상의 감상 외에도 군인 및 정비공들의 훈련, 교육자들을 위한 교육자료 등 다른 분야에도 활용을 시도
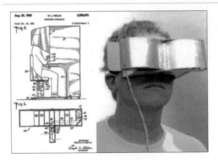1960년 하일리그는 텔레스피어 마스크(Telesphere Mask)라는 최초의 HMD를 개발	• 1960년 하일리그는 텔레스피어 마스크(Telesphere Mask)라는 최초의 HMD를 개발 　– 완전 몰입형, 동작 인식은 못하지만 최초의 HMD로 평가됨 • 1968년 더글러스 엥겔바트, 최초의 컴퓨터 마우스 프로토타입 개발

 체크 포인트

3 모턴 레오나드 하일리그
• 가상현실의 아버지로 불림
• 1926년 미국에서 탄생. 철학과 미술, 영화와 커뮤니케이션을 전공

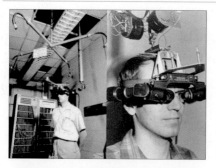

1968 이반 서덜랜드와 밥 스프롤. 최초의 투시형 HMD 개발

- 1968년 하버드 대학교 교수 이반 서덜랜드(Ivan Sutherland)는 그의 제자 밥 스프롤(Bob Sproull) 과 함께 최초의 투시형 HMD '다모클래스의 칼'을 제작
  - 기기의 무게가 무거워서 천장에 고정장치를 설치한 뒤 기기와 연결된 별도의 디스플레이를 서서 바라보는 방식
- 1983년 마이런 크루거. 인공현실이라는 용어 최초 도입
- 1984년 재런 래니어. 최초의 가상현실 제품 판매회사 'VPL 리서치' 설립
- 1987년 재런 래니어. 가상현실이라는 용어 최초 사용

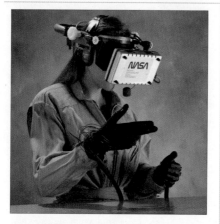

1989 미국항공우주국. 진정한 최초의 가상현실 기기인 바이브드 개발

- 1989년 미국항공우주국(NASA)에서 우주인 훈련용 HMD 시스템인 바이브드(VIVED : Virtual Visual Environment Display)를 개발
  - 최초의 가상현실 기기인 바이브드 (VIVED: Virtual Visual Environment Display 오늘날 가상현실 의미와 가장 가까운 시스템
  - 완전 몰입형 HMD로 마이크와 헤드셋, 장갑까지 연결되어 상호작용에 최적화되어 있음
  - 자신이 움직이고 싶은대로 움직일 수 있어 몰입이 좋고 움직임에 따라 영상이 변한다는 점에서 현재 가상현실의 의미와 가장 가까움

HMD 디바이스의 역사

HMD(Head Mounted Display)는 Head Mounted Display의 줄임말로 머리에 착용하는 디스플레이 장치를 말한다. 이것은 가상 환경에 몰입할 수 있는 환경을 제공하는 개인화된 디스플레이다. 표 2-15를 통해 HMD 디바이스의 역사를 살펴보자.

표 2-15. HMD 디바이스의 역사

닌텐도 VIRTUAL BOY
- 1995년 7월 21에 닌텐도에서 출시한 3D 게임기
- HMD 기술을 이용하여 3D 착시를 발생시켜 원근감을 표현하는 방식
- 닌텐도 등에서 게임 콘텐츠를 위한 개인용 디스플레이 장치로 제작하였으나, 무게, 가격, 해상도 등의 문제로 일반 사용자를 위한 상용화는 성공하지 못함

구글 카드보드
- 2014년 구글에서 출시하였고 간이용 VR 제품으로 기본 구조는 도면이 그려진 골판지 상자, 2개의 볼록렌즈, 자석, NFC 태그 스티커뿐이다. 일반적으로 DIY 도면 및 해당 도면으로 만들어진 HMD를 지칭
- 자체 디스플레이가 존재하지 않기 때문에 스마트폰 등을 디스플레이 대용으로 삽입해야 HMD와 같은 기능이 가능
- 저렴한 가격과 높은 접근성이 장점으로 꼽히지만, 조작성이 떨어지는 문제

폭풍마경4
- 2016년 중국의 베이징 폭풍마경 과학기술 유한회사에서 제작
  - 가상현실 헤드 마운티드 디스플레이인 폭풍마경의 5번째 시리즈며 폭풍마경3 PLUS의 후속작
  - 내부에 스마트폰을 삽입해야만 가상현실이나 헤드 마운티드 디스플레이로서의 기능을 수행 가능
  - 경량화되었고 안경을 착용하고 감상 가능

삼성 VR 기어
- 오큘러스 제작사와 공동작품, 모바일 VR 기기로 성능이 우수
- 기기의 특성에 비해 가격이 높은 단점

팔머 럭키(Palmer Luckey)의 VR HMD

- 2011년 1992년생 팔머 럭키(Palmer Luckey)는 기존 HMD에 모바일용 LCD, 헤드 트래킹, 시야 확장 등의 핵심적인 아이디어를 결합한 VR HMD의 시제품을 공개
- 2012년 팔머 럭키의 아이디어에 감명받은 존 카맥의 오큘러스사가 출범했고, 밸브 등 게임업계 거물들의 투자를 유치
- 2013년 오큘러스 사는 오큘러스 리프트 DK(Oculus Rift Development Kit)를 공개했고, 모든 면에서 기존에 비해 한층 진보된 기술을 선보인 VR HMD라는 평가를 받음
- 게이밍 VR HMD의 시대가 열리게 되면서 오큘러스 사는 2014년 20억 달러에 페이스북에 인수

오큘러스 리프트

- 2012년 8월에 첫 모델이 출시, HMD의 디자인부터 기능까지 현대적인 VR의 대표적인 사례
- 가상현실에 대한 높은 관심을 이끌어 낸 것은 오큘러스 사의 오큘러스 리프트
- 2012년 설립한 오큘러스 사는 기존의 HMD보다 효율적이고, 저렴한 HMD 보급을 위해 개발에 착수, 개발 비용은 킥스타터를 통해 조달하여 프로토타입 개발에 성공
- 기존 HMD들은 좁은 화각(Field of View)과 낮은 해상도, 높은 가격 등으로 보급화되기엔 모자란 성능
- 오큘러스 리프트 초기 버전은 5.6인치 크기의 디스플레이에 좌우 각 눈에 640x800 정도의 낮은 수준의 해상도지만 90° 이상의 화각과 고속 트래킹 기술을 탑재, 합리적 가격으로 기존 HMD와는 큰 차별성, 대중화 가능성을 염

HTC VIVE

- HTC VIVE 사를 설립한 필 첸은 2012년 한창 오큘러스 리프트 초기 버전을 개발중이던 오큘러스 사에 협력을 제안하였으나, 거절당하고 밸브와 협력
- 2016년 4월 5일 오큘러스 리프트와 유사한 HMD 기기 VIVE를 출시하였다.
- 출시 이후에 오큘러스 리프트보다 더 좋은 평가를 받았다. 단순히 PC뿐만 아니라 HTC VIVE 앱을 통해 스마트폰과 블루투스 연동도 가능

오큘러스 리프트

- 2016년 오큘러스 리프트를 출시
- PC 권장 사양을 충족하기엔 너무 높은 스펙에 기기 자체도 너무 비싸서 기술력은 훌륭하지만, 대중화는 아직 시기상조라는 평가

오큘러스 퀘스트

- 2019년 5월 21일 Oculus에서 출시된 스탠드얼론 VR 디바이스
- 하이엔드급 PC, 센서, 케이블도 필요 없다는 것이 특징
- 활동 영역을 지정해 영역을 벗어나면 카메라로 외부를 볼 수 있음
- 사양은 낮지만 존 카맥의 최적화 능력을 기반으로 매우 안정적인 성능을 보임
- 무선으로도 컴퓨터와 연결해 VR 게임을 즐길 수 있음

오큘러스 퀘스트2

- 2020년 10월 13일 출시한 오큘러스 퀘스트2
- VR 디바이스로 오큘러스 퀘스트의 후속작이며 전작에 비해 무게가 약 10% 감소, 디스플레이의 픽셀 수는 약 50% 증가하는 등 기기 성능 향상, 가격은 크게 저렴
- 기존에 무선으로 PC VR을 즐기려면 별도의 앱이 필요했으나, 오큘러스 퀘스트2는 WIFI를 통한 컴퓨터와 무선 연결을 지원

홀로렌즈 1

- 홀로렌즈는 Microsoft에서 출시되었고 한국시간으로 2015년 1월 22일에 공개한 HMD 증강현실 기기
- PC나 스마트폰에 연결할 필요 없이 구동 가능
- 다른 VR 기기가 시야를 완전히 차단하는 방식이라면, 홀로렌즈는 반투명한 디스플레이를 통해서 사용자의 주변 환경을 볼 수 있도록 한 점이 다름
- 홀로렌즈의 증강현실 기술은 반투명 디스플레이 위에서 사용자 환경과 상호작용해 재생
- 우리가 상상하는 증강현실이라는 개념과 가장 근접하는 기기라는 평가

홀로렌즈 2

- Microsoft에서 출시되었으며 2019 세계 최대 모바일 전시회인 '2019 Mobile World Congress' MWC에서 공개
- 기존 홀로렌즈 1의 단점을 개선하고 여러 기능을 추가한 장치로 기존 홀로렌즈는 시야각이 30°밖에 안되었는데, 홀로렌즈 2는 시야각이 52°까지 확장
- 몸체를 탄소섬유로 만들어서 부피가 많이 줄었고, 무게도 크게 줄어듦
- 기존에 증강현실과 상호작용할 때 간단한 동작만을 추적했지만, 센서와 처리능력이 개선되어서 모든 손가락을 추적할 수 있고 더 다양한 제스처를 인식

HMD 디바이스의 기술

이후 Sony의 PlayStation VR, HTC의 Vive, 그리고 Razer의 OSVR을 출시하여, HMD 보급에 앞장서고 있다. 현재 일체형 HMD는 각 눈에 1080x1200의 해상도와 화각(Field of View)은 110°, 재생률(Refresh Rate)은 90fps 정도의 성능을 보이고 있다. 향후 보다 더 높은 품질의 가상환경 콘텐츠를 제공하기 위해서는 화면 해상도와 더 넓은 화각을 제공하여야 할 것이다. 또한 장기 착용 시 어지럼증이 나타나고 있어 이에 대한 고려도 필요한 상황이다.

국내에서는 삼성전자에서 페이스북과 손잡고 발 빠르게 탈착형 HMD를 출시하였다. 최근 MWC 2016에서는 LG전자에서도 스마트폰과 연계되는 HMD를 출시하여 HMD 시장에 뛰어들었다. 스마트폰을 활용한 HMD는 추가적으로 디스플레이 장치 및 콘텐츠를 재생하는 디바이스가 필요가 없으며, 구동앱은 기존 앱 스토어 등에서 다운로드하여 활용 가능하기 때문에, 게임 인터페이스로 새롭게 각광 받을 수 있을 뿐만 아니라, 가상극장, 멀티미디어 감상 등 몰입감을 올릴 수 있는 장점이 있다.

자신의 시점에 따라 다른 영상을 볼 수 있는 환경이 되기 때문에, 향후 영화 및 다양한 멀티미디어 콘텐츠들은 기존의 고정 시점이 아닌 다시점 혹은 자유시점과 더불어 영상 렌더링이 가능한 형태로 제작되어야 할 필요성이 더욱 커지고 있다.

탈착형 HMD의 경우, 현재 출시되는 고화질 스마트폰과 기존의 앱 개발 환경을 그대로 활용할 수 있으며, 기존 개발자들이 더 많은 관련 앱들을 제작해 낼 수 있기 때문에 제한된 콘텐츠와 높은 가격으로 활용에 문턱이 높았던 소비자들을 충분히 유혹할 만한 환경이 갖춰지고 있다. 향후, 더 넓은 화각과 착용 편의성, 자유시점 콘텐츠 제작 기술, 사용성이 편리한 UI 등의 개발이 뒷받침해 준다면, 더 많이 활용될 수 있을 것으로 기대된다.

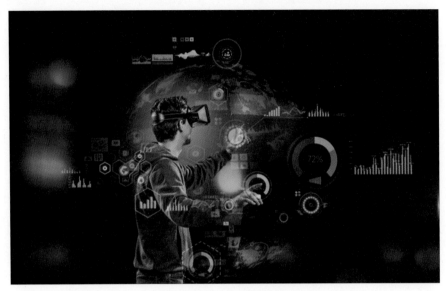

표 2-33. 사용자 인터페이스 기술

메타버스 공간은 현실에서 가상공간으로 넘어가는 방식으로 통로가 필요하다. 우리는 기본적으로 사용자가 쉽고 간편하게 가상공간을 활용할 수 있도록 디자인해야 한다. 따라서 메타버스 플랫폼에서 필요한 UI의 개념과 방식을 이해하기 위해 기존의 사용자 인터페이스를 알아보자.

인터페이스(Interface)란 컴퓨터와 사용자 사이의 연결을 일컫는 말로 UI(User Interface)라고 칭한다. 사용자 인터페이스는 인간(사용자)과 사물 또는 시스템, 기계, 컴퓨터 프로그램 등의 사이에서 의사소통을 목적으로 만들어진 물리적, 가상적 매개체로 이해할 수 있다. 최근 들어 사물인터넷의 발전과 더불어 각종 첨단 서비스 실행을 위한 기반으로써 UI의 중요성이 부각되고 있는데, 대표적으로 CUI, GUI, NUI로 구분된다(그림 2-34).

그림 2-34. 사용자 인터페이스의 변천사 : CUI(CLI) → GUI → NUI

사용자 인터페이스

사용자 인터페이스는 CUI, GUI, NUI의 3가지로 구분되는데 각각의 의미와 특징을 살펴보자.

먼저 CUI(Character User Interface)는 표시나 입력 내용이 문자 베이스로 구성된 일명 명령줄 인터페이스(CLI)라고 한다. UI 중 가장 시초로 들 수 있으며 글자로만 구성되어 있어서 그림 2-35에서처럼 검은색 화면에 텍스트로 명령어를 입력해 컴퓨터를 조작하는 방식이다. 즉 명령어를 통해 컴퓨터와 만나는 사용자 인터페이스 개념이다.

이미지가 없어서 속도가 빠르고 리소스를 적게 사용한다는 점과 반복 작업 시 업무의 자동화 부분에서 효율적이라는 장점이 있다. 하지만 사용자가 명령어를 하나하나 입력해야 하는 번거로움이 있어서 편리성 부분에서는 단점으로 작용한다.

그림 2-35. CUI(Character User Interface)

두 번째로 GUI(Graphic User Interface)는 우리가 일반적으로 사용하는 스마트폰의 인터페이스로 사용자의 편리함을 위해 입출력 등의 기능을 알아보기 쉬운 아이콘 등의 그래픽으로 나타낸 것이다. 따라서 그래픽과 리소스 사용이 많아 상대적으로 속도가 느리다는 점과 업무의 자동화 부분에서는 다소 복잡하다는 단점이 있다. 하지만 그래픽기능은 사용자가 입출력함과 동시에 눈으로 확인 가능하다는 편리함이 장점이다. 이때부터 키보드와 함께 마우스도 사용 가능하도록 인터페이스가 바뀌기 시작했다.

그림 2-36. GUI(Graphic User Interface)

마지막으로 NUI(Natural User Interface)는 2002년 영화 〈마이너리티 리포트〉에서 톰크루즈가 손동작으로 3D 화면에 있는 여러 데이터를 조작하는 장면을 통해 이해할 수 있다.

그림 2-37. NUI(Natural User Interface)와 Leap Motion

NUI는 사람의 내재된 자연스러운 행동을 기반으로 하며 상호작용에 의한 사용자 인터페이스이다. 따라서 마우스나 키보드 등 별도의 장치 없이 쉽게 배우며 사람의 감각이나 행동, 인지능력을 통해 자연스럽게 디지털 기기를 제어하는 환경을 말한다.

사용자 인터페이스의 확장

NUI(Natural User Interface)는 일반적인 인터페이스처럼 키보드나 마우스 같은 부가적인 장치 없이 사람의 신체 기관을 통해 직접 인터랙션 한다는 의미이다. 사용자의 동작을 통해 조작 가능하다는 점에서 첨단 기술이며 앞으로 연구 가능성이 무궁무진한 상황이다. 메타버스 공간에서는 아바타의 동작을 통해 사용자의 감정과 정보를 공유한다. 따라서 NUI 방식의 사용자 인터페이스는 어쩌면 메타버스 플랫폼에 꼭 필요한 UI일지 모른다. NUI의 기술 요소 9가지를 통해 그 특징을 살펴보자(표 2-16).

표 2-16. NUI의 기술 요소 9가지

haptic	gestural	tangible
vocal	ocular	cerebral
near field	display	HUD

haptic : 피부의 촉각을 통한 인지 방식이다. 최근 촉각을 통한 상호작용 디바이스의 연구도 활발하게 진행되고 있다. 촉각을 느낄 수 있기에 현실감을 극대화시킨다.

gestural : 신체의 움직임을 의미하는데 손가락과 팔, 다리를 이용하여 컴퓨터와 소통할 수 있도록 할 수 있는 기술이다.

tangible : Touch의 개념으로 실제 사물을 이용하여 만지거나 조작하는 방식으로 디지털 기기를 활용하는 기술이다.

vocal : 음성을 활용하여 인식 및 생성하는 기술로 사람에게 말하듯이 컴퓨터에게 얘기하면서 질문과 답변을 실시간으로 생성해 내는 기술이다.

ocular : 시선 추적을 통한 인식 방식으로 아이트레킹처럼 사용자의 시선을 추적할 수 있는 기술이다. 시선 벡터(Gaze Vector)라고도 한다.

cerebral : 뇌와 컴퓨터의 소통 방식을 이용하는 인터페이스이다. 뇌파를 통해 컴퓨터와 인터랙션할 수 있는 기술이다.

near field : 근접센서 및 통신을 활용한 방식으로 근거리의 위치에서도 디지털 기기의 조작이 가능하고 데이터를 전송할 수도 있는 기술이다.

display : OLED 및 e-Ink 디스플레이로 백라이트 없이도 디지털 이미지를 구현할 수 있으며 종이처럼 활용이 가능한 새로운 디스플레이 기술이다.

HUD : 항공기 기술에서 채용해 온 것으로 Head-up Display라고 한다. 개인화된 증강기술 디스플레이로 최근 자동차에 많이 활용되고 있다.

사용자 인터페이스의 사례

가상현실 공간에서는 공간을 이동하기 위해서 추가적인 장비가 필수적으로 필요하다. HMD 기기를 예로 들면 현실이 차단되어 앞이 보이지 않는 상태에서 이동해야 하는 방식이기 때문에 위험할 수 있다. 이를 제거하기 위해 다양한 이동제어 기술이 존재한다. 가상현실 기기에서 나타나는 제스처(동작) 기반의 HMD 기기와 어트랙션 장비를 같이 사용해서 체험하는 대표적인 콘텐츠는 다음과 같다 (표2-17).

표 2-17. 다양한 디바이스의 인터페이스 사례

가상현실 게임 '이브:발키리'	미국 테마파크 '식스 플래그스'	영국 테마파크 '소프 파크'의 'VR 유령열차'	섹스토이 제조사 '러브앤시'
활용 가능 디바이스			
오큘러스 리프트	삼성 기어 VR	바이브 VR 헤드셋	• 오큘러스 리프트 • 삼성 기어 VR • '바이브' VR 헤드셋 • Playstation VR

이브 : 발키리 : 오큘러스 리프트를 이용하는 가상현실 게임이다.

식스 플래그스 : 미국 테마파크 '식스 플래그스'는 삼성전자와 제휴하여 미국 내 다수 테마파크에 'e가상현실 롤러코스터' 서비스를 제공한다. 삼성 기어 VR 헤드셋을 착용한다.

VR 유령열차 : 영국 테마파크 '소프 파크' 21세기 폭스사와 제휴하여 'VR 유령열차' 운영한다. HTC사의 '바이브'라는 VR 헤드셋을 착용한다.

러브앤시 : 성인물 시장의 섹스토이 제조사 러브앤시/VR 포르노 제작사인 버츄얼 리얼포른에서 가상현실 비즈니스를 시작한다.

3.3 | 디지털 휴먼

그림 2-38. 디지털 휴먼(Digital Human)

디지털 휴먼(Digital Human)이란 메타버스 환경에서 사람의 신체적 구조와 움직임을 데이터화하고 분석한다. 다음으로 분석 정보를 통해 메타버스 공간에서 마치 실제로 존재하는 사람처럼 움직임을 재현하게 한다. 여기서 핵심적인 디지털 기술들이 필요한 것이다. 디지털 휴먼은 이러한 기술들을 활용해 만든 사람과 동일한 외형을 갖추고 있는 가상 인간이다. 디지털 휴먼은 단순한 지식 전달을 넘어서 실제 인간들의 생활 속에서 체험하듯 현실감 있는 표정 변화와 함께 '인간적인 감정'으로 사회적인 대화가 가능하다는 점이 가장 큰 특징이다. 이러한 특성들을 가진 디지털 휴먼에 관한 사례들과 기술들을 다양한 방향에서 살펴보자.

메타버스 공간에서의 디지털 휴먼

메타버스 공간에서의 디지털 휴먼의 가치는 표정과 제스처를 이용한 대화형 커뮤니케이션이라는데 있다. 코로나19 바이러스의 대유행은 비대면 서비스의 필요성을 산업체 전반에서 인식하게 되었고, 다시 발생할지 모르는 상황에 대한 대안으로 급부상하였다. 메타버스 공간에서 산업체 활동을 살펴보면 업무적인 관점에서 고객 서비스 상담, 브랜드 홍보, 컨설팅 등에 관한 디지털 휴먼의 역할이 점차 다양화되고 있다. 따라서 사회적 관계를 고려하여 이를 유연하게 연결시켜주는 매체들을 메타버스 공간에서의 소통 방식 사례를 통해 알아보자(표 2-39).

호라이즌 월드
3D 공간, 기업 홍보

호라이즌 워크룸
업무용 메타버스

스파크 AR

프로젝트 아리아(AR 안경)/
레이벤 스토리지(스마트안경)

webXR

NLLB-200 - 통역 기능

그림 2-39. 메타버스 공간에서의 소통 방식 사례

기본적으로 메타버스 공간에서는 3D를 기반으로 3차원 공간과 아바타가 형성된다. 메타가 출시한 호라이즌 월드에서처럼 3차원 그래픽을 기반으로 게임이나 놀이문화를 즐기고 기업 홍보도 이뤄지기 때문이다. 업무용 메타버스인 호라이즌 워크룸에서도 아바타의 역할은 매우 중요하다. 다양한 동작들과 표정들을 통해 서로 소통하고 정보를 공유하기 때문이다. 스파크 AR은 간단한 이미지 에디팅 툴을 적용해 현실 속 자신의 얼굴에 가상의 이미지를 덮어 올려 새로운 이미지를 연출하거나 캐릭터로 대체시키는 기능이다. 또 다른 가상세계에서의 커뮤니케이션 방식으로 프로젝트 아리아(AR 안경)와 레이벤 스토리지(스마트안경)가 있다. CEO 마크 저커버그는 VR 또는 AR 기기가 스마트폰을 대신할 것이라고 예상하면서 유명 안경사 라이벤과 연계하여 AR 안경을 제작한다고 밝혔다. webXR Device API는 웹에서 가상현실을 지원하고 동시에 증강현실 모듈을 통한 증강현실의 다양한 기능들도 지원한다. WebXR 호환 장치에는 완전 몰입형 3D 헤드셋을 이용한 동작 및 방향 추적 기능, 안경을 통해 프레임을 통과하는 실제 장면 위에 그래픽을 오버레이하는 기능, 스마트폰을 이용해 카메라로 환경을 캡처하고 컴퓨터로 해당 장면을 확대하여 현실을 강화하는 기능이 포함된다. 끝으로 메타버스 공간에서의 소통을 원활하게 하기 위한 NLLB-200의 통역 기능이 필요하다.

이처럼 메타버스 공간에서의 소통은 다양한 방식과 기술들이 필요하며, 그중에서도 특히 실제적인 대면감을 유도하는 아바타의 역할이 매우 중요할 것이다. 이는 아바타의 역할과 기능에 따라 캐릭터형 아바타를 활용할 것인지 인간의 모습을 모방할 것인지 선택할 수 있을 것이다. 디지털 휴먼은 인공지능(AI), 빅데이터, 클라우드, 고성능 컴퓨터 등 첨단 기술이 융합한 방식으로 제작된다. 따라서 앞서 제시한 다양한 소통 방식 사례들을 올인원으로 해결할 수 있을 것이다.

디지털 휴먼의 다양한 사례

디지털 휴먼은 일명 가상 인간(Virtual Human)으로 컴퓨터 그래픽으로 생성된 가상 인간의 확장된 개념이다. 디지털 휴먼의 활동 영역을 살펴보면 초기에는 TV, 영화 등 단방향적인 매체에서만 주로 활동하였다. 하지만 최근들어 MZ세대들의 관심도가 높아지고 활용 범위가 확대되면서 다양한 방향에서 연구가 이어지고 있다. '불쾌한 골짜기(Uncanny Valley)'를 뛰어넘을 수 있는 '가상 인간'의 창조는 현재 온라인 미디어의 활용이나 대화형 AI의 접목 등을 통해 양방향 소통이 가능하며 상호작용을 통한 인플루언서 마케팅, 고객 응대 등 다양한 분야로 활동 범위를 확대하고 있다. 디지털 휴먼의 발전 단계를 살펴보면 버츄얼 인플루언서(Virtual Influencer), 버츄얼 어시스턴트(Virtual Assistant), 인텔리전트 어시스턴트(Intelligent Assistant), 컴패니언(Companion)의 4가지로 분류된다.

첫 번째로 버츄얼 인플루언서(Virtual Influencer)에 관해 살펴보자. 인플루언서(Influencer)라는 의미는 일반적으로 사회에 미치는 영향력이 큰 사람을 의미한다. SNS(Social Network Services) 상에서 수만 명에서 수십만 명의 팔로워를 보유하며, 트렌드를 선도하기도 한다. 홍보 마케팅에 주로 활용되며 장기적 작업 비용이 저렴, 100% 제어 가능하고 여러 곳에서 동시에 활동이 가능하다. 또한 늙거나 죽지 않고 실제 사람처럼 이미지가 나빠질 위험이 없다. 하지만 고객과의 소통이나 신뢰도면에서 진정성이 부족하다는 부정적 측면도 나오고 있다. 버츄얼 인플루언서(Virtual Influencer)의 사례를 살펴보면 그림 2-40과 같다.

로지(rozy)　　　이마(imma)　　　김래아 (Reah Keem)　　　릴 미쿠엘라 (Lil Miquela)　　　루시(LUCY)　　　루이(Rui)

그림 2-40. 버츄얼 인플루언서(Virtual Influencer)의 사례

두 번째는 버츄얼 어시스턴트(Virtual Assistant)는 모든 종류의 음성명령을 이해해서 응답 작업을 완료하는 디지털 휴먼 버전으로 이해할 수 있다. Alexa, Siri, Google Assistant, Cortana 및 Bixby와 같은 버츄얼 어시스턴트는 답변, 질문, 농담, 음악 재생 그리고 조명, 온도 조절 장치, 도어락 및 스마트 홈 장치와 같은 가정용 항목을 제어할 수 있다. 그림 2-41의 SAM(쌤)은 삼성전자의 버츄얼 어

시스턴트 캐릭터로 직원 교육 목적으로 기획 및 제작된 트레이너 캐릭터이다.

그림 2-41. 버츄얼 어시스턴트 SAM(캐릭터)

세 번째 개념으로 인텔리전트 어시스턴트(Intelligent Assistant)는 좀 더 고도화된 맞춤형으로 사람과 대화하듯이 문제를 논의하고 다양한 활동 속에서 자동차 운전이나 요가, 언어교육 등에 대해서 코치를 해줄 수도 있는 디지털 휴먼이다. 예를 들어 그림 2-42의 BMW '인텔리전트 퍼스널 어시스턴트'는 BMW의 운영체제인 'iDrive 7.0'을 기반으로 차량의 문제해결을 도와주는 일종의 자동차 AI 비서라고 할 수 있다.

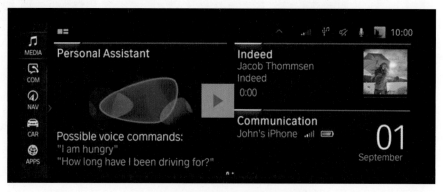

그림 2-42. BMW 인텔리전트 퍼스널 어시스턴트

끝으로 컴패니언(Companion)은 인간과 구분이 되지 않을 정도로 닮아있는 AI 친구로 마지막 단계의 디지털 휴먼이라고 할 수 있다. 진짜 친구와 대화하는 것 같은 느낌을 받을 수 있는 자연스러운 수준으로 스캐터랩의 '이루다'가 있다. 인공지능 개발 스타트업인 대한민국의 ㈜스캐터랩(ScatterLab)의 그림 2-43의 '이루다'는 현재는 서비스가 종료되었지만, 스캐터랩 소속 핑퐁(Pingpong) 팀에서 개발한 페이스북 메신저 채팅 기반 열린 주제 대화형 인공지능 챗봇이다.

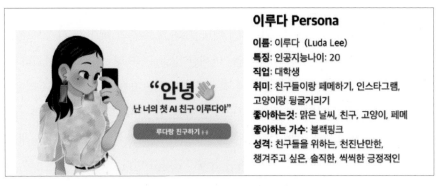

그림 2-43. 인공지능 챗봇 '이루다'

디지털 휴먼 기술

그림 2-44. 크래프톤 버츄얼 휴먼 '애나'

메타버스 시장이 확장됨에 따라 국내 게임사들은 '디지털 휴먼' 사업인 가상 인간의 연구에 활기를 띠고 있다. 디지털 트윈(Digital Twin)은 컴퓨터를 통해 가상의 세계 속에 쌍둥이 사물이나 도시를 만들고 실제로 일어날 수 있는 상황들을 시뮬레이션을 통해 미래를 예측하는 기술이다.

디지털 휴먼의 최적화 기술로는 2차원 화상에 광원, 위치, 색상 등의 정보를 더하여 고품질의 3차원 화상으로 제작하여야 한다. 따라서 Rigging 및 Skin Texture가 포함된 3D 캐릭터 제작 기술과 상호작용 구현 기술이 확보되어야 한다.

크래프톤의 버츄얼 휴먼 애나는 최고 수준의 페이스 리깅(Face Rigging) 기술이 적용되어 동공의 움직임, 미세한 얼굴 근육 및 주름까지 섬세하게 표현되었다고 한다. 또한 신체 전반에 적용된 Rigging 기술을 통해 자연스러운 관절의 움직임을 볼 수 있다. 특히 고도화된 음성 합성(Voice Synthesis) 등의 딥러닝 기술이 더해지면서 실제 사람처럼 자연스럽게 연기할 수 있다. 또한 노래를 할 수 있도록 고유의 목소리(AI Voice)도 탑재하였다고 한다.

 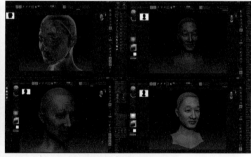

영화 '더 헤러틱'의 주인공 가웨인   FACTORY 디지털 휴먼 기술

그림 2-45. 디지털 휴먼 기술 사례

디지털 휴먼 제작에 필요한 기술 사례로는 딥페이크, 3D 모델링, 스캔 데이터를 활용 등 다양한 기술이 제작 과정에 활용된다. 그중에서도 크게 외형을 만드는 CG 그래픽 기술과 지능을 만드는 인공지능(AI) 기술, 그리고 움직임을 구현하는 모션 캡처 기술로 나눠볼 수 있다.

최근에는 CG, AI, 모션 캡처 등 디지털 휴먼 제작을 위한 기술의 발전과 클라우드 기반의 디지털 제작 플랫폼 서비스로 디지털 휴먼 제작의 효율성과 접근성이 크게 개선되었다.

3.4 | 디지털 트윈

디지털 트윈이라는 용어는 기본적인 개념은 현실 세계(특히 물리적인 환경)에 존재하는 사물, 시스템, 환경 등을 S/W 시스템의 디지털 공간에 쌍둥이처럼 똑같이 구현하고 발생 가능한 상황들을 미리 시뮬레이션 경험을 통해 결과를 예측할 수 있도록 체계를 구현하는 기술이다. 따라서 디지털 트윈의 구조는 그림 2-46과 같이 실제 현실의 온도, 습도, 기압은 물론 어떠한 물체의 무게와 특징을 디지털 공간에 그대로 반영하는 것이 굉장히 중요하다. 이처럼 디지털 공간에 현실에서 존재하는 다양한 사물들을 대상으로 쌍둥이를 만든다는 의미에서 디지털 트윈이라고 칭한다.

그림 2-46. 디지털 트윈의 구조

디지털 트윈 기술의 변화

2021년 새롭게 출시된 디지털 트윈 기술을 살펴보면 마이크로소프트는 건설과 건물 관리를 위한 디지털 트윈 온톨로지를 공개했으며 구글은 물류와 제조를 위한 디지털 트윈 서비스를 출시했다. 또한 AWS는 공장, 장비, 생산 설비 등의 디지털 트윈을 단순화하기 위한(그림 2-46) IoT TwinMaker와 FleetWise를 출시했으며 엔비디아(그림 2-48)는 협력업체 네트워크에 포함된 엔지니어를 위한 메타버스 구독 서비스를 출시했다.

그림 2-47. AWS - IoT TwinMaker

그림 2-48. 엔비디아 옴니버스 - 벤틀리 시스템의 디지털 트윈 모형

디지털 트윈은 기업에서 일어나는 현실 문제를 디지털 가상공간에 투영할 수 있다. 가상공간에서 현실의 문제점을 실험하고, 가상공간에서 도출한 실험 결과를 통해 다시 현실의 사물에 적용해 문제를 개선할 수 있다. 반면 시뮬레이션과 비교해 보면 일반적으로 어떤 제품의 수명주기를 위한 설계 단계에서 향후 제품의 동작을 예측하기 위해 시뮬레이션이 사용된다. 이것은 실제 물리적인 대상과 일대일로 연결된 것은 아니다. 이에 반해 디지털 트윈은 실제 사용되는 장비의 IoT 센서 입력으로 구축된다. 또한 활용 중인 시스템의 현재 동작에 대한 결과를 비즈니스 곳곳에 걸쳐 제공한다. 이것은 물리적이고 시각적인 실험뿐만이 아니라 데이터 분석을 통해 현상을 해석하고 대안을 도출하기도 한다.

그림 2-49처럼 미래의 디지털 트윈 사회의 핵심은 사실상 현실을 '복제'하고 현실과 똑같은 환경을 구현한다는 것에 있다. 따라서 디지털 트윈에서는 가상현실을 단순히 구현해서 보여 주는 것보다, 더욱 사실적으로 현실을 반영하였는가가 중요한 문제이다. 이를 위해서는 먼저 현실 사물들에 관한 데이터를 대량 확보

해야 한다. 여기에서 사물인터넷(IoT)이 활용된다. 이후 통신기술을 활용하여 지속적으로 대량의 데이터를 전송하고, 이 데이터들로 디지털 트윈을 개발하게 되는 것이다.

그림 2-49. 미래의 디지털 트윈 사회

디지털 트윈 기술의 적용 사례

디지털 트윈(Digital Twin)은 현실의 사물을 쌍둥이처럼 디지털 세상 속에 만들어 놓은 가상현실이다. 자동차, 제조, 터미널, 도시 건축 등 다양한 분야에서 적용되고 활용될 수 있는 디지털 트윈의 기술 사례들을 살펴보자.

현대차는 그림 2-50에서처럼 '디지털 트윈(Digital Twin)' 기술을 한국마이크로소프트의 협업을 통해 자동차 생산과정에서 배터리 수명 예측에 활용하겠다고 밝혔다. 현대차는 신차가 출시되기 전 과정에서 아이오닉 5 전기차의 주행 정보를 수집하고 디지털 트윈 기술을 적용한다. 이 기술을 통해 시제품 제작 없이 차량별 배터리 수명을 예측할 수 있는 동력 흐름이나 부품 간 연동 관계 등을 파악할 수 있을 것으로 보인다. 또한 실물처럼 복제한 가상의 제품 모델로 성능 테스트가 가능하여 수많은 양의 시제품을 제조하지 않고도 제품을 개발할 수 있게 된다.

그림 2-50. 현대자동차의 '디지털 트윈(Digital Twin)'

마세라티의 '기블리'는 그림 2-51에서처럼 디지털 트윈이 낳은 슈퍼카라고 정의할 수 있다. 마세라티는 독일 4차 산업혁명을 이끄는 지멘스와 손잡고 슈퍼카 '기블리'를 개발하는데 '디지털 트윈' 공법을 공정에 적용하였다. '디지털 트윈'은 마세라티 기블리 개발에 중요한 역할을 했다. 실제 개발기간이 절반으로 단축되어 비용이 대폭 절감되는 효과를 보았다.

그림 2-51. 마세라티의 '디지털 트윈(Digital Twin)'

국내 기업이 주도한 그림 2-52의 '버츄얼 터미널(Virtual Terminal)'은 물류 분야 디지털 트윈 적용 사례이다. 2016년 과학기술정보통신부가 주최하는 신 SW 상품 대상을 수상한 녹원정보기술의 '버츄얼 터미널(Virtual Terminal)'은 컨테이너 차량 위치와 크레인 위치, 상태 정보 등을 실시간으로 처리해 3D GIS 맵 기반 위에 데이터를 가시화하는 항만관제 모니터링 시스템이다. 이동체 실시간 위치 기반 데이터와 사물인터넷(IoT) 기반 실시간 이동체 작업 상황정보를 연계 활용하는 기술을 적용한다.

그림 2-52. '버츄얼 터미널(Virtual terminal)

미국의 GE(General Electric) 사는 산업형 디지털 트윈을 선도하는 기업이다. 디지털 트윈의 산업 분야 적용에 있어서 약 10억 달러의 연구비를 투자하여 2016년 세계 최초의 산업용 클라우드 기반 오픈 플랫폼인 '프레딕스(Predix)'(그림2-53)를 공개했다. GE의 대표적인 산업용 디지털 트윈의 사례로는 계열사인 GE 항공의 '항공기 엔진 관리 시스템'(그림2-54)이다. 엔진 장애로 발생하는 항공기 결항과 관련 사고들은 항공사에 엄청난 비용의 경제적, 사회적 손실을 유발한다. 따라서 이러한 문제와 관련하여 각종 데이터를 수집하고 시각화된 형태로 실시간 제공하여 엔지니어로 하여금 엔진 고장 여부와 교체 시기 등을 예측하도록 한다. 그 결과로써 정비 불량으로 인한 결항 건수는 1,000건 이상 감소하는 효과를 얻었고 엔진 고장에 관해서는 검출 정확도가 10% 개선된 것으로 나타났다.

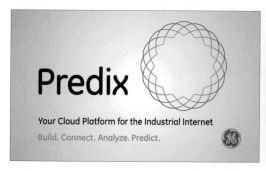

그림 2-53. 산업용 클라우드 기반 오픈 플랫폼 '프레딕스(Predix)'

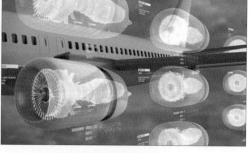

그림 2-54. GE항공의 '항공기 엔진 관리 시스템'

싱가포르는 2018년, 디지털 트윈 기술로 도시 전체의 건물, 인프라, 녹지를 비롯해 싱가포르의 거의 모든 삶의 측면을 가상화하고 상호작용이 가능한 3D 모형 시스템으로 구현하는 그림 2-55의 '버츄얼 싱가포르' 프로젝트를 완성했다.

그림 2-55. '버츄얼 싱가포르' 프로젝트

디지털 트윈 기술의 효과와 한계점

앞서 제시한 다양한 사례들과 효과들을 살펴볼 때 디지털 트윈 기술이 가져다줄 우리 삶의 기대효과와 한계점은 무엇일까? 기본적으로 디지털 전환(Digital Transformation)이 가시화되면서 우리의 일상은 실시간 데이터를 통해 가상에 구현되며, 가상공간 속 다양한 구조물의 제어 또한 모니터링을 통해 가능해진다. 이러한 현상은 사용자들의 인식을 변화시키고 전환시킨다. 또한 디지털 트윈 형태로 가시화된 제품과 서비스는 사용상의 편리함을 통해 친숙함으로 다가오게 할 것이다. 따라서 사업과 업무영역은 물론 정보화와 지능화 그리고 자동화 시스템 등 모든 것이 변화하게 된다. 이러한 사회적 변화는 데이터 처리, 사물인터넷, 통신, 인공지능, 가상 시뮬레이션, 대규모 컴퓨팅, 시각화 등의 기술을 공공정책 분야에서 쉽고 빠르게 활용할 수 있도록 하는 효과가 있다. 시뮬레이션 과정을 통해 미래 예측이 가능하고 그 결과를 활용해 최적의 의사결정이 가능하다. 따라서 생산성, 경제성, 안전성, 경쟁력 향상에 효과가 있다. 결과적으로 디지털 트윈 기술의 가장 큰 효과는 비용 절감이다. 초기 기술 구현에 따른 소비 비용이 높지만, 일단 한번 구축하고 나면 제품의 품질 향상, 개발 비용 절감과 단축, 운영 비용 절감, 매출 증대과 같은 다양한 이익을 얻게 된다.

또한 비효율적인 데이터 수집이 오히려 시스템의 스토리지나 연산 능력을 낭비시킨다. 따라서 소규모의 산업체나 외곽지역은 상대적으로 디지털 트윈에 대한 투자에 비해 효과가 미비할 수 있다.

그림 2–56. 디지털 트윈 기술

반면 초기 구축 비용이 높은 편이며, 기존 시스템에 네트워크를 형성하기 위해 수많은 센서를 적용해야 하는데 이 또한 비용상승의 역할을 한다. 네트워크가 추가됨에 따라 관리에 있어서도 기존 시스템보다 높은 난이도가 적용되며, 오작동의 우려가 증가될 수 있다. 초기 기술이기에 무분별한 데이터 수집을 발생시킬 수 있고, 필요 이상의 정보과다, 개인정보의 유출, 대량의 정보 보안, 데이터의 악용으로 지나친 사회 통제나 감시 효과 등 부정적 문제가 발생할 수 있다. 또한 비효율적인 데이터 수집이 오히려 시스템의 스토리지나 연산 능력을 낭비시킨다. 따라서 소규모의 산업체나 외곽지역은 상대적으로 디지털 트윈에 대한 투자에 비해 효과가 미비할 수 있다.

| 3장 |

메타버스를 위한
XR 콘텐츠 플랫폼

학습 목표

최근 메타버스 플랫폼은 독창적인 기능과 목적을 바탕으로 다양한 모습으로 형성되고 있다. 기본적으로 커뮤니티형 플랫폼에서부터 디지털 자산형, 원격기술을 이용한 협업형으로 구분되며, 커뮤니케이션을 바탕으로 게임과 부동산, 회의 및 업무를 위한 다양한 기능들로 형성되고 있다. 본 장에서는 메타버스를 위한 XR 콘텐츠 플랫폼의 사례들을 살펴보고 각각의 특징들을 이해해 보고자 한다.

1 〉 메타버스형 플랫폼 사례 분석

앞서 살펴본 메타버스의 개념을 살펴보면 메타버스는 기술을 기반으로 하는 서비스의 출현으로 볼 수 있으면, 시대 흐름과 과학기술 발전을 토대로 그 의미가 광범위하게 사용되고 있음을 알 수 있다. 현재 수없이 많은 메타버스형 플랫폼들이 형성되었고 지금도 만들어지고 있는 상황에서 각각의 플랫폼들이 가지고 있는 특성과 활용 범위를 살펴볼 필요가 있다. 메타버스는 기본적으로 가상과 현실의 융합을 통해 그 경계가 사라지고 실감형 디바이스를 이용한 경험을 통해 정보와 지식을 공유하는 공간이다. 사람과 사물이 상호작용하면서 형성되는 다양한 주체 간 소통은 사회, 문화 활동은 물론 경제활동으로 이어졌다. 즉, 이러한 현상과 경험을 메타버스 플랫폼을 통해 새로운 가치로 창출하고 확장해 가고 있는 것이다. 또한 메타버스는 활용 목적에 따라 SNS와 같은 사회관계 중심의 커뮤니티형이 있으며 크리에이터 이코노미나 마켓을 활용한 디지털 자산형, 그리고 소통지원 방식의 원격 협업형으로 나눌 수 있다. 표 3-1은 개발사를 중점으로 특성, 유형, XR 지원 여부, 가상화폐 등 활용 목적에 따라 13가지의 대표적인 메타버스 플랫폼 사례들을 정리하였다.

표 3-1. 활용 목적에 따른 메타버스 플랫폼 13가지 사례

	제페토	로블록스	마인크레프트	이프랜드	디센터럴랜드	어스 2	더 샌드박스	게더타운	호라이즌	도깨비 DokeV	오비스 OVICE	메쉬	옴니버스
개발사	Naver	Roblox	Mojang	SKT	Decentraland	Earth 2	The SandBox	Gather	페이스북	펄어비스	oVice	MS	NVIIDIA
특성	종합메타버스	게임	게임	종합메타버스	부동산+종합메타버스	부동산+게임	종합메타버스	업무용	종합메타버스	게임+종합메타버스	업무용	소통협업용	소통협업용

유형별 분류	커뮤니티형/디지털 자산형	커뮤니티형/디지털 자산형	커뮤니티형/디지털 자산형	커뮤니티형	커뮤니티형/디지털 자산형	디지털 자산형	디지털 자산형	커뮤니티형	커뮤니티형	커뮤니티형	커뮤니티형	원격 협업형	원격 협업형
XR 지원 여부	AR	VR	VR	VR 지원 예정	–	–	–	–	VR	–	–	홀로렌즈, 오큘러스 VR,	XR 경험 제공
블록체인 지원 여부	–	–	–	지원 예정	지원	–	지원	–	–	–	–	지원	지원
가상 화폐	ZEM	RO-BUX	Mine coin	SK코인 (가칭)	MANA	Es-sence	Sand-Coin	–	Zuck Bucks	Klaytn (예상)	–	–	–

1.1 | 제페토(Zepeto)

그림 3-1. 제페토(Zepeto)

그림 3-1의 제페토(Zepeto)는 네이버의 자회사인 스노우에서 개발한 국내 메타버스 플랫폼이다. 커뮤니티형 플랫폼으로 약 3억 명이 넘는 유저가 활동하고 있고 사용자 90%가 해외 유저이며 10대 청소년들이 80%를 차지하고 있다. 그림

3-2를 보면 제페토 내에 내장된 아이템을 선택해 자신을 닮은 아바타를 직접 만들거나 커스텀 기능을 통해 자유롭게 제작할 수 있으며, 그림 3-3처럼 가상공간에서 커뮤니케이션과 게임의 용도로 종합적으로 활용한다. 아바타 제작은 주요 수익원이 될 만큼 중요한 아이템이며 사용자들이 직접 2D와 3D 방식으로 제작할 수 있다.

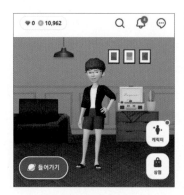 

그림 3-2. 제페토(Zepeto) 아이템 활용 사례

그림 3-3. 제페토(Zepeto) 인터페이스

3D 창작 아이템을 만들기 위해서는 유니티 프로그램을 설치하고 연동하여 그림 3-4처럼 Template Editor를 사용해 별도 제작을 할 수도 있다. 아바타 의상 및 아이템 판매와 관련해서는 자신의 아바타를 꾸미기 위한 다양한 아이템을 구입할 수 있고 내가 만든 아이템을 판매할 수도 있는 구조다. 즉 디지털 경제 방식이 적용되며 젬(ZEM)이라는 가상화폐를 사용하기에 크리에이터 이코노미의 디지털 자산 형태 특성도 있다.

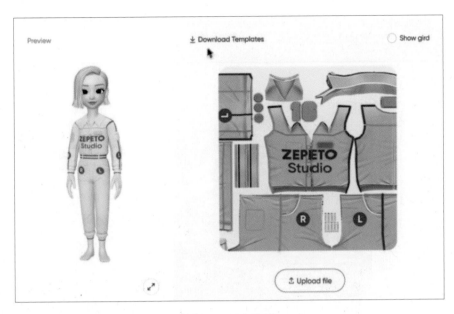

그림 3-4. Template Editor

대표적인 커뮤니티 행사로는 국내 걸그룹 블랙핑크가 제페토에서 진행한 사인회가 유명하며 그 외에도 현대자동차 등 다양한 프로모션이 진행 중이다. 최대 접속 인원은 10명으로 접속방법은 별도의 장비나 비용이 필요 없다. 빌드 잇 프로그램을 무료로 다운로드 받아 제페토 안에서 플레이어들이 놀 수 있는 월드를 직접 만들 수도 있다. 현재 구찌, 나이키, 컨버스와 디즈니 푸시 버튼이 입점해 있다. 이러한 특성들을 정리해 보면 표 3-2와 같다.

표 3-2. 제페토 주요특성 정리

제작사	네이버Z	구동 플랫폼	iOS, Android
필요 장비	아이폰/아이패드, 안드로이드폰/안드로이드 패드	수익 모델	아이템 판매
장점	• 귀여운 캐릭터 • 크리에이터 이코노미 • 접근성이 높음	단점	• 게임/커뮤니케이션 용도에 집중되어 있음 • 놀 거리 부족
주 사용자 연령	10~20대		

그림 3-5. 로블록스(Roblox)

그림 3-5의 로블록스(Roblox)는 대표적인 오픈월드형 샌드박스 롤플레잉 게임으로 1989년 처음 등장했다. 2006년 9월부터 로블록스로 명칭을 변경했으며, 레고형 캐릭터를 활용하여 가상공간에서 게임도 즐기고 소셜 미디어 활동도 즐길 수가 있다. 현재 이용자 수는 월 1억 5천만 명이 넘는 활성 사용자를 보유하고 있고 30%는 미국 초등학생 연령층으로 구성되어 있다. 서버당 최대 참여 인원수가 200~300명 정도인 인기 플랫폼으로 미국 나스닥에 상장하며 메타버스의 대표 플랫폼으로 인식되고 있다.

이제는 "유튜브의 가장 강력한 적은 넷플릭스가 아니라 로블록스다."라고 할 만큼 전 세계 10대들의 인기 게임으로 성장하였다. 로블록스 게임은 회원가입 시우선 나와 닮은 아바타를 만들고 다양한 가상의 월드 세계에서 게임을 즐길 수있다.

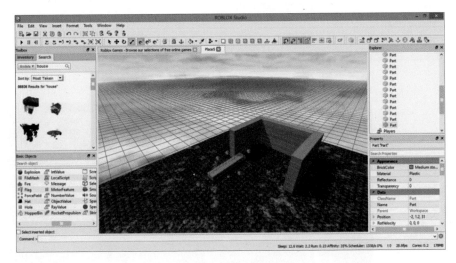

그림 3-6. Roblox Studio 빌드

창작 도구로 Roblox Studio 빌드(그림 3-6)를 설치할 수 있으며, 사용자가 게임을 직접 만들어서 이용자들에게 사용 비용을 받는 유로 입장 맵도 존재한다. 즉 게임 입장료를 받을 수 있고 캐릭터의 의상과 아이템 등을 만들어서 자체 가상화폐인 '로벅스(ROBUX)'를 이용해 아이템을 사고 파는 수익구조도 가능하다. 로벅스(ROBUX)라는 자체 가상화폐는 실질적인 아이템 구입도 가능하지만, 실제 돈으로 환전도 가능하다. 이러한 특성들을 정리해 보면 표 3-3과 같다.

표 3-3. 로블록스(Roblox) 주요 특성 정리

제작사	Roblox Corporation	구동 플랫폼	윈도우, 맥OS, 오큘러스, Xbox, 안드로이드, 아이폰, 아이패드
필요 장비	PC, 아이폰/아이패드, 안드로이드폰/안드로이드 패드	수익 모델	• 아이템 판매, • 로블록스 게임판매
장점	• 많은 사용자 보유, • 높은 수익 모델	단점	• 메타버스의 특성과 게임의 특성이 뒤섞임
주 사용자 연령	10대		

그림 3-7. 마인크래프트(Minecraft)

그림 3-7의 마인크래프트(Minecraft)는 2009년 PC로 발매한 샌드박스형 비디오 게임으로 스웨덴 게임 개발사인 모장(Mojang) 스튜디오에서 제작하였다. 모바일은 2011년 첫 서비스를 시작으로 2020년 기준 월간 1억 2600만의 이용자가 사용하였다. 주로 10대 이용자가 많으며 2억 장 이상의 판매량을 기록하고 있는 인기 비디오 게임 중 하나라고 할 수 있다. 최근에는 20대를 넘어 30대와 40대 이용자도 많아지고 있는 추세이다. 게임 방식을 살펴보면 사실상 정해진 목적과 스토리가 없어 자유도가 높은 게임이다. 땅 넓이는 지구의 8배 정도 크기이며 무한히 펼쳐진 3D 세계를 무대로 채광(Mine)과 제작(Craft)을 중점으로 하는 샌드박스형 게임이라고 할 수 있다.

기본 디자인은 네모난 블록으로 구성되어 PC, 모바일은 1인용으로 콘솔은 1인 ~4인용으로 즐길 수 있다. 샌드박스라는 특성에 맞게 혼자 또는 여럿이 활동하며 건축과 사냥 그리고 농사나 채집도 하고 직접 게임을 만들 수도 있다. 사용자가 정해진 목적 없이 자유롭게 즐기며 오히려 목적을 스스로 만들어 내어 그것을 이루어야 재미를 느낄 수 있는 게임이다.

그림 3-8. 마인크래프트 마켓 플레이스

마인크래프트는 그림 3-8의 마켓 플레이스를 통해 유명 콘텐츠 제작자들이 직접 만든 게임 스킨과 맵을 판매한다. 콘텐츠 제작자들은 마인크래프트 코인을 통해 판매 수익의 70%를 가져가는 구조이다. 주요 활동으로는 MCN(다중 채널 네트워크), 1인 크리에이터가 주로 활용하는 콘텐츠이며 청와대 어린이날 행사, 영남대, 순천향대, UC 버클리 등 대학교 입학 및 졸업 행사, 나이키 코리아 디지털 필드데이 등의 행사를 가상공간 속에 그대로 재현하는 방식으로 제작하였다. 이러한 특성들을 정리하면 표 3-4와 같다.

표 3-4. 마인크래프트(Minecraft) 주요 특성 정리

제작사	모장(Mojang) 스튜디오, MS가 마인크래프트를 3조 원에 인수	구동 플랫폼	Windows, macOS, Linux, iOS, Android, PC, 모바일, Xbox, 닌텐도 스위치
필요 장비	PC, 아이폰/아이패드, 안드로이드폰/안드로이드 패드	수익 모델	게임 내 아이템 판매
장점	• 많은 사용자 보유 • 넓은 맵과 게임 제작의 자유도가 높음 • 창작이 가능한 샌드박스형	단점	• 접근성이 어려움 　– 미성년자 이용 불가 　– Xbox로 로그인해야 멀티플레이 가능 　– 오류가 자주 발생 • 허술한 보안 문제
주 사용자 연령	10대에서 40대로 확산됨		

그림 3-9. 이프랜드(ifland)

그림 3-9의 이프랜드(ifland)는 SKT의 새로운 메타버스 플랫폼으로 사용자들 간의 모임, 회의 등에 초점을 맞춰 제작한 커뮤니티형 플랫폼이다. 현재 이용자 수는 플레이스토어 다운로드 횟수로 추정 50만 명 정도 예상된다. 수많은 가능성(if)들이 현실이 되는 공간(land)이라는 의미를 가지고 있는 이프랜드는 3D 공간으로 구성되어 있다.

그림 3-10과 같이 플랫폼 내에서 아바타로 소통하고 콘퍼런스나 세미나용 룸을 통해 문서(PDF), 동영상 파일을 공유할 수 있어서 모임과 강연에 특화되어 있다. 초보자에게 쉽게 접근 가능한 편의성이 장점이며 라이브 방송과 음성채팅도 가능하다. 20, 30대 학생과 직장인 대상으로 설명회나 발표회

그림 3-10. 이프랜드(ifland) 콘퍼런스

등의 단체 모임뿐만 아니라 비밀방을 개설해 친구나 개인적인 모임, 미팅도 가능하다.

SK텔레콤이라는 대기업에서 운영하며 메타버스가 가진 초현실적인 이미지를 직관적이고 감성적으로 표현하고 있다. 가상의 공간 안에서 직관적인 터치를 통해 자유롭게 이동하기도 하고 특정 자리에 앉을 수도 있는 기능이 있다. 또 다른 장점으로는 '소셜 기능'을 통한 소통 기능이 강화되었고 18종의 테마 공간과 130명까지 입장이 가능하다. 이러한 특성들을 정리해 보면 표 3-5와 같다.

표 3-5. 이프랜드(ifland) 주요 특성 정리

제작사	SKTelecom	구동 플랫폼	Android OS 기반, 향후 ios, VR 디바이스 오큘러스 퀘스트 OS까지 서비스 확대 예정
필요 장비	아이폰, 안드로이드폰	수익 모델	사용료
장점	• 모임, 강연에 적합 직관적이고 쉬운 UI • 800여 종 아바타 코스튬 보유	단점	부족한 콘텐츠
주 사용자 연령	10~20대		

1.5 | 디센터럴랜드(Decentraland)

그림 3-11. 디센트럴랜드(Decentraland)

그림 3-11의 디센트럴랜드(Decentraland)는 커뮤니티 기반 가상세계이며 이더리움 블록체인 기반의 가상통화 시스템으로 실제와 유사한 메타버스 플랫폼이라고 할 수 있다. 이 가상공간 사이트에서는 약 9만 개의 조각으로 나뉜 토지를 매수할 수 있다. 즉 가상현실 세계에서 사용자는 토지를 구매하여 자신만의 땅을 소유할 수 있는 것이다. 또한 그림 3-12와 같은 디지털 작품이나 대체 불가능 토큰(NFT)을 개발하고 소유하여 다양한 활동을 할 수 있으며 다른 사용자에게 토지 등을 판매할 수도 있다. 2015년에 플랫폼을 개발하기 시작한 디센트럴랜드는 콘텐츠 제작자가 자신의 창작물을 최대한 소유하고 지배할 수 있는 네트워크를 구축하는 것을 목표로 한다.

특징은 별도의 앱 설치 없이 웹 브라우저에서 구동되는 플랫폼 암화 화폐 토큰은 마나(Mana)라는 코인으로 실제 암호화폐 시장에 사용한다. 구성원들은 플랫폼의 탈중앙 자치 조직(DAO)에도 참여하며 온라인 세계의 규칙에 대해 직접적인 권한을 가진다. 마나(Mana)는 기본 가상 자산이면서 디지털 통화로 보유자에게는 디센트럴랜드 탈중앙 자치 조직 내 투표권을 제공한다. 디센트럴랜드는 사용자가 가상 자산 토큰을 통해 마켓플레이스에서 다른 사용자에게 판매하는 방식으로 암호화폐와 메타버스가 결합한 혁신적인 플랫폼으로 사용자들에게 주목한다.

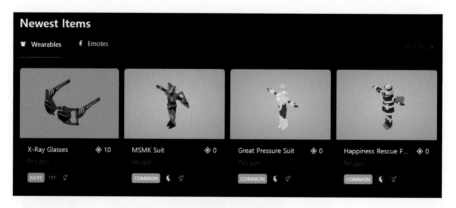

그림 3-12. 디센트럴랜드(Decentraland) 아이템

이러한 활용 사례 특성들을 정리해 보면 표 3-6과 같다.

표 3-6. 디센트럴랜드(Decentraland) 주요 특성 정리

제작사	디센터럴랜드	구동 플랫폼	PC
필요 장비	PC	수익 모델	아이템 판매
장점	• 별도의 앱 설치가 필요 없음 • 이더리움 기반의 디지털화폐 통용	단점	부족한 콘텐츠
주 사용자 연령	20대		

1.6 ｜ 어스 2(Earth 2)

그림 3-13. 어스 2(Earth 2)

그림 3-13의 '어스 2(Earth 2)'는 2020년 11월 런칭한 호주의 가상 부동산 플랫폼이다. 구글의 3차원 지도 '구글 어스'를 기반으로 제작되었으며 현실을 가상세계에 복사해 놓은 것 같다. 구글의 어스 2(Earth 2)는 지도에 타일을 잘라 가상토지를 구획하고 구획 단위로 토지를 거래하는 플랫폼이다. 즉 실제 지구를 위성에서 촬영한 데이터로 구성된 지구를 픽셀 단위로 나눠 그 땅을 구입하는 메타버스라고 할 수 있다. '타일'은 가로·세로 10m의 정사각형 땅으로 최소 구매 단위이며 구글맵을 이용해 만든 세계 전역의 1:1 축척의 지도이다.

어스 2는 2021년 4월 기준으로 전 세계적으로 30만 정도의 초기 유저들이 활용하고 있는 단계이며 매입 구매 화폐로는 달러가 사용이 가능한 상황이다. 따라서 다양한 국가에서 구매 가능하며 구매 후 소유 국가의 이미지가 맵에 표시된다. 처음 이용 시 가격대는 $0.1달러로 시작했지만, 현재는 땅에 따라서는 수백 배까지 가격이 오른 곳도 있다. 예를 들어 어스 2의 서울 종로구 지역의 타일 1개 가격이 처음 2020년 11월인 서비스 초반에는 0.1달러(100원)였으나 1년이 지난 2021년 12월에는 1만 2207달러(1427만 원)로 올라서 12만 배 이상의 투자 수익이 발생한 것이다. 하지만 이처럼 고수익이 발생되는 구조이지만 문제점은 아직은 수익을 현금화하는데 많은 현실적인 어려움이 있다. 구체적으로 살펴보면 우선 어스 2 운영자에게 메일을 보내는 과정에서 비교적 복잡한 절차를 거쳐야 하고 50달러 미만의 금액은 현금화할 수 없다는 것이다. 또한 발급해 주는 버추얼 카드에는 은행 인출 기능이 없어 현금화하기엔 아직 어려운 부분으로 작용한다. 이러한 문제점들로 인해 투기성이 아니냐는 부정적 시각과 논란도 나타나고 있다.

그림 3-14. '어스 2(Earth 2)'의 바이랜드

인터페이스 관점에서 살펴보면 메인 화면의 상단에는 어바웃어스, 그림 3-14의 바이랜드, 그림 3-15의 마켓플레이스와 리더보드 등의 게시판이 있다.

어바웃어스 : 어스 2에 관한 자세한 내용과 경영 철학("우리의 비전은 사람들이 건설하고, 거주하고, 거래하고, 살고, 경험하고, 상호작용할 수 있는 장소인 지구의 글로벌 디지털 표현을 만드는 것이다.")을 담았다.

마켓플레이스 : 가상 부동산 땅을 거래하는 공간으로 좋은 지역에 관한 정보를 얻거나 인지도와 토지 가격 할인율, 등급, 시세 등의 정보를 얻을 수 있다.

리더보드 : 플레이어와 국가별 투자 순위표를 확인하는데 상위 50위까지 확인할 수 있다.

바이랜드 : 가장 중요한 땅의 구입에 관한 정보와 가격, 거래 내역, 지역 광물과 자원 등을 안내해 준다.

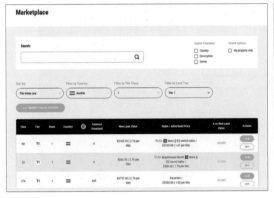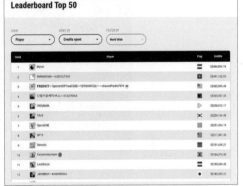

그림 3-15. '어스 2(Earth 2)'의 마켓플레이스와 리더보드

이처럼 전반적인 과정들을 살펴보면 실제 부동산 거래와 매우 유사하고 투자 대비 가격의 수익 구조도 매우 가파르다는 점이 장점인 듯 하지만 이는 불안요소로 작용하기도 한다. 또한 미래 예측이 불가능하고 실제 현금화의 과정이 어렵다는 등의 문제점을 볼 때 아직은 보안해야 할 점들이 많아 보인다. 또한 메타버스라고 정의하기에는 사용자(아바타)의 활동이 없다는 점 등 다양한 면에서 적합하지 못한 점들이 나타난다. 플랫폼이 사라졌을 때 개별 부동산의 소유권 역시 사라져 보장받지 못하기 때문에 플랫폼의 존재 여부에 대한 안정성 우려가 불안요소로 작용하고 있다. 이러한 특성들을 정리해 보면 표 3-7과 같다.

표 3-7. '어스 2(Earth 2)' 주요 특성 정리

제작사	어스 2	구동 플랫폼	PC
필요 장비	PC	수익 모델	부동산 판매
장점	• 실제 지구와 동일한 월드 맵 • 구매한 땅에 광고 가능 • 게시판 활용도 용이	단점	• 너무 가파르게 오르는 가격 • 메타버스 정의에 부적합 • 현금화의 어려움
주 사용자 연령	예측 안됨		

1.7 | 더 샌드박스(The Sandbox)

그림 3-16. 더 샌드박스(The Sandbox)

그림 3-16의 '더 샌드박스(The Sandbox)'는 플레이어가 샌드박스에서 제공하는 소프트웨어(복셀에딧)를 사용하여 캐릭터 창작과 게임 콘텐츠 제작에 참여하고, 게이머가 게임 플레이를 통해 수익을 창출할 수 있다. 더 샌드박스의 공동설립자이자 최고운영책임자(COO)인 세바스찬 보르제는 메타버스에 관한 정의를 "가상공간 속에서 캐릭터를 통해 무언가를 하는 행위로써 머무르는 것이 아니다. 유저가 메타버스 속에서 콘텐츠를 소유하거나 창작할 수 있어야 한다."라고 강조한다.

더 샌드박스 속에서 NFT 기반 게임 및 체험도 할 수 있는데 아바타는 머리부터 발끝까지 모두가 NFT화 되어 있어서 자신이 원하는 이미지로 아바타를 구현할 수 있다. 또한 메타버스 게이밍 플랫폼으로 작년 알파 시즌 1을 선보이며 빠르게 전 세계 200만 명의 가입자를 확보한 대체 불가능 토큰(NFT) 기반 플랫폼이다. 메타버스 속에서 랜드(가상 토지)를 구매하고 구매한 랜드를 소유한 유저는 자신의 랜드에서 축제나 파티, 모임, 전시회 등 다양한 네트워킹을 즐길 수 있다. 또한 소유권, 저작권까지 인정해 주기 때문에 수익까지 창출할 수 있는 탈중앙화 게이밍 플랫폼이다.

지난해를 기준으로 볼 때 이용자 수가 200만 명 정도였다면 올해는 2배가량 증가한 400만 명 정도의 수준으로 성장했다고 관계자는 밝혔다. 최근 게임을 즐기고 보상을 받을 수 있는 '알파 시즌 2'(그림 3-17)를 시작하였고, 지난 알파 시즌 1보다 더 새로운 게임 콘텐츠를 제공한다.

그림 3-17. 알파 시즌 2

알파 시즌 1에서 선보인 NFT 아이템 '알파 패스'가 알파 시즌 2에도 도입됐다. 총 1만 장 한정으로 배포되는 알파 패스는 최대 1,000 샌드(SAND)를 보상으로 제공한다. 플레이투언 이벤트를 통해 보상을 얻기 위해서는 알파 패스 NFT를 반드시 보유해야 퀘스트를 깰 수 있다. 18가지 다양한 종류의 알파 시즌 이벤트를 직접 체험하고 이벤트 체험 미션을 완수한 플레이어는 3가지 한정판 NFT와 1000 샌드 토큰을 받을 수 있다. 알파 패스 NFT를 얻는 방법은 (1) LAND 홀더

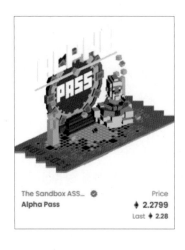

The Sandbox ASS... ✔   Price
Alpha Pass   ◆ 2.2799
                               Last ◆ 2.28

추첨 참여 (2) 소셜 콘테스트 참여 (3) 오픈씨에서 구매로 가능하다.

시즌 2만의 새로운 패션쇼 이벤트와 그림 3-18의 스눕독 아바타 콜렉션, 미술관, 역사관, 시간여행 콘텐츠 등의 기획, '클럽-XYZ'에서 모두 춤추게 만드는 DJ 겸 엔터테이너 '블론디쉬'의 새로운 곡들, 그리고 새로운 교통 허브(메타버스 진입 게이트웨이/만남의 장소)도 선보인다고 한다. 그리고 '게임 메이커 펀드'를 통해 개발된 콘텐츠 4종은 인디 게임 개발자들이 플랫폼 게임부터 RPG, 레이싱, 소셜에 이르기까지 다양한 장르의 고퀄리티 게임을 만들 수 있도록 지원한다. 재밌고 인기가 많은 콘텐츠는 많은 사용자들이 방문하게 되고 랜드의 주인은 본인의 랜드에 광고를 개시하거나 입장료를 통해 게임 내 콘텐츠의 수익구조를 만들 수 있다.

스눕독(Snoop Dogg)
도기즈(Doggies)

스눕독의 뮤직 비디오

시그니처 도기즈(Signature Doggies)

그림 3-18. 스눕독 아바타 콜렉션

더 샌드박스는 프로그램으로 생성된 스눕독(Snoop Dogg) 아바타 NFT 콜렉션 도기즈(Doggies)를 출시하고 민팅 후 NFT당 150 샌드(SAND)에 전부 판매되었다. 도기들은 도기즈 웹사이트에서 구매가 가능하며 아바타의 특별한 특성과 성질, 독특한 디자인에 따라 희귀도(Rarity)가 결정된다. 이러한 특성들을 정리해 보면 표 3-18과 같다.

표 3-8. 더 샌드박스(The Sandbox) 주요 특성 정리

제작사	게임 스튜디오 Pixowl	구동 플랫폼	마이크로소프트 윈도우, 안드로이드, iOS
필요 장비	PC 1인용 비디오 게임	수익 모델	아이템, 게임 개발 판매 랜드 광고료 에셋 거래
장점	다양한 유저들이 게임과 경제활동을 즐길 수 있음 • 플레이어(Players) • 애셋 크리에이터(Asset Creators) • 게임 크리에이터(Game Creators) • 랜드 소유자(LAND Owners) • 큐레이터(Curators)	단점	• 너무 가파르게 오르는 가격 • 현금화의 어려움
주 사용자 연령	다양한 유저층		

1.8 | 게더타운(Gather Town)

그림 3-19. 게더타운(Gather Town)

그림 3-19의 게더타운(Gather Town)은 메타버스 기업인 Gather Presence가 개발하였다. 온라인 재택근무나 원격근무의 비즈니스 화상회의의 특성이 강하며

Zoom과 유사한 형태로 업무적인 생산성에 중점을 두고 제작되었다. 줌의 단점으로 지적되는 회의 때마다 호출해야 하는 부분과 오랜 시간 얼굴을 보면서 이야기해야 하는 부담감과 피로도를 줄이고자 하였다. 대안책으로 제시된 방식으로 게더타운에서는 탑뷰(Top View) 방식으로 공간을 보여 주고 2D 캐릭터를 통해 자신을 표현한다. 자신의 아바타가 주변 사용자에게 가까이 다가가면 자연스럽게 화상채팅 기능이 활성화되어 회의 공유가 가능하게 되는 방식을 적용하였다. 실제 업무와 유사하게 개인의 프라이버시는 어느 정도 보장되며 앱이 방대하게 크지 않아 사용자에게 부담이 많이 없는 것이 특징이다. 채팅 외에도 화이트보드나 TV, 게임 등 다양한 오브젝트를 이용해 브레인스토밍이나 아이스브레이킹도 즐길 수 있다. 또한 가상공간의 사무실을 실제 사무실처럼 자신이 원하는 대로 커스터마이징할 수 있는 매력과 다운로드하지 않고 바로 웹에서 이용이 가능하다는 편리성도 있다.

그림 3-20. 게더타운(Gather Town) 입력창

게더타운은 화상회의 플랫폼에 메타버스 요소가 결합한 플랫폼으로 25명까지는 기본적으로 무료로 이용 가능하며 요금은 시간별, 최대 인원별로 다르다. 게더타운(Gather Town) 입력창 그림 3-20을 통해 게더타운을 시작하며 회원가입을 하지 않아도 게더공간을 이용할 수 있다. 아바타와 이름을 설정해 주면 입장할 준비가 완료된다. 게더타운은 다양한 형태의 행사나 이벤트 등에 활용되고 있는데 ❶ 넷마블 온라인 채용 박람회 '넷마블 타운', ❷ 유통업계 채용 박람회-2021 하반기 코리아세븐 신입사원 채용 박람회 게더타운 행사, ❸ 2021 LG 커넥트 오픈 이노베이션 행사, ❹ KB금융 스타챔피언십 행사, ❺ DB손해보험

발대식, ⑥ 경희대학교 약대 강의, ⑦ 배제대학교 취업캠프, ⑧ 2021 제11회 과학마을축제 등의 사례들이 있다.

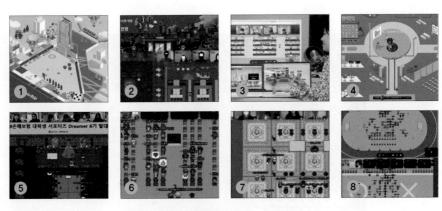

그림 3-21. 게더타운(Gather Town) 박람회 사례

게더타운은 인터넷 사이트에 접속하는 것처럼 크롬(Chrome) 또는 사파리(Safari) 브라우저가 설치되어 있는 PC라면 어디서든 실행 가능하다. 커뮤니케이션 기능으로는 채팅과 음성/화상/화면 공유 통화 기능이 가능하고 특정 공간에서는 단체 소통 또는 개별 소통으로 분류된다. 부가적인 기능들로는 식물키우기, 테트리스, 포커, 악기 연주 등이 존재하며 앞으로 확대할 방안이라고 한다.

현재는 국내에서 '직방'이 실제 사옥 건물을 처분하고 게더타운에서 근무하고 있다. 게더타운의 이러한 현상들을 살펴보면 메타버스 개념에서도 회사 운영의 실질적인 운영 가치를 인정받는 듯하다. 이러한 특성들을 정리해 보면 표 3-9와 같다.

표 3-9. 게더타운(Gather Town) 주요 특성 정리

제작사	Gather Presence. Inc	구동 플랫폼	PC
필요 장비	PC	수익 모델	시간 단위/구독 단위 사용료 (25인까지는 무료)
장점	• 가상공간에 구현된 완벽한 오피스 • 접근성이 높음	단점	• 다소 단조로운 2D 그래픽 • 사무용이라는 특성 외 활용도가 부족
주 사용자 연령	20대~30대		

그림 3-22. 페이스북 호라이즌(Facebook Horizon)

'호라이즌 월드'(그림 22)는 작년 말 메타가 출시한 메타버스 플랫폼으로 최근 사용자가 30만 명을 돌파했다고 더버지 등 외신들이 2022년 2월경 보도했다. 페이스북이 오큘러스를 인수한 후 마크 저크버그가 강력하게 추진하고 있는 메타버스 플랫폼으로 '오큘러스 커넥트6' 컨퍼런스에서 '페이스북 호라이즌(Facebook Horizon)'을 발표했었다. 게임 방식의 메타버스가 아닌 실제 회의 커뮤니케이션, 교육 등 사람들의 소통과 만남을 중점으로 영화 '레디 플레이어 원(Ready Plater One)'의 현실판과 같은 실질적인 가상세계의 구현을 목표로 만들어진다. 메타는 호라이즌 월드에 현재까지 2만 명이 넘는 제작자를 위한 비공개 페이스북 그룹 가입자와 약 1만 개의 별도 가상세계를 구축하고 있다고 밝혔다.

강력한 추진 배경에는 최근 페이스북 사용자가 감소하였고 애플이 iOS13부터 도입된 '사용자 정보 수집'에 대한 규제가 강화되었다. 따라서 페이스북과 구글의 주요 수입원인 '맞춤 광고'가 어려워지게 되면서 하나의 새로운 돌파구로 개발하게 되었다. 그리고 '페이스북 호라이즌(Facebook Horizon)'은 오큘러스 VR 장비를 구매해야 체험 가능하다는 부분이 어려운 난관으로 여겨졌지만, 장비의 특성상 몰입감이 높고 가격이 차츰 대중화되고 있다는 점에서 기대를 가질 수 있다.

메타(Meta)는 광고를 통한 수익구조를 변화시키고 호라이즌 월드(Horizon Worlds) VR 앱 내에서 사용될 가상화폐로 비공식적 명칭인 '주크벅스(Zuck Bucks)' 출시를 앞두고 있다. 페이스북과 인스타그램 플랫폼을 활용한 디지털 경제를 만들기 위해 출시예정인 주크벅스 가상화폐는 테스트 후 미래의 메타버스에서 크리에이터들이 사용할 가상화폐의 전조가 될 수 있을 것으로 보인다. 이 가상화폐는 호라이즌 월드의 오큘러스 Quest VR 헤드셋 내에서 테스트될 예정이다. 그림 3-23의 월드 빌드(World Builder)란 기능은 가상공간에서 자신의 아바타를 직접 꾸미는 기능으로 직접 제작한 아바타로 전세계 유저들과 소통할 수 있다. 음성으로 이야기를 나누고 영화나 게임을 함께하며 액티비티한 접촉을 할 수 있다.

그림 3-23. 월드 빌드(World Builder)

대표적인 메타버스 게임인 '마인크래프트'처럼 월드 빌드(World Builder)는 기능이 단순하고 누구나 사용이 편리하다. 따라서 특별한 코딩 능력이 없어도 원하는 공간이나 환경의 게임을 개발해 갈 수 있고 누군가를 초대해 함께 즐길 수 있다. 호라이즌 로칼(Horizon Locals)이라는 가상의 도우미는 안내인으로써 어려운 문제를 도와주며 호라이즌 내 공간의 문화를 이끌어가는 역할을 한다. 이 공간은 기업들에게는 새로운 마케팅 공간으로써 광고판을 통한 광고 효과나 가상의 매장 운영 등을 통해 실제 세계의 제품들과 공유하며 활동을 이어 갈 예정이다. 이러한 특성들을 정리해 보면 표 3-10과 같다.

표 3-10. 페이스북 호라이즌(Facebook Horizon) 주요 특성 정리

제작사	Facebook	구동 플랫폼	오큘러스 VR
필요 장비	오큘러스 VR	수익 모델	광고, 홍보, 콘텐츠 제작 등
장점	• 실재감 있는 메타버스 플랫폼 • 콘텐츠 제작, 광고, 홍보 등 다양한 활동 기대	단점	오큘러스와 같은 VR 장비가 필요함
주 사용자 연령	전 연령층		

1.10 │ 도깨비(DokeV)

그림 3-24. 펄어비스의 도깨비(DokeV)

그림 3-24의 도깨비(DokeV)는 게임사인 펄어비스가 공개한 3인칭 오픈월드형 대규모 다중 사용자 온라인(MMO) 메타버스 게임 플랫폼이다. 펄어비스는 '도깨비'에서 '메타버스'와 'P2E(Play to Earn)'의 가능성을 동시 실험한다.

첫 데모 영상 공개 후 인지도가 급상승하였고 어린 시절 아이들이 밖에서 뛰어 놀 때 할 수 있는 상상 세계가 구현된 듯하다. 하지만 아직은 공개된 영상에서 보여지는 특성이 메타버스 플랫폼이라고 하기에는 상호작용성과 경제 원리 등이 명확하지 않아 새로운 오픈월드 게임 정도로 보여지고 있다. 또한 그림 3-25의

'검은사막 모바일'의 중국 공개 테스트(Open Beta Test) 이후 다소 부진한 성과로 우려의 목소리도 나오고 있다. 그 이유는 중국 현지의 규정으로 인한 초기 비즈니스 모델(BM)의 부진으로 평가하고 이에 따른 업데이트와 마케팅 전략을 추진하고 있다.

그림 3-25. '검은사막 모바일'의 중국 공개 테스트(Open Beta Test)

그러나 이러한 우려 속에서도 '도깨비(DokeV)'의 캐릭터 디자인의 완성도가 높고 그래픽의 퀄리티도 뛰어난 점을 고려할 때 앞으로 캐릭터 상품이나 교육 방송 등에서 활용도가 매우 높을 것이다. 따라서 높은 수준의 그래픽 기술과 자연스러운 AI 상호작용 기술이 게임 내에서 가능하도록 제작된다면 메타버스 플랫폼의 요소로 발전할 수 있을 것으로 보인다. 또한 게임 사업에 메타버스와 '대체 불가능한 토큰(NFT)'를 적용하는 방향을 적극 검토 중에 있다. 그리고 펄어비스는 자체 엔진 등 관련 기술력을 보유하고 있어서 NFT와 'P2E(Play To Earn·돈 버는 게임)'를 적용한 메타버스 플랫폼으로의 성장이 예상된다.

'도깨비(DokeV)'의 성장 가능성 이유는 다음과 같다.

1. 방대한 오픈월드

2. 어드벤츠 특성

3. 매력적인 캐릭터를 통한 세계관으로 인한 아이들의 감성과 일치

4. K-문화를 접목한 한국적인 감성과 동화적인 표현력

5. 이동수단을 활용한 추가적인 재미 요소와 게임 요소가 강점으로 작용

펄어비스는 최근 메타버스 게임 '도깨비(DokeV)'를 통해 광고 시장에도 진출하고 자 한다. '도깨비(DokeV)'내에 광고판을 배치하고 특정 영업점을 설치하는 등 국내 디지털 광고 시장을 공략하고자 한다. 실제 도깨비의 '록스타' 뮤직비디오에 등장한 캐릭터들이 그림 3-26에서처럼 엠넷, CGV 로고 아래의 무대공연 장면이 연출되기도 하였는데 광고를 통한 수익구조는 게임사에 새로운 수입원으로 부각되고 있다.

그림 3-26. 펄어비스 '도깨비'로 광고사업 도전

또한 키움증권의 최근 '메타버스 산업 전망' 보고서(그림 3-27)에는 게임사인 펄어비스가 도깨비로 광고 수익을 올릴 수 있다는 분석 결과도 나왔다. 분석 결과에 따르면 국내 디지털 광고 시장의 규모는 올해 8조 5000억 원으로 추정되는

데, 향후 2026년에는 그 규모가 11조 7780억 원까지 증가할 것으로 전망하였다.

이러한 현상은 지난 4월 메타버스 오피스 개발사인 컴투스에서도 나타난다. 컴투스도 신규 광고사업을 추진 중인데 계열사 위지윅스튜디오·엔피와 함께 합작법인 '컴투버스'를 설립하였다. 신규 광고사업을 할 수 있는 게임사로 메타버스 세계 내에서 각종

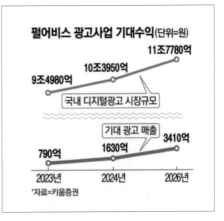

그림 3-27. 펄어비스 광고사업 기대수익(단위=원)

광고판, 건물을 비롯해 연예기획사와 제휴하는 등 다양한 광고사업을 추진할 예정이라고 한다. 이처럼 펄어비스를 비롯한 다양한 메타버스 플랫폼 기업들이 다양한 방법을 통해 새로운 수익 모델을 구축해 가고 있다. 이러한 펄어비스의 특성들을 정리해 보면 표 3-11과 같다.

표 3-11. 펄어비스의 도깨비(DoKeV) 주요 특성 정리

제작사	펄어비스	구동 플랫폼	플레이스테이션 4, 엑스박스 원, 마이크로소프트 윈도우, 엑스박스 시리즈 X 및 시리즈 S, 플레이스테이션 5, 모바일
필요 장비	PC, 스마트폰	수익 모델	광고 등 예상
장점	• 귀여운 캐릭터와 한국적인 정서가 담겨진 맵 • 캐릭터와 높은 그래픽 수준	단점	게임과 커뮤니케이션의 경계가 모호함
주 사용자 연령	전 연령층		

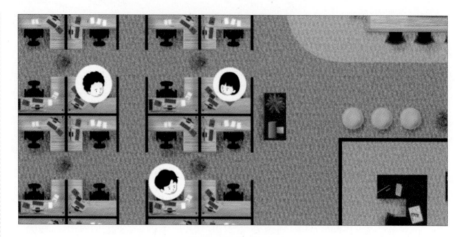

그림 3-28. 오비스(OVICE)

그림 3-28의 오비스(OVICE)는 게더타운과 비슷한 오피스 전용 플랫폼으로 자연스러운 온라인 커뮤니케이션을 목표로 한다. 혁신적인 도구를 활용해 사용자 간의 다양한 커뮤니케이션이 가능하며 아바타를 통해 사무실 공간을 움직인다. 프로필 사진을 통해 서로 간에 얼굴을 인식하며 업무공간, 이벤트 교류공간, 가상 사무실 등 다양한 형태의 오비스(OVICE) 공간 사례(그림 3-29)들이 존재한다. 브라우저 기반이라 별도의 프로그램 설치가 필요 없으며 근태 체크, 화면 공유, 음성채팅, 비밀채팅 기능 등을 통해 대부분의 일반 사무실과 동일한 업무를 비대면으로 진행할 수 있다. 가장 큰 장점으로 데스크탑 크롬에서 오비스로 로그인을 하다가 아이패드 크롬으로 바꿔 오비스에 로그인해도 내 기존 위치가 그대로 존재하며 이어서 업무가 진행된다. 즉 이동 중이거나 디바이스를 변경하여도 재로그인 없이 사용 가능하다는 것이다. 또한 디자인 레이아웃이 다양한 형태로 템플릿화 되어있어서 누구나 쉽게 사무실을 세팅할 수 있다. 수익구조는 사용료를 통해 발생하는데 1개월에 5만 원을 기준으로 1주일 단위의 프로젝트 팀도 사용 가능하다는 점에서 고객 니즈를 잘 반영하고자 하였다.

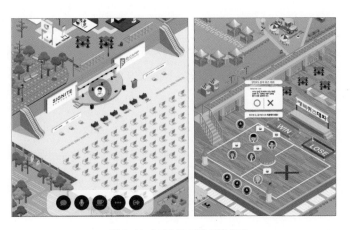

그림 3-29. 오비스(OVICE) 공간 사례

오비스(OVICE)는 교육, 커뮤니티, 오피스, 이벤트 등 다양한 형태의 메타버스형 공간을 구축하고 있는데 주요 기능을 살펴보면 다음과 같다. 기본적인 공간디자인에서 운영 컨설팅까지 한번에 설계가 가능한 올인원 서비스를 지원한다. 또한 사용자가 별도의 앱을 설치하지 않고도 인터넷 브라우저로 간편하게 접속 가능하도록 설계되어 있으며 2D 기반의 가상환경으로 성능을 최적화하였다. 따라서 대규모 인원을 수용할 수 있는 서버 환경이 구축되어 있다. 보안 수준도 높아 출입 데이터 기록과 관리가 용이하다는 장점과 문서에서부터 영상 등 링크를 통한 외부 서비스 연동이 쉽게 활용 가능하다. 그리고 그림 3-30에서처럼 실제 건물과 유사한 층별 가상공간 디자인 형태가 200개 이상의 프리셋으로 구성되어 있고 전문디자인이 만들어져 있다. 끝으로 다양한 서비스 사례들과 검증된 레퍼런스를 신규가입자들을 위해 제공하고 있다.

그림 3-30. 오비스(OVICE)의 가상공간 분류

오비스(OVICE)만의 장점으로는 기존의 화상채팅 기반의 서비스가 가지고 있는 실제 얼굴을 보면서 장시간 통화 시 오는 플랫폼의 피로감을 해방시켜 준다. 또한 실제 사무실에서처럼 단체 모임은 물론 소규모 모임이나 개별적인 커뮤니케이션이 가능하다는 점에서도 큰 장점이라고 할 수 있다. 비용적인 측면에서도 다소 저렴한 임대료와 맵 디자인 비용, 2D 기반이 가지는 장점으로 수백 명 동시 사용자에 대한 접속 서비스의 안정성과 자유로운 로그인을 통한 업무의 연속성, 방문자 기록 체크 기능을 통한 다양한 피드백 가능 등을 들 수 있다. 이러한 오비스(OVICE)의 특성들을 정리해 보면 표 3-12와 같다.

표 3-12. 오비스(OVICE)의 주요 특성 정리

제작사	(주)오비스 (한국)	구동 플랫폼	브라우저 기반
필요 장비	PC, 스마트폰, 태블릿	수익 모델	주/월 임대료
장점	• 로그인된 장비 간의 싱크로 끊김없는 업무 진행이 가능 • 다양한 템플릿 활용 가능	단점	• 2D 기반의 단조로운 디자인 • 몰입감 부족
주 사용자 연령	20대 이상 직장인		

1.12 | 마이크로소프트 메쉬(Microsoft Mesh)

그림 3-31. 마이크로소프트 메쉬(Microsoft Mesh)

마이크로소프트 메쉬(Microsoft Mesh)는 '이그나이트(Ignite) 2021' 컨퍼런스에서 '홀로렌즈 2(Hololens 2)'와 결합된 3차원(3D) 디지털 공간과 콘텐츠 협업 플랫폼인 'MS 메쉬(Microsoft Mesh)'를 공개했다. 메쉬 플랫폼은 사람들을 홀로그램과 연결하여 공간을 공유하고 전 세계 어디서와 협업 가능하도록 도와주는 마이크로소프트의 클라우드 플랫폼이며 페이스북의 오큘러스와는 다르게 개방적인 플랫폼이다. 메쉬 플랫폼은 애져(Azure)를 통해서 제공될 예정인데 애져는 Microsoft가 제공하는 퍼블릭 클라우드 플랫폼으로 컴퓨팅에서부터 데이터 저장, 애플리케이션 등 오픈 플랫폼으로서 다양한 서비스를 이용할 수 있다.

MS 메쉬는 가상현실(VR)·증강현실(AR) 기기를 활용하는데 홀로렌즈 2 기기를 끼고 메쉬 플랫폼에 접속하면 물리적으로 지역이 떨어져 있는 다른 사용자들이 함께 있는 듯한 상황을 경험한다. 사용자들은 심도 카메라 촬영 기술로 재현된 '실제 본인의 모습'으로 등장하거나 3D 그래픽으로 구현된 '디지털 아바타'의 모습으로 원거리의 동료들과 같이 대화를 하거나 일을 할 수 있다. 홀로그램으로 다른 사람에게 보이는 기능을 사용하기 위해서는 Azure Kinect인 3D 뎁스 카메라 그림 3-32를 별도로 설치해야 홀로그램으로 표현이 가능하다.

그림 3-32. Azure Kinect인 3D 뎁스 카메라

또한 웹캠이나 일반 카메라를 이용해서 2D 이미지 영상까지도 그 공간 안에 구현, 생활·교육·업무 같은 것을 모두 할 수 있다. 게임뿐만이 아니라 교육·업무·소셜네트워킹 등을 할 수 있도록 연결하는 것을 목표로 한다.

홀로렌즈(HoloLens) 2는 독립적으로 몰입감 있는 AR·VR 경험을 제공할 뿐만 아니라 오큘러스 VR 헤드셋 기기와 플랫폼으로도 접속 가능하며 스마트폰, 태블릿, PC로도 접속이 가능한 디지털 헤드셋 장치이다. 화상회의 어플인 팀즈(MS

Teams), 다이나믹 365(Dynamics 365) 제품들과 연동해 3D로 비대면 소통·협업을 지원한다. 시간과 장소를 구애받지 않고 3D 아바타를 통해 친구들과 협업하고 그림 3-33의 알트스페이스VR(AltspaceVR) 기능과 연동하여 가상회의나 업무들을 진행할 수 있다. 또한 3D 공간 오디오 기능을 통해서 상대방과 일치한 방향에서 사운드가 들리도록 시스템적인 설계가 이루어진다.

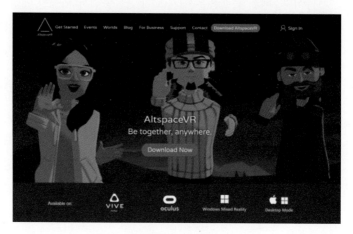

그림 3-33. 알트스페이스 VR(AltspaceVR)

홀로렌즈 2와 결합한 메쉬는 영화와 게임에도 적용돼 몰입감 넘치는 경험을 제공할 수 있고, 사용자들은 자신의 디바이스 종류와 상관없이 azure(애저 : Microsoft에서 만든 클라우드 컴퓨팅 플랫폼 및 인프라스트럭처 서비스) 클라우드 기반으로 구축된 메쉬 플랫폼 애플리케이션으로 서로 소통할 수도 있다. 이러한 마이크로소프트 메쉬(Microsoft Mesh)의 특성들을 정리해 보면 표 3-13과 같다.

표 3-13. 마이크로소프트 메쉬(Microsoft Mesh)의 주요 특성 정리

제작사	Microsoft	구동 플랫폼	Microsoft의 Azure 클라우드
필요 장비	홀로렌즈 2(Hololens 2)	수익 모델	업무용 임대료 수익 예상
장점	• 몰입감 넘치는 경험을 제공 • 3D로 비대면 소통·협업을 지원 • 실시간 원격지원 가능	단점	• 높은 장비 가격으로 아직은 대중화 어려움
주 사용자 연령	전 연령층/기업체		

그림 3-34. 엔비디아 옴니버스(NVIDIA Omniverse)

그림 3-34의 엔비디아 옴니버스(NVIDIA Omniverse)는 개방형으로 구축된 클라우드 네이티브 플랫폼으로 보다 빠르고 간편한 디자인 워크플로우를 가속화하고 실시간 협업을 위해 지원한다. 기본적으로 크리에이터, 엔지니어, 연구자들의 협업이 진행되는 가상세계들을 모두 연결하는 것을 목표로 하고 있다. 즉 옴니버스는 3D 디자인 협업과 디지털 트윈을 기반으로 물리적으로 정확한 실시간 시뮬레이션을 위한 멀티 GPU(Graphics Processing Unit)를 지원하기 위한 오픈 플랫폼이다. 또한 노트북에서 서버까지 모든 엔비디아의 RTX(Realtime Ray-Trace) 그래픽 렌더링 기술로 디바이스에서 실행되며, 복잡한 3D 제작 워크플로우를 변화시키고자 한다.

엔비디아 창립자 겸 CEO인 젠슨 황(Jensen Huang)은 2020 GTC(GPU Technology Conference)의 기조연설에서 옴니버스의 업데이트 및 시뮬레이션, 실시간 GPU 렌더링을 강조하는 내용을 발표하였다. 건축, 엔지니어링, 건설(AEC) 전문가를 위한 Omniverse View에서부터 미디어와 엔터테인먼트와 제조, 제품 디자인 전문가와 디자이너 그리고 크리에이터를 위한 Omniverse Create, 3D 딥 러닝 연구사를 위한 Omniverse Kaolin 등이 대표적인 사례이다. 또한 엔비디아 옴니버스는 아티스트들이 자체적으로 보유한 전산실 서버에 직접 설치해 운영하는 방식인 온프레미스(On-premise)와 클라우드 환경에서 구동되는 소프트웨어 애플리케이션 전반에 걸쳐 실시간 협업이 가능하도록 돕는 것이 특징이다. 그리고 엔비디아 옴니버스는 3D 장면에서 협업이 가능한 픽사(Pixar)의 USD(Universal Scene Description)와 엔비디아의 RTX 기술을 활용하여 아티스트들이 전세계 어디서든지 애플리케이션을 쉽게 사용할 수 있도록 하고 동료들과 고객들이 서로 실시간으로 공동작업할 수 있도록 지원한다.

RTX 기술이 적용된 '옴니버스 뷰'

실시간 렌더링은 일반적으로 초당 30프레임이나 60프레임의 이미지를 생성하는데, 적합한데 오프라인 렌더링은 CPU로 렌더링할 경우 프레임당 몇 시간이 걸린다. 최고 속도를 구현하기 위해서는 지오메트리 단순화에서 베이킹 조명 및 일반 지도에 이르기까지 많은 코너가 잘려나가는 경우가 발생하며 이는 이미지 품질을 떨어뜨릴 수 있다. 이를 극복하기 위해 엔비디아 옴니버스는 옴니버스 뷰(Omniverse View)를 통해 새로운 유형의 렌더링을 도입했다. 이 모듈은 여러 엔비디아 RTX GPU로 가속화되며, GPU 어레이에서 뛰어난 확장성을 제공하여 대규모 장면에서도 고품질의 실시간 출력이 가능하다.

옴니버스 뷰는 옴니버스 내부의 다른 애플리케이션이나 사용 중인 3D 애플리케이션에서 직접 집계한 3D 콘텐츠를 표시한다. 또한 언리얼 엔진(Unreal Engine) 및 유니티(Unity)와 같은 상용 게임 엔진과 오프라인 렌더러를 지원하도록 설계되어 있고 그림 3-35와 같이 실시간 협업이 가능하다.

NVIDIA Omniverse는 복잡한 3D 워크플로우를 가속화하고 가능성 있는 아

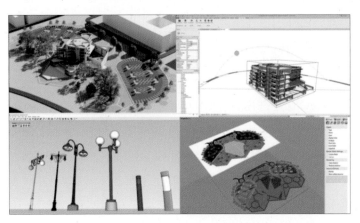

그림 3-35. 실시간 협업 장면 : 레빗(Revit), 스케치업(Sketchup), 라이노(Rhino), 옴니버스 뷰(Omniverse View)

이디어와 혁신 기술을 시각화하고 시뮬레이션과 코딩을 할 수 있도록 획기적이고 새로운 방법을 지원한다. 옴니버스 뷰(Omniverse View)를 통해 레이 트레이싱(Ray Tracing), AI, 컴퓨팅과 같은 복잡한 기술을 3D 파이프라인에 통합하는 데 더 이상 비용을 지출하지 않아도 된다는 이점이 있다.

확장현실(XR)의 미래를 형성하는 가장 큰 3가지 트렌드를 살펴보면 다음과 같다.

물리적 세계와 디지털 세계를 5G와 융합

현재 많은 회사와 크리에이티브 팀은 빠른 속도와 낮은 지연시간을 제공하는 5G 네트워크를 사용해 사실적인 위치 기반 확장현실(XR)의 경험을 제공하며 몰입형 엔터테인먼트의 미래를 이끌어 가기 위해 노력한다. NVIDIA CloudXR과 RTX 기술이 5G의 강력한 기능과 결합한다면 3D 몰입형 환경을 자유롭게 탐색하고 더욱 생생하고 사실적이며 역동적인 경험이 가능하다.

최근 NVIDIA CloudXR은 그림 3-36의 그린 플래닛 AR 경험(Green Planet AR Experience)이라는 '사람과 자연을 연결하는 물리적 세계와 디지털 세계를 결합한 인터랙티브한 증강 현실'을 제공하기 시작했다. 이러한 새로운 형태의 몰입형 경험은 5G 네트워크를 통해서만 가능하다.

그린 플래닛 AR 경험(Green Planet AR Experience) VM웨어(VMware)

그림 3-36. 확장현실(XR)의 미래 사례

실시간 협업을 통한 확장현실 세계 설계

실시간 협업의 작업 환경에 적응하는 조직들이 많아지는 가운데 가상세계 미래 기술은 전문가들이 어디에서나 콘텐츠를 제작하고 누구에게나 그 기술을 제공할 수 있도록 해야 한다. NVIDIA Omniverse의 플랫폼인 확장현실(XR) 스트리밍은 그 원리가 원격 설계팀들로 인해 기존의 창작과 협업의 방식을 변화시킬 것으로 보인다. 3D 워크플로우를 위한 실시간 RTX 기반 시뮬레이션 플랫폼인 Omniverse는 세계 도처에 있는 팀들이 CloudXR과 Omniverse와 같은 솔루션을 사용해 고품질 환경을 유지하면서 전 세계 어디에서나 모바일 확장현실 장치로 몰입형 환경을 스트리밍할 수 있다는 것을 뜻한다.

고급 확장현실 툴을 통해 고충실도의 가상환경 제공

교육, 디자인, 엔터테인먼트, 증강된 워크플로우, 협업, 로보틱스 등 소비자와 기업들에게 몰입형 기술이 중요해지는 시점에서 증강현실(XR)에 대한 사용 사례가 증가하고 있다. 따라서 고급 몰입형 기술에 대한 필요성도 함께 늘어나고 있는데 스트리밍 증강현실은 몰입형 애플리케이션 서버를 구축하는 조직도 늘고 있다. 이런 서버를 통해 사용자는 확장현실 애플리케이션을 인공지능(AI)과 기타 컴퓨팅 부하와 결합할 수 있다.

그림 3-36의 VM웨어(VMware)와 같은 기업은 NVIDIA와 협력해 고품질의 몰입형 경험을 위해 인프라, 엣지 서비스와 최종 사용자 환경을 제공한다.

엔비디아는 게임 개발자를 지원하기 위한 새로운 옴니버스 플랫폼을 공개하였는데 최신 기능으로 옴니버스 오디오 투 페이스(Audio2Face), 옴니버스 뉴클러스 클라우드(Nucleus Cloud), 옴니버스 딥서치(DeepSearch) 업데이트와 함께 언리얼 엔진5, 옴니버스 커넥터(Unreal Engine 5 Omniverse Connector)를 추가하였다.

인공지능을 활용한 게임 캐릭터 표정 애니메이션화

옴니버스 오디오 투 페이스

그림 3-37. 게임 개발자를 위한 옴니버스 플랫폼 구성요소

옴니버스 오디오 투 페이스(Audio2Face)는 캐릭터 아티스트가 오디오 파일만으로도 고품질의 얼굴 애니메이션 생성이 가능한 엔비디아 AI 기반 애플리케이션이다. 얼굴의 모든 부분에 특징적인 애니메이션을 적용하는 풀 페이스 애니메이션을 지원하며, 아티스트는 감정적인 요소까지 제어할 수 있다. 이처럼 기술력을 바탕으로 산업 전반의 활용방안으로는 다양한 사례와 제안이 가능하다. 하지만 기술적인 우수성과 다양한 기능들에 비해 구체적인 커뮤니티의 방법과 대중적인 활용도면에서는 명확한 가이드가 제시될 필요가 있어 보인다. 메타버스 세상이 가지는 대중적이고 소통 중심적인 공간 특성을 고려할 때 어떻게 정보를 공유하고 삶을 즐기며 경제적인 활동을 추구할 것인가에 대한 방법론이 제시되었으면 한다. 이러한 엔비디아 옴니버스(NVIDIA Omniverse)의 특성들을 정리해 보면 표 3-14와 같다.

표 3-14. 엔비디아 옴니버스(NVIDIA Omniverse)의 주요 특성 정리

제작사	엔비디아(NVIDIA)	구동 플랫폼	USD(Universal Scene Description) 워크플로우, 옴니버스, 개방형 플랫폼.
필요 장비	• 휴대용 게임 콘솔인 쉴드 포터블(Shield Portable), 쉴드 태블릿(Shield Tablet), 쉴드 안드로이드 TV(Shield Android TV) 및 클라우드 게이밍 서비스 지포스 나우(GeForce Now)를 제공 • AR 환경-커스텀 온프레미스 GPU 엣지 렌더링 스택	수익 모델	다방면에서 연계 가능
장점	• 디지털 트윈을 통한 시뮬레이션 활용 • 협업을 통한 프로젝트에 적합 • 뛰어난 그래픽과 기술력 보유	단점	• 3D 기술 대중화 적용의 필요성 • 소통 방식의 다양한 접근 필요 • 우수한 기술력을 확장시켜 줄 활용방안이 필요함
주 사용자 연령	기업체 및 전 연령층 가능		

| 4장 |

메타버스를 위한
유니티 기초 입문

──── 학습 목표 ────

유니티를 설치하고 인터페이스를 익혀 유니티를 제어하며 메타버스 콘
텐츠를 제작하기 위한 기본 툴을 학습한다. 그리고 유니티 엔진이 무엇
이며, 유니티의 게임 오브젝트 주요 컴포넌트를 이해한다.

1 〉 유니티 설치 및 환경 세팅

메타버스를 제작하기 위한 유니티를 설치하고 유니티 엔진은 무엇이며, 가장 많이 사용하는 컴포넌트는 어떤 것인지 살펴보자.

1.1 ▎ 유니티 설치 및 설정

메타버스를 위한 유니티 설치를 위해 유니티 홈페이지(unity.com/)에 접속하고 메뉴에서 'Get started' 버튼을 클릭한다.

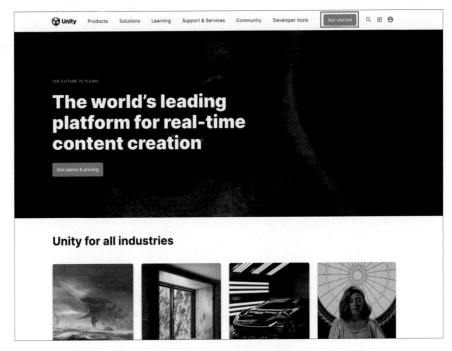

그림 4-1. 유니티 홈페이지 시작 화면

individual → Personal(Free)의 'Get Started' 버튼을 클릭하여 무료 버전을 설치한다. 유니티는 모든 업종과 전문성 수준에 적합한 다양한 플랜을 제공하고 모든 플랜은 로열티가 부과되지 않는다.

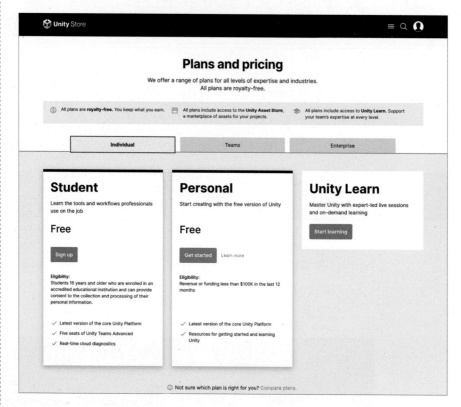

그림 4-2. 유니티 다운로드 방법 선택

회원이 아니라면 신규회원으로 가입한다. 기존 구글 계정 및 기타 SNS 계정으로 회원 연동 가능하다.

 체크 포인트

Student (학생조건)

이용 요건 : 공인 교육 기관에 등록되어 있고 개인 정보 수집 및 처리에 동의할 수 있는 16세 이상의 학생이다.

그러나 대학생은 Personal 버전으로 클릭하여 사용하길 권하며, 동의 심사절차가 있으니 (기간내 심사) 클릭으로 빠른 설치한다.

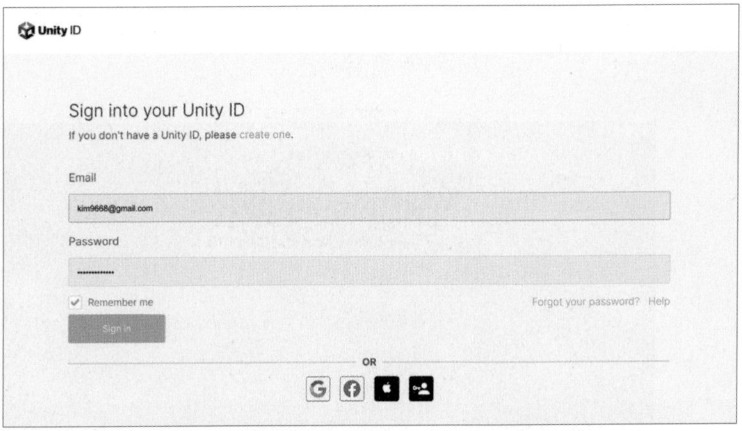

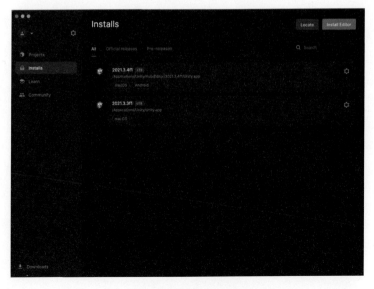

그림 4-3. 로그인 및 계정 생성 방법 선택

가입 후 다운로드하면 유니티 허브가 설치된다. 유니티 프로그램은 업데이트가 자주된다. 그 중 최신 'LTS' 버전을 공식 홈페이지(unity.com/releases/lts-vs-tech-stream)에서 설치해야 한다. LTS(장기지원버전: Long Term Support)는 안정화 버전이며 최신 LTS 버전을 권장한다.

라이센스 활성화 동의하고 클릭하면 순서대로 어렵지 않게 설치 가능하며, 유니티 허브에서 선택할 수도 있다.

그림 4-4. 유니티 허브 화면

유니티 허브에서 오른쪽 '설정' 아이콘(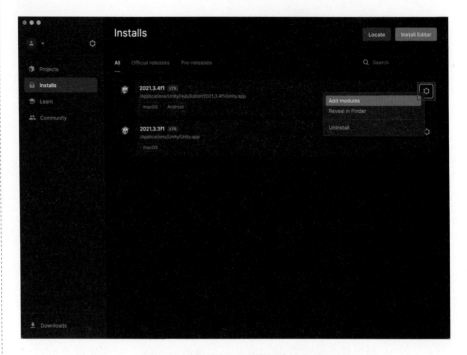)을 클릭하면 해당 버전을 선택할 수 있다.

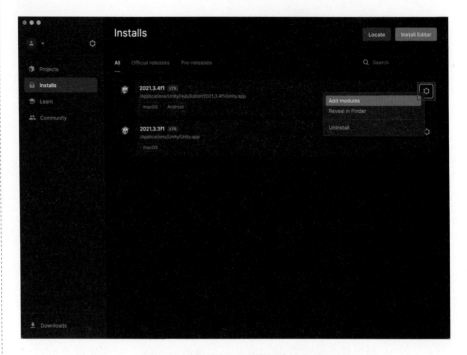

그림 4-5. 버전을 선택하기 위해 '설정' 아이콘 클릭

설치 시 다운되는 옵션 중 'Add modules'를 클릭 후 "C#" 에디터인 Visual Studio 2019 버전 및 기타 플랫폼 Build Support Tools를 추가 설치할 수 있다.

이 책에서는 입문 초급자용으로 개별 Visual Studio Code 버전(가벼운 버전으로 별도 설치함 : code.visualstudio.com/)을 대체 사용하므로 체크 해제하여 설치하지 않는다.

다만, AR/VR를 위해 해당 모바일 디바이스에 사용될 안드로이드 'Android SDK & NDK Tools'와 'OpenJDK'를 체크 표시하여 설치한다.

그림 4-6. 안드로이드 'Android SDK & NDK Tools'와 'OpenJDK'를 체크 표시

새로운 프로젝트 시작을 위해 'Project' → 'New Project' 버튼을 클릭한다. 템플릿이 표시되면 '3D Core'를 선택하고 해당 프로젝트 이름과 경로를 설정한다. 모든 설정이 끝났다면 'Create Project' 버튼을 클릭한다.

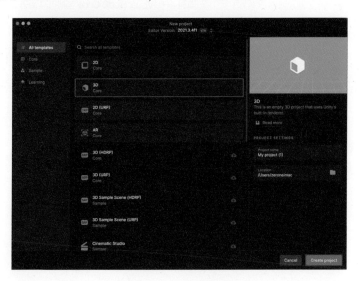

그림 4-7. New Project 화면

 체크 포인트

아래 템플릿에서 VR /AR 기능을 사용할 때 이미 설정된 템플릿을 선택하면 편리하다.

C# 코드를 편리하게 작성하기 위해 별도의 Visual Studio Code를 다운로드해야 한다. 구글에서 'VSCode'라고 검색하여 홈페이지(code.visualstudio.com)에 접속한다.

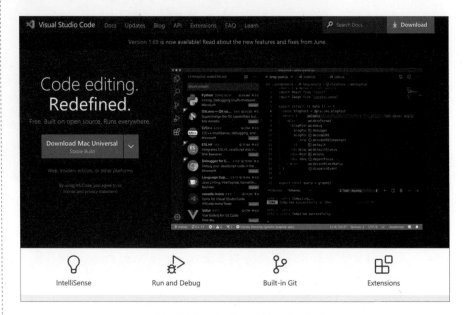

그림 4-8. Visual Studio Code 홈페이지 화면

사용자 버전에 맞게 다운로드하고 설치하여 실행한다. 이 책는 Visual Studio Code로 C# Script를 편집 사용한다.

유니티 LTS버전(안정화 버전)은 설치 이후에도 업데이트 가능하니 반드시 LTS 버전으로 사용하길 권장한다.

프로젝트 실행하면 화면이 나타난다. 유니티 인터페이스는 다음과 같다.

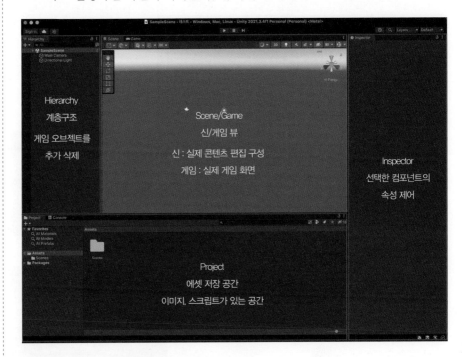

Hierarchy : 게임 오브젝트를 추가/삭제할 수 있는 계층구조 창(윈도우 폴더와 유사)이다. 기본적(디폴트값)으로 카메라와 라이트가 있다.

Scene : 실제 게임 오브젝트 등을 활용하여 인터페이스를 구성하고 편집하는 공간이다.

Game : 카메라가 바라보는 화면 실제 게임이 실행되면 이 창에서 보는 것과 동일하다.

Project : 에셋의 저장 공간. 유니티 프로젝트를 위한 소스 창고라고 이해하면 된다.

Console : Debug 출력 시 데이터 결괏값을 나타낸다.

 체크 포인트

Console은 상단 메뉴(Windows) → General → Console(Ctrl+Shift+C)을 실행하여 표시할 수 있다.

레이아웃 구성을 작업에 최적화 된 모습으로 변경한다. 오른쪽 상단 Inspector
패널 상단의 'Default(디폴트)'를 클릭하면 아래와 같은 화면이 표시된다.

각각의 창 최대 활성화 단축키로 각 패널을 선택하고, Shift + Spacebar 를 누른 상
태로 클릭하면 클릭할 때마다 확대와 축소를 할 수 있다.

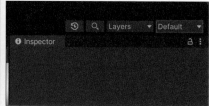

최적화된 프로젝트를 위해 '2 by 3'
을 선택하고 화면 레이아웃을 변경
한다.

자주 사용하는 인터페이스는 해당 이름을 설정하고 독립적으로 저장할 수 있다. 원하는
레이아웃을 변경 후 아래 'Save Layout…'을 선택하면 이름을 지정하고 저장할 수 있다.
리스트에 저장한 이름이 나타난다.

이 책에서는 2 by 3 레이아웃에서 변형된 설정을 권장한다.

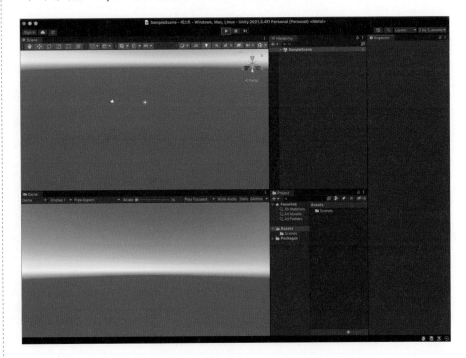

화면에서 중앙 상단에 위치한 '플레이' 버튼을 선택하면 게임이 실행되는 화면을 볼 수 있다. 그러나 초보자들이 가장 실수가 많은 부분으로 플레이되는 중 저장하지 않아 데이터를 손실하는 경우가 발생되기에 인터페이스 플레이모드 컬러를 변경하는 것을 추천한다.

WIN : (Edit) → Preferences…

MAC : (Unity) → Preferences

여기서 2가지 설정을 한다.

① Preferences 대화상자의 Colors → Playmode tint에서 원하는 컬러를 지정
할 수 있다. 경고의 의미로 눈에 띄는 컬러로 지정한다.

② Preferences 대화상자에서 External Tools를 'Visual Studio Code'로 지정
한다.

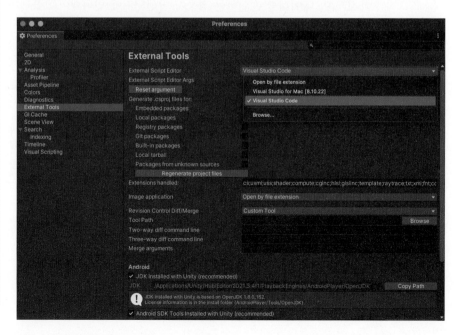

유니티 주요 특징

유니티는 다음과 같은 3가지 특징을 갖고 있다.

① 2D/3D/AR/VR core 사용자가 원하는 플랫폼을 쉽게 구성하고 업데이트를 지원한다.

② 유니티 에셋 스토어(Asset Store)를 지원한다. 에셋 스토어는 오픈마켓으로 유니티에서 사용할 수 있는 소스를 제공한다. 2D/3D로 만들어진 콘텐츠를 그리고, 사운드 파일 등 무엇을 만들 때 재료를 무료 또는 유료로 다운로드하며 사용자가 올릴 수도 있는 오픈마켓 플랫폼이다.

③ 유니티는 동적제어를 C# 스크립트 제공으로 원하는 콘텐츠를 컨트롤 할 수 있게 도와준다.

유니티 콘텐츠 구조는 '신 – 게임 오브젝트 – 컴포넌트'로
구성되어 있다.

영화, CF, 기타 영상물을 보면 신(Scene)으로 구성되어 있다.
각각의 신들이 모여서 하나의 영화를 구성한다.

유니티도 마찬가지로 신들(Scenes)의 구성으로 이루어져 있다.

Project 패널의 Scenes 폴더에서 추가 신을 생성할 수 있고, 기본으로 'Sample
Scene' 파일이 있다. 마우스 오른쪽 버튼을 클릭한 다음 Create → Scenes를
실행하여 생성할 수 있다.

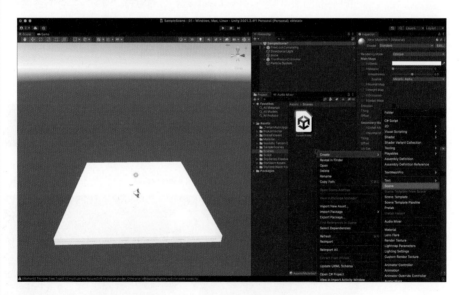

신(scene)은 메인 신에서 서브신 1, 서브신 2, 서브신 3 등으로 이동할 수 있다.
신 매니저를 통해 로드된(부르는) 신을 호출하여 다음 신으로 이동된다.

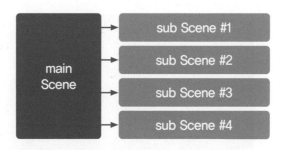

제일 상위 큰 순서별로 신 구조 하위는 게임 오브젝트, 그 하위는 컴포넌트, 그 하위는 프로퍼티로 단계별로 구성되어 있다.

Scene 〈 GameObject 〈 Components 〈 Property

유니티 에셋을 Import(파일을 불러서 옴)하여 Create(재편집 및 새로운 오브젝트 작업)하고 Build(실제 게임 또는 VR/AR 등의 파일로 변환)한 다음 Distribute(분해 : 작업자와 상관없음) 되어 Load(웹서버, 클라우드 등 온라인으로 업로드)되는 작업 프로세스를 거친다.

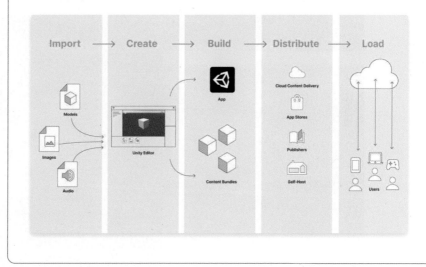

처음 유니티를 실행하기 위해 허브를 실행해야 하고, 허브를 통해 다양한 프로젝트를 시작할 수 있다.

먼저 유니티 허브를 실행하고 두 번째 '3D Core' 버튼을 클릭한다. 원하는 이름을 자유롭게 입력하고 'Create project' 버튼을 클릭하여 새 프로젝트를 실행한다.

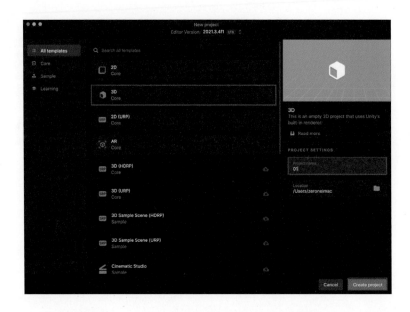

유니티가 실행되면 Hierarchy 패널에서 마우스 오른쪽 버튼을 클릭한 다음 3D
Object → Cube를 실행하여 오브젝트를 만든다.

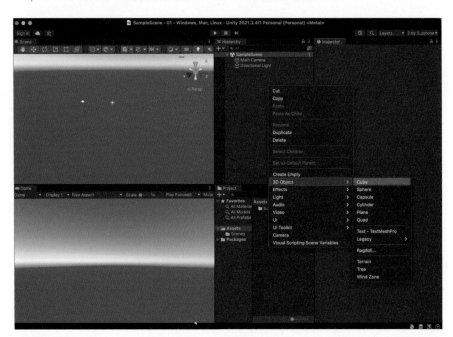

 체크 포인트

이후 실행 파일은 동일하며, 분야별 core 선택은 해당 리스트에서 VR/AR 선택 후 실행하면 된다.

큐브 오브젝트가 만들어지면 Inspector 패널에 기본 컴포넌트가 자동적으로 구성된다.

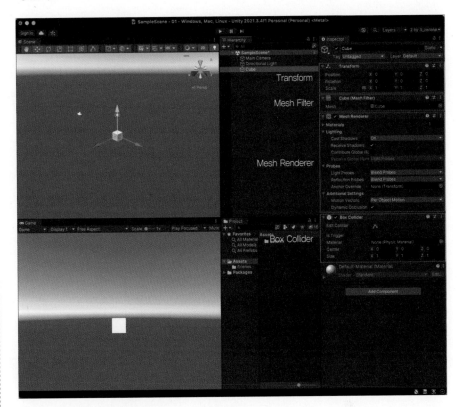

Transform(기본 형태) : 위치, 회전, 크기 등의 정보

Mesh[1] Filter(형태) : 큐브 형태를 표시

Mesh Renderer(형태) : 매테리얼 등 3D 표현 렌더링에 해당되는 요소

Box Collider : 충돌판정 '콜라이더' 정보

 체크 포인트

1 Mesh : 표면이라는 의미

따라서 유니티 오브젝트는 컴포넌트들의 집합 요소다. 각각 컴포넌트 요소를 추가, 삭제할 수 있다. 그렇다면 컴포넌트는 무엇이 있는지, 가장 많이 사용하는 컴포넌트부터 알아둘 필요가 있다.

Transform	Rigidbody	Collider	Mesh Filter
Mesh Renderer	Camera	Audio Source	Audio Listener
Light	Script		

이와 같은 형태가 기본 메인 컴포넌트를 구성하여 Hierarchy 패널에서 구성하는 컴포넌트 요소들로 주요 콘텐츠를 만들 수 있다.

유니티는 1개의 게임 오브젝트에 n개의 컴포넌트가 구성되어 있다.

유니티의 구조

• 기본적으로 1개의 Game Objectd 1개의 Object와 n개의 Components로 구성

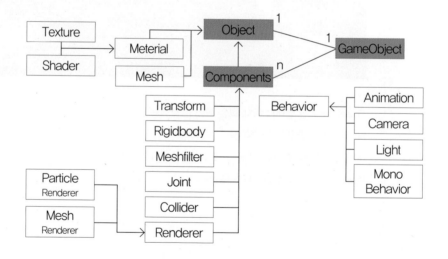

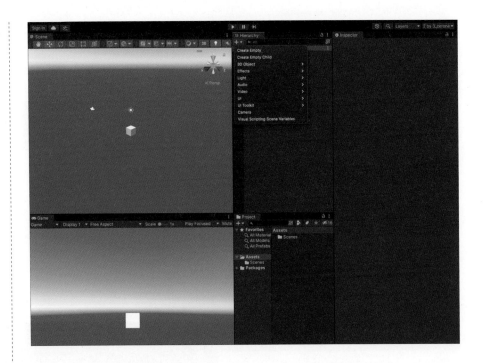

Hierarchy(계층구조), Project(Assets들의 재료 모음 창), Inspector(각 컴포넌트 옵션 정보) 등으로 이루어져 있으며, 함께 모여있어야 프로젝트 만들 때 편리하다. 드래그 앤 드롭을 상호작용할 일들이 많기 때문에 레이아웃 구성은 그림과 같이 구성하는 것을 추천한다.

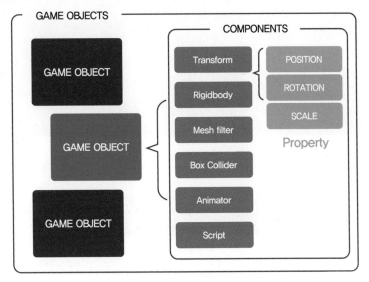

유니티 구성을 C#으로 구성한다면 하위 속성으로 단위는 '점(dot)'으로 표시한다.

위치 이동, 회전, 크기

GameObject > Transform > Position, Rotation, Scale

다음과 같이 하위 속성 구분자로 점 표기를 사용한다.

```
gameobject.transform.Position
```

기본 Transform 구성은 다음과 같다.

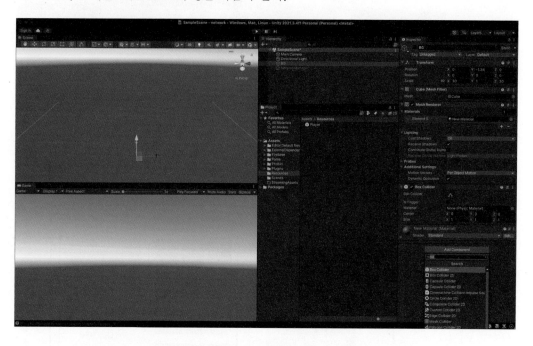

아래 툴바 왼쪽을 기준으로 단축키 Q, W, E, R, T, Y를 많이 사용한다.

1 Q : 상하 좌우 이동

2 W : 3차원 좌표 이동

3 E : 오브젝트 회전

4 R : 크기 변형

5 T : 이동 및 크기 변형

6 Y : 통합 툴로 이동/회전/크기 변형

자주 사용하는 단축키

Alt : 누른 상태로 클릭하여 움직이면 각도 조절이 된다.

마우스 휠 : 줌 In/Out 기능이 있다.

마우스 오른쪽 버튼 : 좌우 공간 시야 확보를 위해 이동된다.

F : 화면 중앙으로 돌아간다. 오브젝트를 더블클릭해도 동일한 기능이다.

V : 모서리 위치 이동 시 활용한다(스냅 기능).

Ctrl + D : 게임 오브젝트를 복사할 때 사용한다.

Ctrl + P : Play 화면 기능이 실행된다.

Ctrl + Shift + F : Hirerarchy 패널에서 메인 카메라를 선택 후 단축키를 누르면 카메라와 신 창이 동일하게 맞춰진다. 메뉴의 (GameObject) → Align With View 기능과 같다.

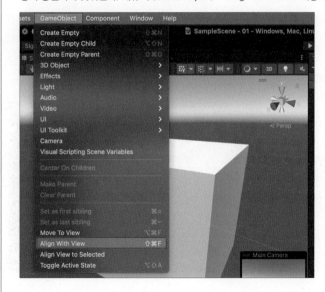

Shift + Spacebar : 단축키를 누르면 Maximize 최대활성화가 이루어지고, 다시 누르면 원위치로 돌아간다. 각 패널의 '옵션' 아이콘(▮)을 클릭하고 'Maximize'를 선택한 것과 같은 기능이다.

캐릭터는 x, y, z 좌표에서 빨간색과 파란색 중간의 사각형을 선택한 상태로 이동하면 x, z 좌표 조건에서만 이동된다. 따라서 y 좌표는 제외된 조건으로 이동되므로 상하로 움직이지 않는다.

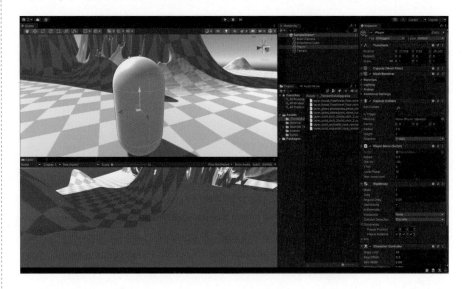

2 〉 유니티 기초 입문

2.1 │ 오브젝트 만들기

오브젝트는 유니티에서 제공되는 내장된 오브젝트를 이용하여 만들 수 있고, 에셋스토어에서 다운로드할 수 있으며, 스스로 3D 프로그램을 이용하여 직접만든 것을 다운로드할 수 있다. 또한 유니티에서 제공하는 Unity ProBuilder(docs.unity3d.com/Packages/com.unity.probuilder@5.0/manual/installing.html)라는 플랫폼 패키지를 다운로드하여 만들 수도 있다.

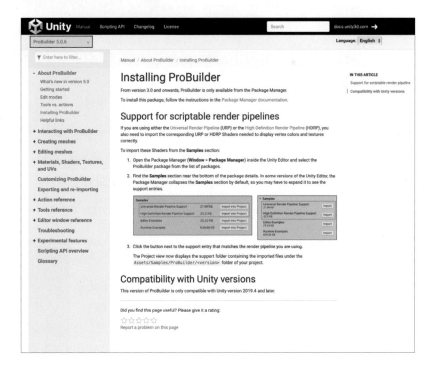

Hierarchy 패널에서 '+' 아이콘을 클릭하고 3D Object → Plane을 선택하면 바탕에 해당되는 오브젝트가 생성된다.

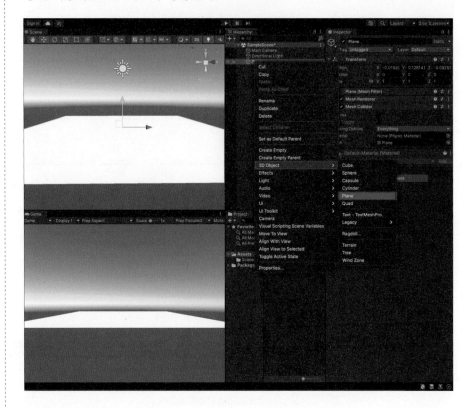

Scene 패널 화면 오른쪽 상단에 있는 3D 입체 형태를 기즈모(Gizmos)라고 한다. 기즈모는 현재 신 콘텐츠의 방향에 해당되는 부분을 조절하여 위치와 각도를 컨트롤러하는 네비게이션의 역할이다. 기본 방향 값으로 Y 값은 상위, X 값은 오른쪽으로 향하는 것으로 기본 보기 각도가 설정되어 있다.

기즈모는 크게 2가지 형태가 있다.

Perspective(투시 적용) : 원근 모드라고 하며, 멀고 가까운 우리 눈이 보는 원근감을 나타낼 때 사용한다.

Orthographic(수학적 계산 중심, 미투시) : 직교 모드라고 하며, 오쏠그래픽이라고 한다. 원근감이 없는 왜곡이 없는 계산된 화면을 나타낸다.

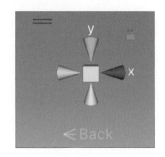

좌우 x, y, z 좌표를 누를 때마다 변경되며, 기즈모의 중앙 사각 박스를 클릭하면
오솔그래픽(Orthographic) 모드 또는 퍼스펙티브(Perspective) 모드로 변경한다.

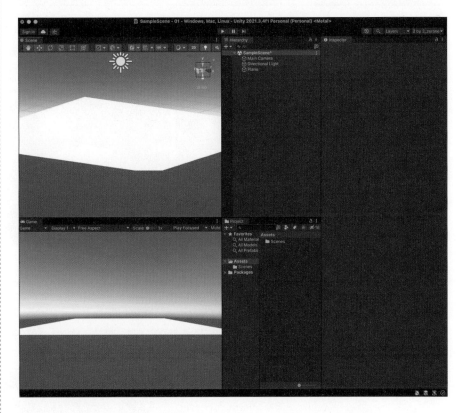

〈Orthographic Mode〉 투시가 없는 화면 상태로 ISO라고 표현한다.

연습 과제

연습 01

큐브 오브젝트로 의자 응용해서 만들기

큐브 오브젝트를 이용하여 간단한 의자 오브젝트를 만들어 보며, 오브젝트 활용 능력을 키워보자.

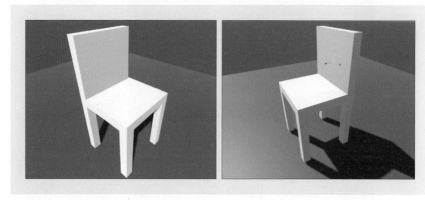

❶ Hierarchy 패널에서 Plane 생성하고 매테리얼 색을 지정하여 적용하려고 한다. Hierarchy 패널에서 마우스 오른쪽 버튼을 클릭한 다음 3D Object → Plane을 실행하여 만든다. Project 패널에서 마우스 오른쪽 버튼을 클릭한 다음 Create → Material을 실행하고, Inspector 패널에서 Main Maps → Albedo 옆 컬러 색상을 선택 후 다음과 같이 컬러 색을 지정하면 된다.

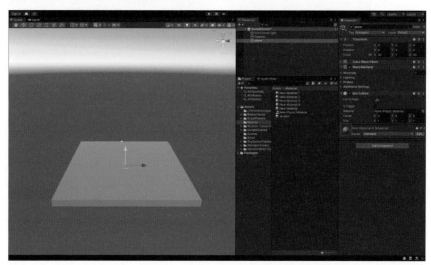

❷ 동일한 방법으로 Hierarchy 패널에서 마우스 오른쪽 버튼을 클릭한 다음 3D Object → Cube 실행하여 큐브 오브젝트를 만든다. Inspector 패널에서 Transform의 Scale X를 '1', Y를 '7', Z를 '1'로 설정하여 기둥 모양으로 만든다.

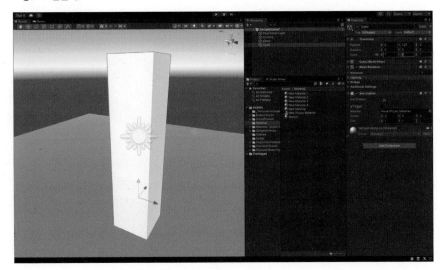

❸ 4개의 다리를 구성하기 위해 만든 오브젝트를 복사하려고 한다. 만든 큐브 오브젝트를 선택하고 Ctrl +D를 눌러 복사하고 적절하게 이동한다. 이때 다른 방향으로 이동하지 않도록 정확한 수평 방향으로 이동 시에는 X, Z 2개의 방향이 선택할 수 있게 아래 X, Z와 직각 형태의 바닥면을 선택하여 이동한다. X, Z 조건에서 이동되므로 Y 영향은 완전히 제외되어 이동된다.

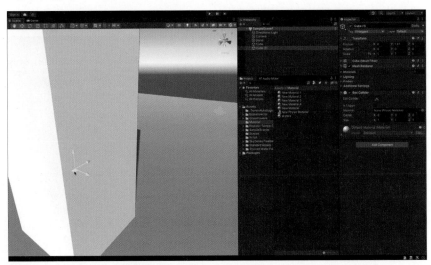

❹ 각각 4개의 다리로 이동 배치하고 한다. 받침대를 만들기 위해 새로 큐브 오브젝트를 만들어도 되고, 기존 큐브 오브젝트를 복사한 다음 재설정으로 크기 값을 수정해도 된다. 이때 중요한 포인트는 각각 모서리 부분에 정확하게 일치시켜야 한다. V를 누른 상태로 이동하면 스냅 기능이 활성화되어 모서리 부분에 자석처럼 일치시켜 이동할 수 있다.

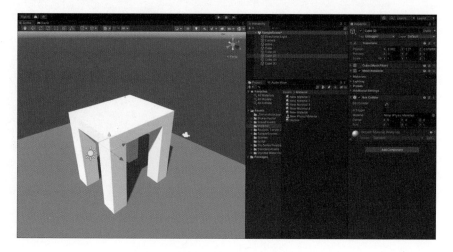

❺ 마지막으로 허리 받침을 만들기 위해 큐브 오브젝트를 생성하거나 기존 받침으로 만든 큐브 오브젝트를 복사하여 만든 후 각도를 세워서 오브젝트에 일치시켜 주면 의자가 완성된다. 회전해야 하는 부분은 마우스로 직접 움직일 수 있지만, Transform에 정확한 수치값을 넣으면 180° 회전을 할 수 있다. 더 정확한 회전 방법이므로 활용하길 권장한다. 같은 방법으로 V를 눌러 스냅을 활성시킨 상태로 모서리 끝부분을 자석 스냅으로 편리하게 배치하여 완성한다.

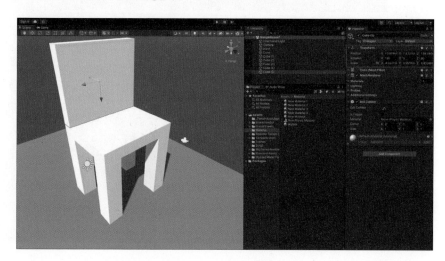

2.2 | Prefabs

프리팹(Prefabs)은 이미 만들어진 독립된 오브젝트를 하나의 템플릿화로 구성하는 Asset 오브젝트다. 프리팹은 건축 용어에서 빌려온 단어로 '리뉴즈를 효율성을 높이기 위해 재사용한다.'는 의미를 갖고 있어 만드는 과정이 간단하다. Hierarchy 패널에서 구성된 오브젝트들을 그룹화하여 하나로 묶은 다음 Asset이 있는 Project 패널에 그대로 드래그하면 파란색으로 프리팹이 만들어진다. 프리팹은 Hierarchy 패널에서 삭제해도 Project 패널에서 다시 추가하여 재사용 가능하며, 스크립트와 제어할 때 Inspector 패널에 드래그하여 삽입할 수 있다. 프리팹 수정은 Project 패널 Asset에 있는 프리팹을 더블클릭하여 하위 속성으로 들어가서 수정할 수 있다.

프리팹은 수정하기 위한 개별 윈도우 환경을 제공한다.

더블클릭하면 활성화되어 별도의 창(배경 어두운 파란색)으로 들어오게 되며, 수정 편집이 가능하다. Hierarchy 패널은 개별 프리팹 계층 구성만 나타내며, 다시 빠져나올 때는 프리팹 오브젝트의 왼쪽에 있는 ‹를 클릭하여 나올 수 있다. 또한 프리팹이 된 오브젝트는 Inspector 패널에 별도의 프리팹 옵션이 추가되어 Open, Select, Overrides 옵션을 제공한다.

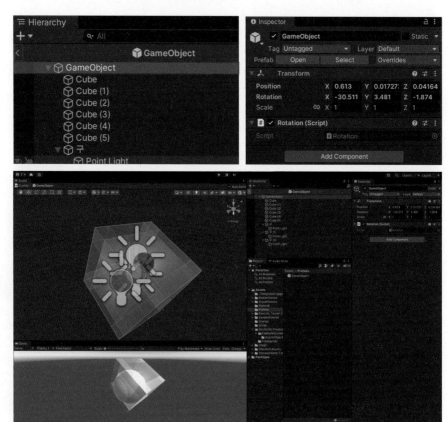

 연습 02

자동차 만들기

큐브 오브젝트를 활용하여 복잡한 자동차 3D 콘텐츠를 제작하며 복제, 회전, 이동, 크기 조절 등을 익혀보자.

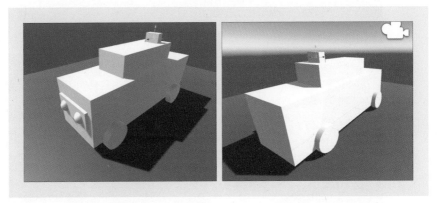

❶ Hierarchy 패널에서 플래인 오브젝트를 생성하고 매테리얼 색을 지정하여 적용한다. Hierarchy 패널에서 마우스 오른쪽 버튼을 클릭한 다음 3D Object → Plane을 실행하여 플래인 오브젝트를 생성하고, 같은 방법으로 Hierarchy 패널에서 마우스 오른쪽 버튼을 클릭한 다음 3D Object → Cube를 실행한다. 크기와 모양은 그림과 같이 길이, 높이 값을 조절하여 자동차 모양으로 만든다.

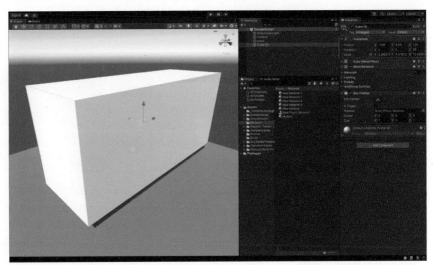

❷ Shift+D를 눌러 큐브 오브젝트를 복제하여 자세한 오브젝트를 만들 수 있다. 상자는 Cube, 구는 Sphere, 원통은 Cylinder로 생성하여 다음과 같이 자동차를 만들 수 있다.

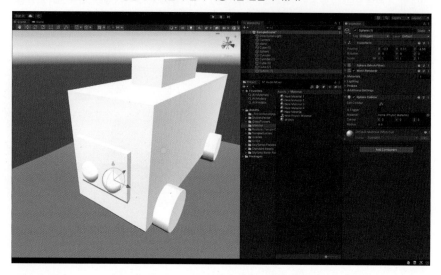

❸ 완성되면 각각의 오브젝트를 프리팹으로 구성한다. 프리팹으로 구성하기 전에 만들어진 오브젝트를 전체 선택하고, 마우스 오른쪽 버튼을 클릭한 다음 Create Empty Parent를 실행하여 빈 공간 부모 객체를 생성하여 선택된 오브젝트들을 하위 속성으로 이동한다. 부모 객체를 Project 패널로 드래그하여 자동차 오브젝트를 프리팹으로 만든다.

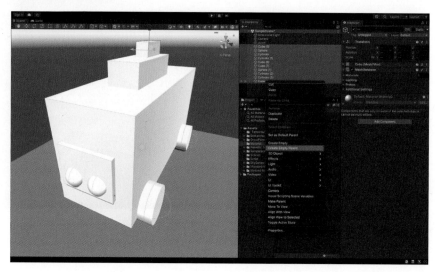

연습 03 프리팹을 활용하여 자동차 6대 만들기

프리팹을 이용하여 6대의 자동차를 효율적으로 만들어 보자.

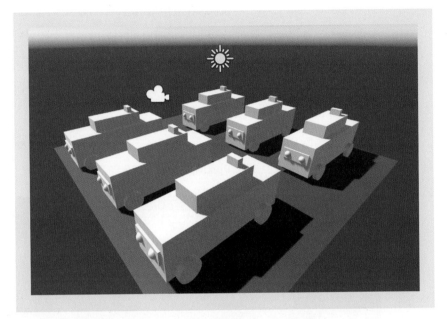

❶ 앞서 연습 문제에서 만든 자동차 프리팹을 Scene 패널에서 드래그하여 만든다.

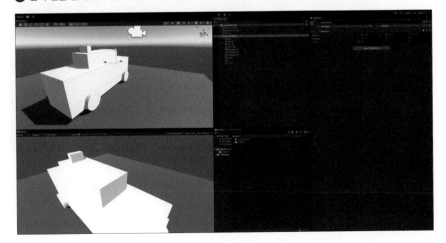

2.3 | Rigidbody

리지드바디(Rigidbody)는 가장 기초적이면서 유니티를 사용하는 이유다. 바로 물리적 엔진을 쉽게 사용하기 위한 이유이며, 중력의 힘을 손쉽게 검색 후 컴포넌트만 넣어주면 가능하기 때문이다. 그렇다면 리지드바디는 무엇일까? 게임 오브젝트를 물리 제어할 수 있게 동작시켜주는 것으로, 힘 또는 토크를 가해서 오브젝트가 현실세계와 동일하게 중력의 힘을 이용하여 캐릭터 및 장애물 등의 메타버스 가상공간을 만들 수 있는 것이다.

마우스 오른쪽 버튼을 클릭한 다음 3D Object → Sphere를 실행하여 오브젝트를 만들어 플래인 오브젝트 위에 배치한다.

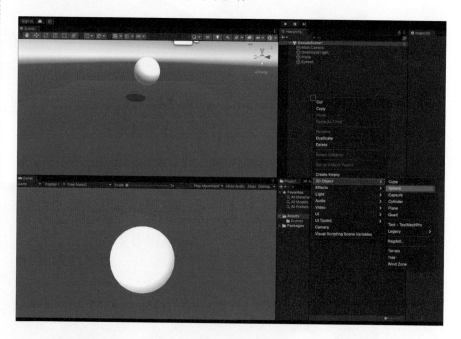

Hierarchy 패널에서 'Sphere'를 선택하고 Inspector 패널의 'Add Component' 버튼을 클릭한 다음 검색창에 'rigid'를 검색하여 '3D Rigidbody'를 선택한다.

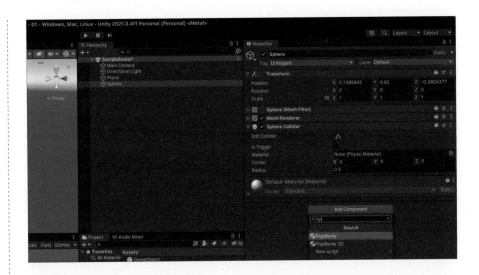

중앙 상단에 '플레이' 아이콘(▶)을 클릭하면 공은 중력에 의해 바닥에 떨어진다.

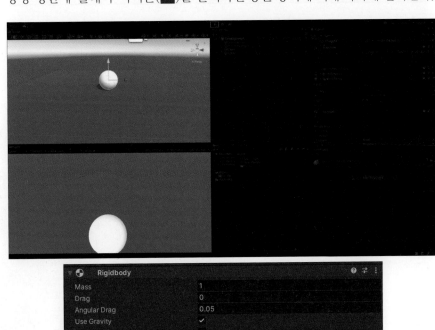

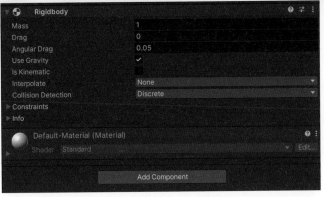

Rigidbody의 중요도 속성을 간단히 알아보면 다음과 같다.

Property	Function
Mass	질량값(무게 kg단위)
Drag	공기의 저항값. 만약 0이면 저항이 없다.
Angular Drag	회전할 때 공기 저항값
Use Gravity	체크 표시하면 중력의 영향을 받는다.
Is Kinematic	체크 표시하면 물리엔진 적용을 받지 않고, Transform으로만 제어된다.

2.4 | Material

Project 패널에서 마우스 오른쪽 버튼을 클릭한 다음 Create → Material을 실행한다.

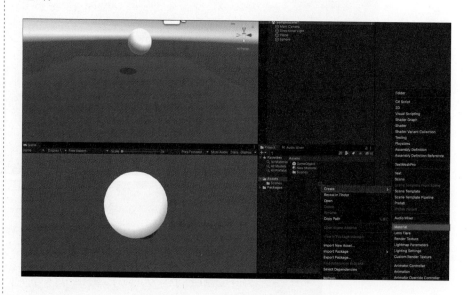

Inspector 패널 Main Maps에서 Albedo의 색상 상자를 클릭하고 원하는 컬러를 선택하면 매테리얼 컬러가 지정된다. 이를 원하는 오브젝트에 드래그한다.

Inspector 패널 Main Maps에서 Albedo의 색상 상자를 클릭하고 원하는 컬러를 선택하면 매테리얼 컬러가 지정된다. 이를 원하는 오브젝트에 드래그한다.

만들어진 매테리얼을 오브젝트에 드래그하면 레드 컬러가 적용된다.

오브젝트에 컬러를 적용하는 3가지 방법

1. Scene 패널의 적용할 오브젝트에 드래그

2. Hierarchy 패널의 오브젝트에 드래그

3. Hierarchy 패널에서 오브젝트 선택 후 Inspector 패널로 드래그

Asset에서 다른 컴포넌트 적용하는 방법도 이와 동일하다.

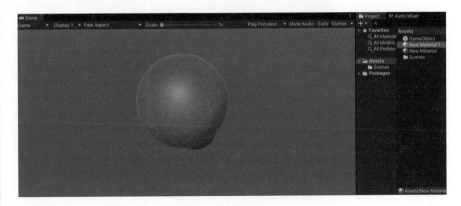

오브젝트에 투명도를 표현할 수 있다. 매테리얼을 설정하기 위해 Inspector 패널에서 Rendering Mode를 'Transparent'로 지정하고 Main Maps의 Albedo의 색상 상자를 클릭한다. 표시되는 Color 창에서 RGBA 속한 A(알파 값)를 낮게 조절하면 투명도가 적용된다.

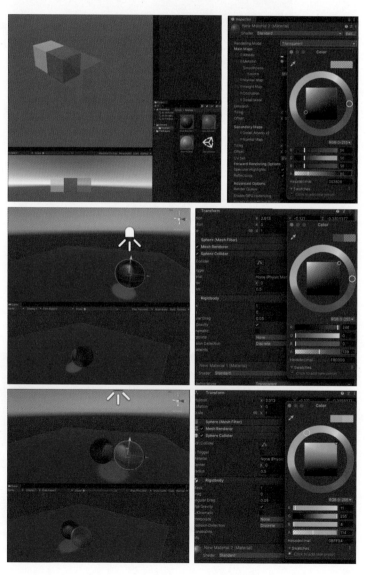

2.6 ｜ Texture

텍스처(Texture)는 오브젝트에 재질을 맵핑시키는 작업이다. 특정한 텍스처를 다운로드하기 위해 유니티 메뉴에서 Windows → Asset Store를 실행하여 Asset Store(assetstore.unity.com)에 접속한다. Asset Store의 검색창에 'Textures'를 검색하면 다운로드할 수 있는 여러가지 텍스처가 나타난다. All Categories에서 Pricing(가격)의 'Free Asset(무료)'을 체크 표시한 다음 원하는 텍스처를 다운로드한다.

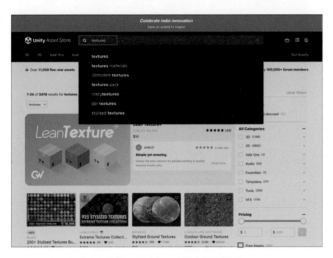

'Add to my Assets' 버튼을 클릭하면 Package Manager 창으로 텍스처를 불러온다.

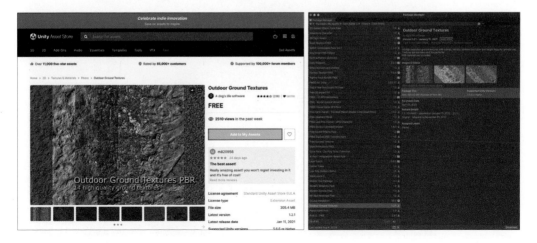

오른쪽 하단에 'Download' 버튼을 클릭하면 다운로드가 진행되고, 전체 다운로드가 완료되면 Import Unity Package 창이 표시되며 어떤 것을 가져올 것인지 표시된다. 내용을 확인하고 'Import' 버튼을 클릭한다. 다시 창이 표시되면 'Import' 버튼을 클릭하여 유니티 Asset 창으로 자동 불러온다.

불러온 텍스처를 선택하고 Scene 패널에 있는 게임 오브젝트에 드래그하면 텍스처가 적용된다.

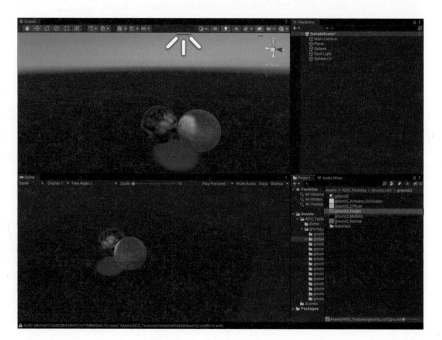

연습 과제

연습
04

도미노 게임 만들기

프리팹을 이용하여 도미노 게임을 창의적 아이디어로 다양하게 응용하여 만들어 보자.

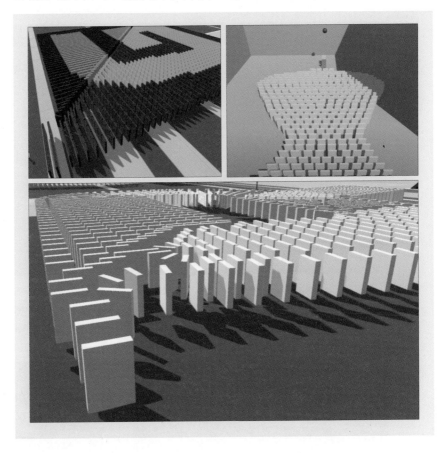

❶ Hierarchy 패널에서 마우스 오른쪽 버튼을 클릭한 다음 3D Object → Cube를 실행하여 큐브 오브젝트를 생성한다. 크기를 넘어갈 수 있게 모양을 변경하고, 각도도 모서리 부분에 위치시킨 다음 대각선으로 진행 방향으로 세워 배치한다.

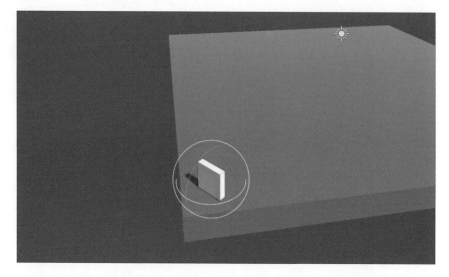

❷ 하나의 오브젝트가 완성되면 넘어갈 때 중력에 의해 물리적 힘을 가해야 하기에 Rigidbody를 적용한다. 큐브 오브젝트를 선택한 상태로 Inspector 패널 하단의 'Add Component'를 클릭한 다음 'Rigidbody'를 검색하여 추가한다.

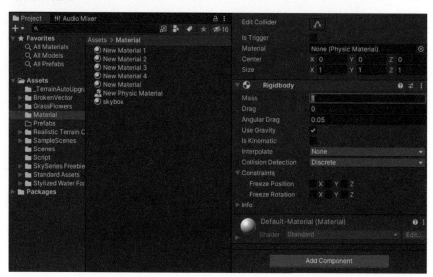

❸ Ctrl+D를 눌러 복사하고 개인의 아이디어를 적용하여 다양한 모양의 도미노 게임 형태를 구성한다. 오브젝트가 다 넘어갈 수 있게 반드시 'Rigidbody'가 적용되어야 한다.

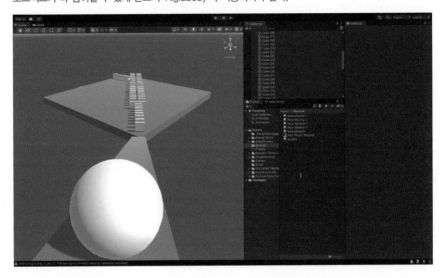

❹ '플레이' 아이콘(▶)을 클릭하면 공이 중력(Rigidbody 중력 적용)에 의해 굴러가면서 도미노 게임이 시작된다. 게임 플레이를 실행하면서 넘어가지 않는 부분은 간격 이동하거나 위치를 수정하면서 완성도를 높인다.

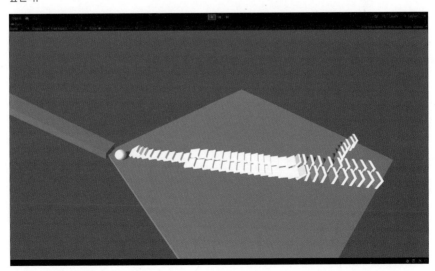

| 5장 |

메타버스를 위한
유니티 오브젝트
구조와 핵심 C#

── 학습 목표 ──

객체지향 언어인 C#을 이해하고, 필수 기본 문법을 중심으로 직접 쓰면
서 C# 코딩 원리와 유니티의 특성인 객체 구조를 이해하고, 메타버스 캐
릭터 움직임을 제어할 수 있는 핵심 원리를 익혀보자.

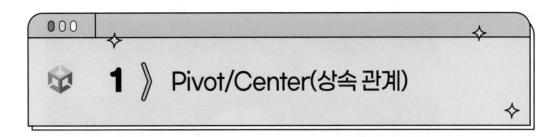

1 〉 Pivot/Center(상속 관계)

중심축을 어디로 둘 것인가, 그리고 하위 속성을 두어 상하 자식과 부모 요소의 상속 관계를 오브젝트 구조로 만들 수 있다. 이렇게 하는 이유는 중심축의 회전 및 변형을 움직일 때 유용하게 만들 수 있기 때문이다.

> **Pivot** : 오브젝트 바닥 지면을 중심으로 기즈모가 영향을 받는 것이다.
> **Center** : 센터는 오브젝트를 중심으로 기즈모의 영향을 받는 것이다.
>
>    
>
> 2개 이상의 오브젝트에서 선택된   2개 이상의 오브젝트에서 2개 이상
> 자신의 오브젝트 중심   전체 오브젝트 센터 중심

Global/Local

> **Local** : 선택한 오브젝트를 기준으로 한 좌표계를 나타낸다.
>
>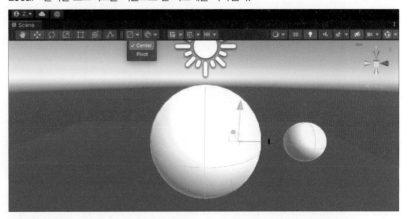
>
> **Global** : 실제 선택한 오브젝트에 대한 좌표계는 무시한 채로 글로벌 좌표계를 기준으로 본다.
> 글로벌 좌표계는 게임 세상의 절대 좌표로 사용한다.

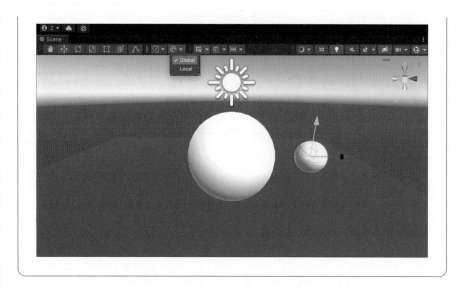

상하 직속 상속 관계를 만들 때 큰 원은 부모(Parents), 작은 원은 자식(Child)으로
설정하려면, Hierarchy 패널에서 자식의 구를 부모의 구 이름 위로 드래그한다.
들여쓰기되면서 하단으로 속하게 되어 오브젝트끼리 상속 관계를 만들 수 있다.

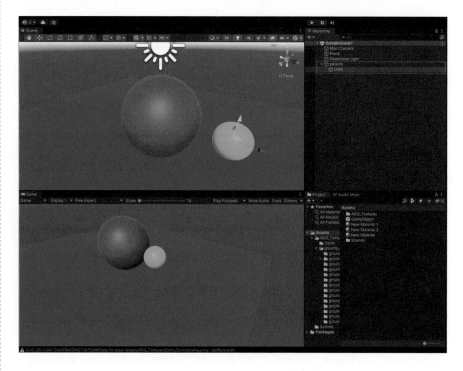

연습 과제

연습 01

지구와 달 또는 태양과 지구의 자전과 공전 표현하기

지구의 자전과 공전을 표현하는 연습 과제다. 아래 예시처럼 스스로 응용 학습해 보자. 텍스처를 매핑 시켜보고, 현실 세계처럼 지구를 중심으로 달이 움직이는 상속 관계를 구성해야 한다.

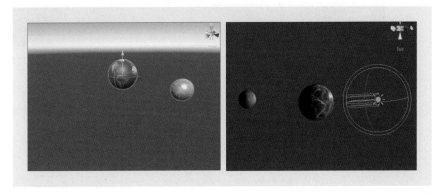

❶ Hierarchy 패널에서 마우스 오른쪽 버튼을 클릭한 다음 3D Object → Sphere를 실행하여 오브젝트를 만든다. Shift + D 를 눌러 오브젝트를 복제하여 지구와 달을 구성한다.

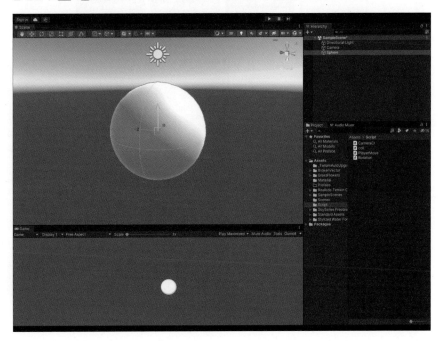

❷ 메뉴에서 〔Windows〕 → Assets Store를 실행하여 Asset Store 홈페이지에 접속한다. 검색창에 'textures earth'를 검색하고 Pricing의 'Free Assets'를 체크 표시하여 가격을 설정한 다음 가장 처음에 표시되는 'Earth & Planets skyboxs'를 선택하여 다운로드한다.

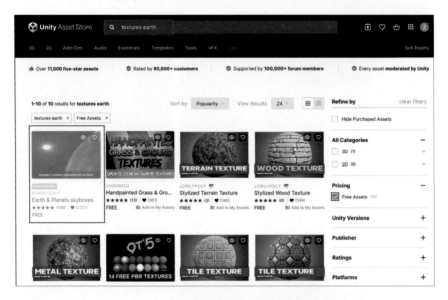

❸ Package Manager 창에서 'Import' 버튼을 클릭하여 Asset을 불러온다.

❹ SkyBoxEarthPlanets → texture → earth, moon의 각각 텍스처를 지구와 달에 드래그하면 맵핑이 적용된다.

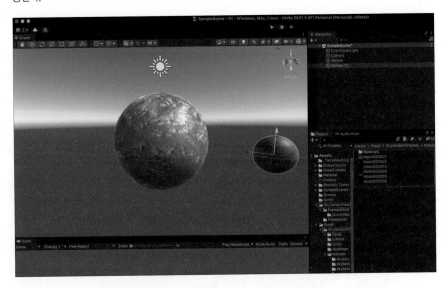

❺ 지구가 회전할 때 달은 지구를 중심으로 회전하므로 중심축을 지구에서 상하 상속 관계를 형성한다. Pivot을 'Center'로 선택하여 변경하고, Local을 'Global'로 선택하여 변경하면 지구 중심의 지구 자전을 하게 된다.

❻ 지구가 회전하면 달이 같이 회전하는 상속 관계이므로 지구에게 스크립트를 적용한다. 스크립트는 Project 패널의 Assets 폴더에서 마우스 오른쪽 버튼을 클릭한 다음 Create → C# Script를 실행하여 첫 글자를 대문자로 시작하여 'Rotation'을 입력한다. 만들어진 'Rotation'을 더블클릭하면 기존 설정했던 VSCode가 실행된다.

❼ VSCode에 다음과 같이 작성한다. 마지막 ';' 마침표까지 정확하게 입력해야 하고, 대소문자 명확히 구분되어야 한다. 작업을 진행할 때 상단의 3개 코드 줄은 절대 삭제하면 안된다.

```
using System.Collections;
using System.Collections.Generic;
using UnityEngine;
```

❽ 스크립트 이름의 'Rotation'을 VScode에서 재수정하면 에러가 난다. 반드시 이름을 입력한 그대로 사용해야 한다. 만약 수정을 필요하다면 삭제 후 다시 스크립트 생성하여 새로운 이름으로 작성해야 한다.

```csharp
using System.Collections;
using System.Collections.Generic;
using UnityEngine;

public class Rotation : MonoBehaviour
{
    void Update()
    {
        transform.Rotate(0,2,0);
    }
}
```

❾ 결과를 확인하면 지구가 회전할 때 달이 지구 주변을 돌아간다. 상속 관계 형성이 완료되었다.

2 〉 유니티 기초학습을 위한 C#

유니티를 위한 객체지향 C# 기본 원리와 핵심 문법을 초보자라도 누구나 이해하고, 학습에 필요한 코딩을 배워보자.

2.1 │ C#이란 무엇인가?

유니티는 C# Script를 사용하여 동작을 제어한다. C#을 배울 때 초보자가 입문하기에 어려움을 많이 느껴 부담될 수 있다. 이 책에서는 비전공자도 누구나 이해하는 수준에서 필수적으로 이해할 수 있는 범위까지 쉽고 원리 이해를 기준으로 설명한다.

먼저 스크립트 언어에 대한 기초지식 이해가 필요하다. 학습에 필요한 기초 과정이므로 이해하기까지 스스로 학습량을 반복적인 공부가 필요하다.

C#이란 1999년 마이크로소프트(Microsoft) 사가 개발한 객체지향 프로그래밍 (Object Oriented Programming , OOP) 언어로서 닷넷 프레임 워크이다. 컴퓨터 언어는 C라는 언어로부터 시작한다. C라는 언어는 순서별로 절차 지향으로 사용되는 언어로, 즉 순서대로 물흐르는 것처럼 위에서 아래로 순차적 흐름의 언어라고 할 수 있다.

그러나 객체(세상의 모든 사물)라는 요소를 중심으로 우리가 눈에 보이는 컴퓨터, 마우스, 책상 등 사물 전체를 각각 객체라는 오브젝트라고 이해할 수 있다. 오브젝트(객체)를 중심으로 글의 의미보다 객체가 우선으로 동작을 수행하는 원리를 갖고 있어 C라는 언어는 절차 지향 언어지만, 객체를 중심으로 동작 수행하는 언어로 발전하였다. 즉 개발하려는 것을 기능별로 묶어 놓은 캡슐, 모듈화를 반복적으로 수행되는 형태를 원활하게 재활용 재생산으로 프로그래밍의 기술이 발전되었다. C++라는 C언어 기반을 중심으로 1983년 AT&T 벨 연구소의 비야네 스트롭스트룹(Bjarne Stroustrup)이 개발한 객체지향 언어이다.

유니티는 C#의 객체지향 언어로 동작하여 그에 맞는 언어적 문법 구조를 이해할 필요가 있다. C# 언어를 다 배워 사용하기보다 유니티에서 사용되는 함수 및 메서드를 중심으로 이해하며 사용하길 권한다.

4장에서 배웠던 내용을 참고하여 신규 문서를 열고 바닥에 해당되는 Hierarchy 패널에서 마우스 오른쪽 버튼을 클릭한 다음 3D Object → Plane을 실행한다. 같은 방법으로 마우스 오른쪽 버튼을 클릭한 다음 3D Object → Cube를 실행한다. 플레인 오브젝트에는 매테리얼을 적용하여 컬러를 지정한다.

C# Script를 적용하기 위해 Project 패널의 Asset에서 마우스 오른쪽 버튼을 클릭한 다음 Create → C# Script를 실행한다.

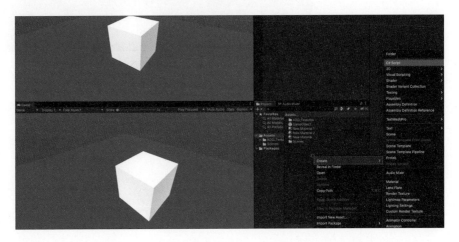

대소문자 구분하여 스크립트 이름을 'Test'라고 입력한 다음 Enter를 누른다.

 체크 포인트

클래스 명은 대문자로 적고, 단어 구분 첫 글자는 대문자를 사용하기 때문에 스크립트 이름 첫 글자는 대문자로 입력하고, 글자는 띄어쓰지 않도록 한다.

스크립트가 선택되어 드래그를 통해서 오브젝트에 적용하려고 한다. 다음과 같은 3가지 방법이 있다.

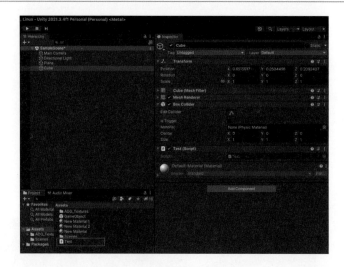

Assets에 있는 'Test.cs' 파일을 더블클릭한다. 앞선 유니티 에디터 설정 내용처럼 Visual Studio Code가 실행된다.

```csharp
using System.Collections;
using System.Collections.Generic;
using UnityEngine;

public class Test : MonoBehaviour
{
    // Start is called before the first frame update
    void Start()
    {
```

```
    }
    // Update is called once per frame
    void Update()
    {
    }
}
```

여기 자동으로 쓰여진 코드는 그대로 사용한다. Void Start(), Void Update()는
지울 수 있다. 그외는 함부로 지우거나 편집해서는 안된다.

using System.Collections; using System.Collections.Generic; : 데이터를 저
장하기 위해서 제공된 스크립트이다. using UnityEngine; C# Script에서 유니
티 기능으로 사용한다는 의미이다.

public Class Test : MonoBehaviour : 공개된 클래스인데 우리가 앞에서 설정
한 'Test'라는 클래스를 지정한 내용이다. 중요한 것은 'Test'라고 한 네이밍을 변
경하면 절대 안되고, 띄어쓰기도 하면 안된다. 보통 단어로 구분하여 작성한다.

첫 글자는 대문자로 사용한다. MonoBehaviour에 상속된 스크립트를 여기서 제
어 한다는 의미이다. 즉 유니티 엔진의 클래스를 사용하겠다는 의미라고 보면
된다.

2.2 │ 클래스의 이해(객체지향 프로그램) □

객체지향 프로그래밍에서 특정 객체를 생성하고, 클래스를 구성하기 위해 변수
와 메서드(클래스 내부 함수를 의미)를 정의해야 하는데, 일종의 틀을 구성하는 것
이 바로 클래스(class)라고 한다.

흔히 붕어빵 이미지를 보면 붕어빵틀이 여기서 클래스에 해당된다. 즉 붕어빵이
라는 객체를 찍을 수 있는 틀이다. 틀 안에는 메서드라는 함수(기능)이 있으며 변

수처럼 속성값이 존재한다. 그에 따라 붕어빵은 일반 팥 붕어빵 또는 크림 붕어 빵 또는 피자 붕어빵처럼 다양한 종류로 인스턴스화(객체로 만드는 것)하여 결괏값 을 반환한다. 자동차도 동일하게 공장에서 자동차를 만들 수 있는 기계(틀)이 있 다고 하자. 자동차는 다같은 자동차가 아니다. 사업체에서 자동차는 다양하게 종류가 많이 있고, 흔히 컬러별 기능별 역할별로 자동차는 다양한 객체화로 만 들어 낼 수 있다.

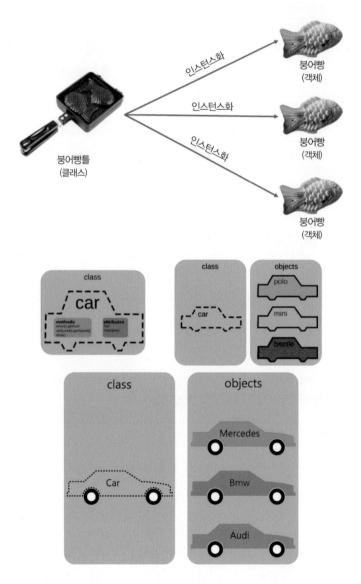

우리는 앞으로 Class 내 스크립트를 작성할 것이다. 스크립트는 { } 중괄호 안에 (블록공간) 작성한다.

```
public class Test : MonoBehaviour
{
    // 여기에 원하는 스크립트를 작성한다.
}
```

'//' 주석이라고 한다. 주석은 실제 실행되지 않는 코드이다. 임의 내용을 메모 또는 설명 코드를 잠시 감출 때 사용한다.

2.3 │ 생명주기

Void Start() , Void Update()라고 나오는데 이는 중요한 의미가 있다.

유니티 C# 스크립트는 선언하고, 초기화(변수 및 오브젝트 값 설정), 그리고 호출하여 사용한다.

선언 → 초기화 → 호출

변수의 범위는 { } 블록 단위의 범위에서 사용된다.

메서드(클래스 안의 함수)는 어떤 위치에 있던지 함수 호출할 수 있다.

보통 선언 및 초기화를 동시에 하며, 호출하여 변수를 사용한다. 디버그로그를 통해 유니티에서 출력하고자 하는 메시지 등을 Console 창에 출력 가능한 스크립트로 개발 시 테스트 확인하고자 하는 목적이다.

Debug.Log("표현하고자 하는 메시지");

```
public class Test : MonoBehaviour
{
    public float timeNum = 0;
    void Start()
    {
        if(timeNum == 0)
        {
            Debug.Log("참");
        }
    }
}
```

public float timeNum = 0; : 클래스 상위에서 선언과 동시 값 지정하는 초기화를 시킨다.

Start() : 처음 실행하는 메서드 안에 조건문 if 문에서 timeNum이라는 변수를 호출하여 사용된다.

이렇듯 { } 단위의 요소를 호출하고 선언과 초기화는 제일 상위에서 설정한다.

클래스를 처음과 끝으로 인간의 수명과 동일한다. 이를 생명주기라고 프로그램에서 비유하여 설명한다.

인간은 탄생 – 유아 – 청소년 – 성인 – 중년 – 노인 – 죽음의 생명주기처럼 프로그램도 같은 유사성을 가진다.

크게 3가지 구간을 지니며, 위에서 부터 가장 먼저 실행되는 순서다. 이정도만 이해해도 무방하며, 보다 자세한 사항은 유니티 홈페이지(docs.unity3d.com/kr/2020.1/Manual/ExecutionOrder.html)를 참조한다.

형태	메서드명	기능 설명
초기화	Awake()	게임 오브젝트 생성할 때, 최초 실행, 1회만 실행(Scritp가 비활성시에도 실행)
	Start()	업데이트 시작 직전, 최초 실행, 1회만 실행(Scritp가 활성시, 안정적)
실행 프레임	FixedUp-date()	• PC사양과 상관없이 고정적 업데이트 1초 50회(CPU 많이 사용) • 일정 간격 호출되기 때문에 Time.deltaTime을 곱할 필요가 없음 • Rigidbody 물리엔진 사용
	Update()	• 게임 로직 업데이트 – PC 환경에 따라 실행주기 떨어짐 • 1초 60회
	LateUpdate()	마지막 업데이트(캐릭터 따라가는 카메라)
해체	onDestroy()	해체

생명주기는 클래스에서 어떤 구간에 무엇을 사용할 것인가도 같은 맥락으로 이해해야 스크립트를 잘 알고 사용할 수 있다. 초기화 구간과 물리엔진 또는 게임로직을 구현할 수 있는 Update() 구간과 마지막 해체 구간으로 3가지 요소의 뼈대에서 이해하면 된다.

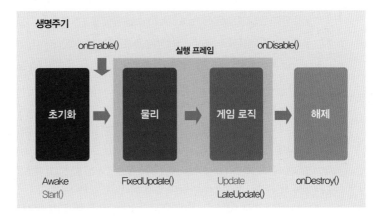

스크립트는 최초 실행으로 아래와 같이 실행된다. 초기화는 한 번만 실행되며, 실행프레임(Update()관련)은 최소 50~60회 반복적으로 실행한다. 해체는 한 번 실행 후 종료(소멸)된다.

Awake() :
Start 함수 전에 호출되며 프리팹이 인스턴스화 된 직후에 호출, 게임 오브젝트가 시작하는 동안 비활성 상태인 경우 Awake 함수는 활성화될 때까지 호출되지 않는다.

모든 변수 게임 상태 초기화를 위해 호출된다.

Start 먼저 실행한다.

GameObject.FindWithTag 이용해 게임 오브젝트 요청 또는 안전하게 연동한다.

reference 참조하기 위해 사용한다.

Start() :

update 메서드가 처음 호출되기 바로 전에 호출 Behaviour 주기 동안 한번 호출한다.

스크립트가 컴포넌트로 있을때 실행한다.

스크립트 인스턴스가 활성화된 경우에만 첫 번째 프레임 업데이트 전에 호출한다.

GameObject 인스턴스화 된다.

Update()

스크립트가 enabled 상태일 때 매 프레임마다 호출된다. 물리 효과가 적용되지 않은 오브젝트의 움직임이나 단순한 타이머, 키 입력을 받을 때 사용한다.

FixedUpdate()

프레임을 기반으로 호출되는 Update와 달리 Fixed Timestep에 설정된 값에 따라 일정한 간격으로 호출된다.

그러므로 프레임 속도가 낮은 경우에는 프레임마다 여러 번 호출될 수도 있다.

일정 간격 호출되기 때문에 Time.deltaTime을 곱할 필요가 없다.

물리 효과가 적용된(Rigidbody) 오브젝트를 조정할 때 사용된다.

Update는 불규칙한 프레임 기반이기 때문에 불규칙한 호출이므로 물리엔진 충돌 검사 등이 제대로 안될 수 있다.

LateUpdate()

모든 Update 함수가 호출된 후 마지막에 호출된다. 주로 오브젝트를 따라가는 카메라는 LateUpdate를 사용한다.

이유는 유니티에서 각 오브젝트의 Update() 호출 순서는 랜덤이기 때문에, A와 B라는 오브젝트가 있을 때 둘 중 어느 Update()문이 먼저 처리될지 모른다는 것이다. 만약 카메라 스크립트의 Update()가 먼저 호출되고, 플레이어의 Update()가 호출됐다고 해 보자. 그다음에는 플레이어 Update()가 먼저 호출되고 카메라의 Update()가 호출이 된다면, 카메라가 플레이어를 따라가기 전에 플레이어가 두 번을 움직이게 돼서 툭툭 끊기는 상황이 생길 수 있다.

스크립트 실행
Start() 한번에 1번만 실행
Update() 1초에 60회 실행

실습으로 아래와 같이 Class 내용을 작성한다.

```
public class Test : MonoBehaviour
{
    // Start is called before the first frame update
    void Start()
    {
        Debug.Log("한번실행");
    }
    // Update is called once per frame
    void Update()
    {
        Debug.Log("1초 60회 실행");
    }
}
```

코드를 저장 후 유니티로 돌아오면 로딩되어 적용된다. 메뉴에서 [Windows] →
General → Console을 실행하여 콘솔 창을 열고 확인한다.

아래 그림처럼 Console 창 오른쪽 숫자 확인 결과 한 번만 실행되는 것과 여러
번 반복 실행되는 수치가 다름을 알 수 있다.

2.4 | 데이터형

변수(#) : 프로그램에서 변수란 변하는 숫자라는 의미처럼 데이터를 저장하는 박스 공간이라고 이해하면 된다. 박스 상자 안 값을 저장한 후 다시 호출하여 사용한다. 이때 변하는 숫자라는 의미로 값은 변경할 수 있다. 여기서 값을 지정할 수 있는 이런 데이터들은 구간별 데이터형이 다르다. C 계열 언어는 아래와 같이 데이터 구간 값을 지정해 줘야 한다.

등호(=) : 같다는 의미가 아닌 '오른쪽에서 왼쪽으로 대입한다.'라는 의미이다. 따라서 float 형에 num이라는 임의 사용자가 정한 이름 변수에 '3.14 값을 넣어라'라는 의미이다. 그러므로 초깃값 선언이라는 의미는 하나의 변수를 설정하고 값을 초깃값으로 넣는 것(대입한다)을 의미한다.

```
float num = 3.14f;
```

유형	데이터	
정수형	int	데이터 −2,147,483,748~2,147,483,748 구간 값의 정숫값을 의미한다.
실수형	float	데이터 −3.402823E+38~3.402823E+38 구간 값의 실숫값(소수점)을 의미하며 데이터 뒤 f라고 써야 한다.
부동 소수점형	double	−1.7976931346232E+308~1.7976931346232E+308
불형	bool	참, 거짓을 판단(true, false)
문자형	char	"문자" 텍스트로 사용되는 유니코드 값을 의미(문자 값은 " "으로 값을 지정해야 한다.)

이런 유형들을 데이터 자료형이라고 한다. 데이터 값에 따라 앞에 붙는 것은 이미 정해져 있다는 이야기이다. 가장 많이 사용하는 float(실수형은 뒤에 f라고 쓰지 않으면 에러가 난다.)으로 데이터 값을 사용한다.

2.5 ┃ 연산자

숫자 및 문자를 사칙연산으로 값을 변경할 수 있다. 아래는 연산자에 대한 내용이다. 수학에서 배운 내용과 동일하다.

표 5-1. 산술 연산자

+	값을 더한다.
-	값을 뺀다.
/	값을 나눈다.
*	값을 곱한다.

표 5-2. 대입 연산자

=	오른쪽 값을 왼쪽으로 대입한다.
+=	A=A+1라고 하면 A+=1라고 사용할 수 있다. 즉 "더해서 대입해라"라는 의미다.
-=	동일하게 "빼서 대입해라"라는 의미다.
*=	동일하게 "곱해서 대입해라"라는 의미다.
/=	동일하게 "나눈후 대입해라"라는 의미다.
%=	동일하게 "나머지를 대입해라"라는 의미다.

표 5-3. 증감 연산자

++	하나씩 증가해라 ++A, A++ → A=A+1
--	하나씩 감소해라 - - A , A - - → A=A-1

표 5-4. 관계, 논리 연산자

==	값이 같다.
!=	값이 다르다.
⟨, ⟩	크다, 작다.
⟨=, ⟩=	크거나 같다, 작거나 같다.
‖	둘 중 하나만 참이면 참이다.
&&	모두 참이면 참이다.
!	부정(반대)

조건문

어떤 조건이 주어질 때 어떤 동작을 수행하도록 하는 조건에 따라 실행 결과는 달라진다. 프로그래밍에서 조건문은 참과 거짓의 결과를 판단하는 명령으로 사용된다.

형식은 다음과 같다.

단일 조건문	if ~ else	if ~ else if	삼항연산

if (조건식)
{
  // 실행문
}
	if (조건식)
	{
	  // 실행문
	}else{
	  // 실행문
	}
		if (조건식)
		{
		  // 실행문
		}else if(조건식2){
		  // 실행문
		}else{
		  // 실행문
		}
			조건식 ? 참 : 거짓
			
			int a = 1;
			int b = 2;
			a 〉b ? true : false;

```csharp
public class Test : MonoBehaviour
{
    void Start()
    {
        float timeNum = 0;
        if(timeNum == 0)
        {
            Debug.Log("참");
        }else{
            Debug.Log("거짓");
        }
    }

}
```

반복문

for 문

<table>
<tr><td>for (반복횟수조건)
{
    // 실행문
}</td><td>for (변수 초기화; 반복 조건식; 변수 갱신(업데이트)
{
    // 실행문
}</td></tr>
</table>

```
public class Test : MonoBehaviour
{
    void Start()
    {
        for (int i = 0; i < 50; i++)
        {
            Debug.log(i);
        }
    }
}
```

while 문

조건이 참인 동안 { }안 코드를 반복 실행한다.

```
while(조건)
{
  // 내용
}
```

[예시]

num 값은 초깃값을 기준으로 조건에 부합하여 10 이하까지 반복되어 일어난다.

```
int num = 1;

while (num < 10)

{

 num = num+1

}
```

결괏값은 1, 2, 3, 4, 5 …… 49가 출력된다.

변수가 하나의 값만 지정된 상자에 넣는다면 배열은 변수에 1개 이상의 복수 값 즉, 여러 값을 저장할 때 '배열' 이라고 말한다.

즉, 값이 순서별로 1개 이상의 나열된 값이다. 배열은 순서가 중요하다.

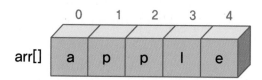

배열(Array)은 [ ](대괄호)를 사용하고, 인덱스는 0부터 시작한다. 컴퓨터는 초기 시작 순서를 0부터 읽는다. apple이라는 알파벳 문자열을 저장할 때 0~4까지 상자에 입력된다.

```csharp
public class Test : MonoBehaviour
{
    void Start()
    {
        string[] a = new string[5];
        a[0] = "a";
        a[1] = "p";
        a[2] = "p";
        a[3] = "l";
        a[4] = "e";

        for(int i = 0; i < 5; i++)
        {
```

```
            Debug.Log(a[i]);
        }
    }
}
```

함수(function)는 어떤 기능을 수행하는 상자 또는 기계라고 이해하면 된다.

비슷한 단어로 클래스 안에 함수를 '메서드(method)'라고 한다. 보통 함수의 정의는 믹서기처럼 머신(기계)을 이해하면 되는데 다음과 같다.

우리가 흔히 사용하는 믹서기 도구를 함수로 표현한다. 함수는 어떤 기능을 수행하는 도구이다. 따라서 믹서기는 섞는 기능을 하는 함수 있다. 가령 당근과 토마토를 넣어서 믹서기에 갈면 당근토마토 주스가 완성된다. 이렇듯 당근과 토마토는 인자라는 것으로 파라미터값을 의미한다. 믹서기의 뜻은 믹싱하는 것(함께 혼합하다)이지만, "무엇을 넣는 것에 섞어주세요."라는 기계는 믹서기라는 기계, 즉 믹서기 함수이며 이 값의 결과를 반환하는 리턴값을 출력한다. 여기서 믹서기만 한정된 제한 기능만 있는 것이 아니라 다양한 기능들을 가진 기계들이라고 이해하면 좋다. 가령 섞는 기능, 합치는 기능, 빼는 기능, 수증기를 만드는 기능, 달려가는 기능… 등등 무수히 많은 실행문을 만들고 그 기계들을 호출하여 사용할 수 있다는 의미다.

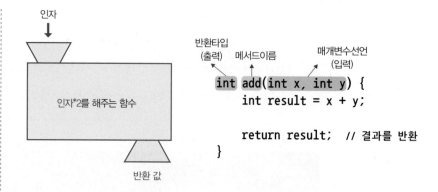

메서드는 이런 믹서기 처럼 메서드의 이름이 있고 매개변수가 지정되고 (무조건 지정하는 건 아니다. 없는것도 있다.) 그 기능을 수행할 수 있는 믹서기가 된다. void가 앞에 있다면 반환 값이 없어도 된다. 함수를 사용하려면 함수를 호출해야 한다. 함수 호출은 함수의 이름을 적어 주면 실행할 수 있다.

---

add();

예시 1　그러나 기존 생명주기 Start() 호출하는 이름을 작성하지 않아도 된다. 사용자가 정의한 함수만 이름을 작성한다.

예시 2　add() 함수를 만들고 Start() 생명주기에서 add(1, 4) 값의 인자를 넣어 호출한다. 실행 결과 값은 5가 출력된다.
인자값 a, b 앞에 "int" 처럼 데이터 타입을 작성해야 한다.

```
public class Test : MonoBehaviour
{
    void add(int a, int b)
    {
        int c = a + b;
        Debug.Log(c);
    }
    void Start()
```

```
    {
        add(1, 4);
    }
}
```

2.9 | 클래스와 객체 □

클래스는 변수와 메서드(함수)가 합쳐진 상태라고 보면 된다.

```
class 클래스명
{
        변수선언;   (C#에서는 멤버 변수라고 한다.)
        메서드 구현; (C#에서는 멤버 메서드라고 한다.)
}
```

```
public class GameMove
{
   public float num = 0;
   public void move()
   {
       Debug.Log(num +"GameMove");
   }
}


public class Test : MonoBehaviour
{
   void Update()
```

```
    {
        GameMove gameMove = new GameMove();
        gameMove.num ++;
        gameMove.move();
    }
}
```

Test 클래스에 사용자가 만든 클래스명 GameMove를 접근하기 위해 new 키워 드를 인스턴스화하여 접근한다. 그러면 GameMove 클래스에 접근 가능하며, 사용되는 멤버 변수, 멤버 메서드를 접근할 수 있다.

GameMove 대소문자 구분을 하여 클래스명으로 사용할 때는 대문자 표기를 하고 변수명은 gameMove 라고 하여 인스턴트(복제된 형태)를 new 키워드(새롭게 틀을 가져옴)를 활용하여 대입시켜준 것이다. = 등호는 오른쪽 값을 왼쪽으로 순서 가 기입되는 것으로 이해하면 좋다.

GameObject와 Transform은 클래스고, gameObject와 transform은 객체이다.

클래스는 항상 첫 글자가 대문자다.

gameObject, transform 많이 사용하는 건 유니티에서 객체화 시킨 것.(유니티에서 제공한 객체)

저장 후 유니티에서 실행하면 콘솔창에서 증가 값이 나타남을 알 수 있다.

public	모든 클래스, 메서드, 변수에 접근 가능(유니티에서 나타난다.)
private	제한된 클래스, 메서드, 변수에 접근 불가능, 같은 { } 블록에서만 가능
[SerializeField]	직렬화/접근 수식자 앞에 붙이면 public, private 접근 가능함(=public)

직렬화는 데이터 구조나 오브젝트 상태를 유니티 에디터가 저장하고 나중에 재구성할 수 있는 포맷으로 자동 변환됨을 말한다. 즉, 유니티에서도 데이터 값을 수정 변경 가능하도록 만든다.

```
public class Test : MonoBehaviour
{
    [SerializeField] private float readon = 23f;
    private void Start()
    {
        print(readon);
    }
}
```

private였으나 유니티에서 수정 가능한 변수로 나타난다.

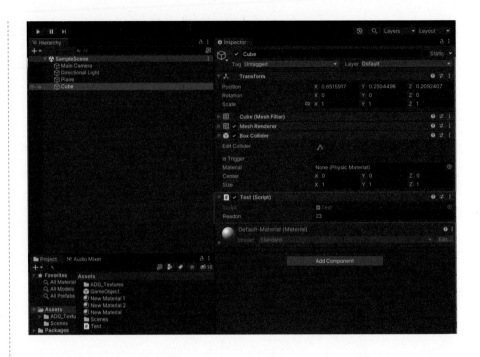

2.11 | 3D 공간의 벡터

벡터(Vector) 연산은 3D 그래픽스 물리연산에 있어 핵심적이며 벡터는 크기와 위치 방향을 갖고 있다.

좌표계에서 x, y에서 (0,0)에서 나아가는 방향과 위치는 이동만큼 길이(크기)를 갖는다. 3D 좌표는 x, y, z 깊이까지 포함된 공간이다.

- **벡터(vector)** : 크기와 방향은 속도, 변위, 가속도 등 물리적 에너지 양을 의미
- **스칼라(scalar)** : 크기는 단순한 값이며 온도, 압력, 에너지, 질량, 시간 값을 의미

벡터는 속도, 스칼라는 속력이라고 할 때, 자동차가 100키로 달린다고 한다면 스칼라 값 자동차가 12시 방향으로 100키로 달린다고 한다면 벡터 값이 된다.

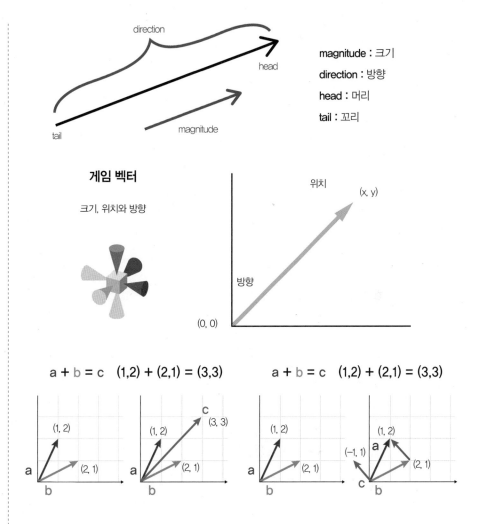

magnitude : 크기

direction : 방향

head : 머리

tail : 꼬리

게임 벡터

크기, 위치와 방향

a + b = c   (1,2) + (2,1) = (3,3)   a + b = c   (1,2) + (2,1) = (3,3)

벡터의 정규화(Normalize) : 벡터는 크기와 방향을 갖는데 여기서 크기를 1로 설정하고 방향만 갖을 때를 의미한다. 따라서 크기 1인 벡터로 만드는 것이 '정규화 벡터', 즉 방향 벡터라고 부른다.

단위로 forward, back…. 등으로 표현은 축으로 x, y, z 값을 입력한 것과 동일한 값을 지닌다.

즉 앞으로 향한다는 것은 z축(깊이)으로 1값을 넣으면 앞으로 향한다는 뜻과 동일하다.

단위	축 기준
Vector3.forward (앞)	Vector3(0,0,1);
Vector3.back(뒤)	Vector3(0,0,−1);
Vector3.right(오른)	Vector3(1,0,0);
Vector3.left(왼)	Vector3(−1,0,0);
Vector3.up(위)	Vector3(0,1,0);
Vector3.down(아래)	Vector3(0,−1,0);
Vector.one	Vector3(1,1,1);
Vector3.zero	Vector3(0,0,0);
Vector3.magnitude	크기(힘)
Vector3.normalized	방향

2.12 ‖ 3D 공간의 각도

오일러각 Euler Anlge(일반 각도)

3차원 벡터를 사용해 3차원 공간의 회전각을 표현한 방법이다.

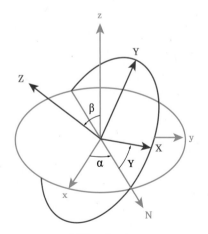

물체의 회전량 : 회전 후 물체의 좌표계를 회전하기 전 물체의 좌표계를 의미한다.

파란색 : 기존 좌표,
빨간색 : 회전 후 좌표, 회전후 각도 : α, β, γ

오일러각은 수학자가 고안한 개념으로 3차원 공간의 절대좌표 기준으로 회전 x, y, z 값을 말한다. 회전 순서 기반이나 짐벌락이라는 문제점이 발생하는데, 짐벌락은 회전한 축이 아직 회전하지 않은 축과 함께 겹침 현상을 의미한다.

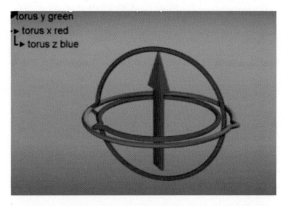

그림 5-3. 초록색과 파란색은 겹침 각도를 나타나는 짐벌락 현상

이런 문제점을 해결하기 위해 쿼터니언(Quaternion) 각을 사용하는데 이는 4개의 값을 기준으로 서로 겹치지 않는 축을 사용한다. x, y, z, w(스칼라축) 국내 용어로 '사원수'라고 한다. 쿼터니언 회전은 오일러각과 달리 n차원 공간상에서 한번에 회전하며 짐벌락 현상을 해결할 수 있다. 대신 계산이 매우 복잡하며 프로그래머에게 제어(생성 및 수정)을 허용하지 않는다. 즉 별도로 수정할 수 있지 않고, 정해진 공식으로 사용된다.

```
Quaternion Rotation = Quaternion.Euler(new Vector3(0,0,0));
Vector3 Euler= Rotation .eulerAnglers;
```

q(쿼터니언 각) = w, x, y, z

2.13 │ 제네릭(Generic) 기법

GetComponent를 통해 다양한 방법으로 컴포넌트를 받아올 수 있다. 컴파일 시 강한 타입 체크를 할 수 있다. 실행 시 타입 에러나는 것 보다 타입을 강하게 체크해서 에러를 사전에 방지한다. 컴퓨터의 언어에서 타입 형태가 맞지 않으면 오류날 수 있다. 데이터 타입형에 맞게 자료구조를 구성하고 있다.

```
rb = GetComponent<Rigidbody>();
tr = GetComponent<Transform>();
```

GetComponent를 통해 다른 게임 오브젝트의 컴포넌트를 접근할 수 있다.

2.14 │ 코루틴

코드가 반복적으로 실행되기 위해 Update() 사용하지만 특정한 구간에서 반복을 원한다면 매 프레임 반복적으로 실행되고, 매우 비효율적 결과를 가져오는데 이때 코루틴(Coroutine)을 사용하면 편집자가 원하는 순간에만 반복하거나, 필요하지 않을 때 사용하지 않을 때 쓰는 코루틴을 익혀두면 유용한다.

```
IEnuberator CortTest() // 반환형으로 시작한다.
    {
        yield return; // 리턴 값을 실행한다.
    }


StartCoroutine( CortTest() ); // 부를 수 있는 함수를 호출한다.
```

- yield return null; : 다음 프레임에 실행한다.
- yield return new WaitForSeconds(f); : 매개변수로 입력한 숫자에 해당하는 초만큼(유니티 시간 timescale 이용해서 시간 조절 가능) 기다렸다가 실행한다.
- yield return new WaitForSecondsRealtime(f); : 매개변수로 입력한 숫자에 해당하는 초만큼(현실시간) 기다렸다가 실행한다.
- yield break; : 코루틴 함수를 끝내버린다.

```
bool isBool = true;

    void Start()
    {
        StartCorountine(CortTest());
    }

    IEnumerator CortTest()
    {
        while (isBool)
        {
        yield return null;
        Debug.Log("null" + 출력);
        }
    }
```

코루틴 사용 시 주의할 점

1. 코루틴을 Start 함수가 호출된 이후에 게임 오브젝트가 활성화된 상태에서 호출한다. Awake()나 게임 오브젝트가 비활성화된 상태에서 실행하려고 하면 정상 작동하지 않는다.

2. 코루틴을 서브 Update 함수처럼 쓰기 위해서 코루틴 내에서 무한 루프를 만들 때 반복문 바깥에 yield return을 쓰는 경우 에러는 없지만 유니티 에디터나 게임이 고장난다. while 문 내부에 yield return으로 제어권을 돌려주는 부분이 없기 때문에 코루틴이 코드 제어권을 독점해버려서 게임이 멈춘다. 이런 문제를 방지하기 위해서 코루틴 내부의 반복문 안에 yield return 코드를 작성해 제어권 양보해야 한다.

코루틴(Coroutine)과 유사한 비동기 함수인 시간 지연함수 Invoke() 인보크가 있다.
비동기 함수로 코루틴처럼 시간을 지연시킬 수 있는 인보크도 많이 사용한다.

문법

```
Invoke( " 함수명 " , 초f)
```

기본 사용

```
void Start()
    {
    // 지연하는 함수 TimeDelay 호출하는데 5초 후 나타난다.
        Invoke("TimeDelay" , 5f);
    }


    void TimeDelay()
    {
        Debug.Log("5초 후 실행함");
    }
```

반복 및 취소

```
# InvokeRepeating() 함수는 지연 시간만큼 반복 실행할 수 있다.
# CancelInvoke() Invoke 함수를 멈출 때 사용하는 메소드

void Start()
{
        InvokeRepeating("TimeDelay", 5f, 3f);
}
```

```
void TimeDelay()
{
        Debug.Log("5초 후 3초마다 반복 실행")
}
void CancelInvokeFn()
{
  // 취소시킬 수 있는 함수
        CancelInvoke("TimeDelay")
}
```

RayCast(레이캐스트) : 레이저를 쏘아 충돌감지 기법이다.

```
public class PlayerCs : MonoBehaviour
{
    // 초기 설정 : 최대 거리값, 레이캐스트 히트 값
    public float MaxDistance = 10f;
    RaycastHit hit;

    void Update()
    {
      // 광선이 드로잉됨
        Debug.DrawRay(transform.position, transform.forward *
MaxDistance,
Color.red, 0.3f);
        // 캐릭터 앞으로 레이캐스트 쏜다.
        if(Physics.Raycast(transform.position, transform.forward,
out hit, MaxDistance))
```

```
            {
                  hit.transform.GetComponent<MeshRenderer>().material.c
    olor = Color.blue;
            }
        }
    }
```

Instantiate(오브젝트를 복제) – Destroy(오브젝트 파괴, 삭제) : 오브젝트를 생성하
는 총알 같은 경우 많이 사용하는 문법으로 삭제는 부딪혔을 때나 일정 시간에
삭제하면 된다.

```
                Instantiate (original, position, rotation)
```

- **original** : 생성할 게임 오브젝트나 프리팹 지정
- **position** : Vector3 생성될 게임 오브젝트 위치 지정
- **rotation** : Quaternion 변수로 생성될 게임 오브젝트 회전 값 지정

```
                        Destroy(obj, time);
```

SetActive() : 게임 오브젝트를 활성화, 비활성화한다.

```
        변수명.gameObject.SetActive(false); // 비활성화시킨다.
```

FindGameObjectWithTag() : 신 화면에서 게임 오브젝트를 찾는 방법이다.

```
    public GameObject Prefab;
    public Transform buPosition;


    void Update()
```

```
{
if(Input.GetKeyDown(KeyCode.Space))

    {
        GameObject bullet = Instantiate(Prefab);
        bullet.transform.position =
buPosition.transform.position;
        bullet.GetComponent<Rigidbody>().AddForce(new
Vector3(30, 0, 0), ForceMode.Impulse);
        Destroy(bullet, 3f);
    }
}
```

- **이름 그대로 찾기** : GameObject.Find("이름")
- **태그로 찾기**: GameObject.FindWithTag("태그명") or GameObject.FindGameObjectWithTag("태그명)

GetComponent() : 컴포넌트를 읽어 들일 때 사용한다. 보통 Rigidbody 호출 시 사용한다.

LoadScene() : 신 정보를 불러온 후 다음 신으로 전환할 때 사용한다.

```
using UnityEngine.SceneManagement;

void LoadNextScene()
{
        Scene scene = SceneManager.GetActiveScene(); // 현재 정보 신
불러옴
        int currentScene = scene.buildIndex; // 신 빌드 순서 가져옴
        int nextScene = currentScene + 1; // 다음 신 셋팅
        SceneManager.LoadScene(nextScene); // 다음 신 불러옴
}
```

| 6장 |

메타버스를 위한
유니티 환경 제어

─── 학습 목표 ───

메타버스를 만들기 위해 유니티 기본 기능 학습이 필요하며 이번 장에서
는 기초 기능을 배운다.

1 〉 Transform Script

Transform 형태를 변형하는 요소로 가장 유니티에서 기본이 되는 기초 내용을 배운다.

유니티를 실행한다.

모든 예제는 기즈모의 y축(그린색)을 위로, x축(빨강색)을 시계 3시 방향으로 기본 축 설정한다. 축의 방향에 따라 앞뒤 옆으로 크기가 다를 수 있기에 기본 축을 기준으로 이해해야 한다.

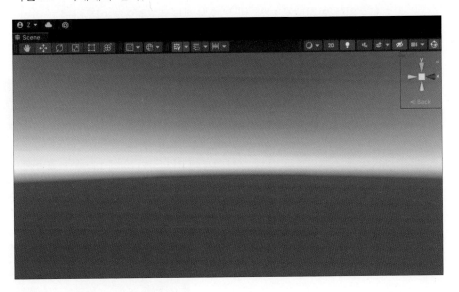

Hierarchy 패널에서 마우스 오른쪽 버튼을 클릭한 다음 3D Object → Plane을 실행한다.

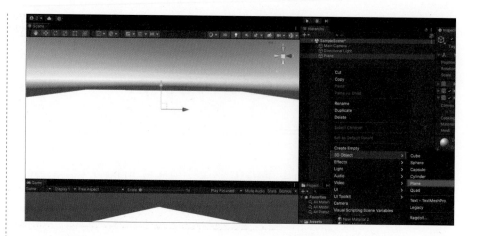

바닥용으로 사용될 바닥판(Plane) 오브젝트가 생성된다. 같은 방법으로 Hirackey 패널에서 마우스 오른쪽 클릭한 다음 3D Object → Cube를 실행하여 박스 오브 젝트를 만든다.

수치를 입력해서 만든 박스 오브젝트를 y축으로 이동하려고 한다. Inspector 패 널의 Transform에서 Position Y를 '1'로 설정한다.

이제 스크립트를 큐브 오브젝트에 적용하기 위해 Project 패널에서 마우스 오른 쪽 버튼을 클릭한 다음 Create → C# Script를 실행하여 이름을 'TransformTest' 로 입력한다.

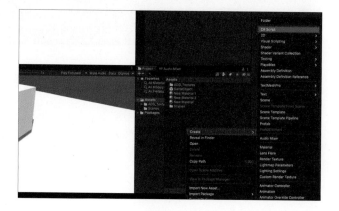

'TransformTest' 파일을 Scene 패널의 큐브 오브젝트에 드래그하여 스크립트를
적용한다.

Project 패널의 'TransformTest' 스크립트 파일을 더블클릭하여 자동으로 에디
터 프로그램 VSCode를 실행한다. 다음과 같이 스크립트를 작성하고 저장한 다
음 유니티로 중앙 상단의 '플레이' 아이콘(▶)을 클릭한다.

```
public class TransformTest : MonoBehaviour
{
  public float zNumber = 0.1f;
  void Update()
  {
    transform.Translate(0,0,zNumber);
  }
}
```

Z축으로 전진하는 것을 확인한다. Inspector 패널에서 z Number를 다른 값으
로 변경하면 그에 맞게 변형되어 적용되고, 수치가 높을수록 빨라진다.

이번에는 회전을 적용한다. 내용을 다음과 같이 변경한다.

```
public class TransformTest : MonoBehaviour
{
  public float yNumber = 2.1f;
  void Update()
  {
    transform.Rotate(0,yNumber,0);
  }
}
```

update()인데도 z 값 10 위치에만 이동한 후 멈추어 있다. 위치의 값만 주어진다.

+= 증감 연산자를 이용하여 10만큼 계속 증가 값을 추가하면 translate() 메소드와 동일하게 이동 애니메이션을 나타낸다.

```csharp
public class TransformTest : MonoBehaviour
{
  public float num = 19;
  void Update()
  {
    transform.position += new Vector3(0,0,num);
    Debug.Log(num);
  }
}
```

Translate()	position
transform.Translate(0,0,1); Translate() 이동 함수	transform.position = new Vector3(0,0,10) Transform 속성값

 체크 포인트

Translate에 ( ) 괄호가 있는 것은 함수(메소드)이다.

연습 01 구슬 이동하기

유니티의 Sphere를 이용하여 구슬을 굴려보는 기능을 학습해 보자.

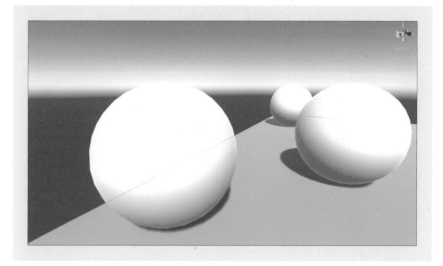

❶ Hierarchy 패널에서 마우스 오른쪽 버튼을 클릭한 다음 3D Object → Plane, Sphere를 실행하여 판과 구슬을 만든다. 매테리얼을 이용하여 컬러를 적용하고 스피어 오브젝트가 움직일 수 있게 스크립트를 다음과 같이 적용한다. Input. GetAxisRaw("Horizontal")는 입력되어 있는 Input System에서 그대로 사용한다. Input System을 참조한다.

GetAxis(소수점 값)는 "축을 얻다."라는 의미이며 뒤에 Raw 값은 정숫값 GetAxisRaw : −1 , 0 , 1 값으로 방향을 얻을 수 있다.

즉 −1(왼쪽), 0(중립), 1(오른쪽) 등으로 읽어진다.

Time.deltaTime은 게임을 플레이 하는 컴퓨터마다 사양이 다양하고, 성능도 다양하다. 오래된 성능의 PC가 있을 수 있고, 최신 PC가 있을 수 있는데 이런 컴퓨터 사양과 상관없는 평균 값을 유지하며 어떤 PC에서도 동일한 속도를 나타낼 때 사용된다. 1초에 50초 Frame으로 설정된다.

```
public class PostionMove : MonoBehaviour
{
  public float speedMove = 5f;
  void Update()
  {
    float h = Input.GetAxisRaw("Horizontal");
    float v = Input.GetAxisRaw("Vertical");
    Vector3 vec = new Vector3(h, 0, v);
    transform.position += vec * speedMove * Time.deltaTime;
  }
}
```

❷ 키보드 키를 이동하면 구슬도 같이 이동하는 것을 확인한다.

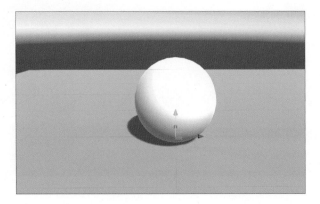

Input System

Project Settings 대화상자에서 'Input Manager'를 선택해서 확인하면 Axes Size가 18개 등록되어 있다고 표시된다.

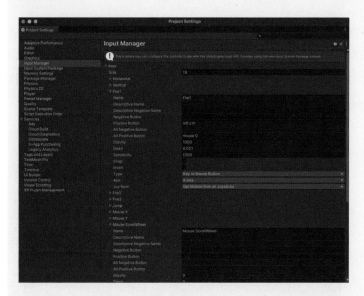

여기에 Horizontal, Vertical, Fire1, Fire2, 키보드 키, 마우스 키 등 입력 정보 값이 초기 설정되어 있는 것을 볼 수 있으며, Horizontal에서 이름(name) Button 정보 외 다양한 정보가 키보드 입력값으로 알 수 있다.

따라서 입력값 설정은 유니티가 많이 사용하는 Input Manager를 통해 입력된 이름과 정보를 그대로 사용하면 입력값대로 유니티 결과물에 반영된다.

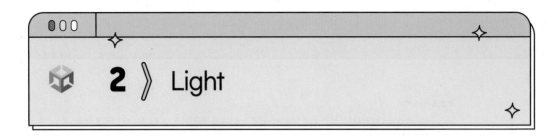

2 》 Light

Directional Light : 기본 유니티에서 설치되어 있는 라이트(Light)로, 이는 현실 세계에서 태양과 같은 낮을 밝히는 역할을 한다. 그래서 어디에 있던지 낮과 밤을 표현한다. 위치가 어디에 있든 관계없고, 공통사항으로 유니티의 light 모두 빛의 컬러를 원하는 색상으로 지정할 수 있다.

Point Light : 포인트 라이트는 현실 세계에서 전구 모양의 형태다. 따라서 전구 주변에 밝은 특성을 지니고, Rang 속성을 지정할 수 있으며, 수치를 높일수록 넓게 펴져나간다.

Spot Light : 현실 세계에서 손전등과 같은 원리로 손전등의 빛 방향이 존재한다. 콘(Corn) 모양의 빛을 발하는 조명으로, 빛이 뻗어나가는 각도를 조절할 수 있는 Spot Angle 값을 원하는 방향과 길이에 따라 수정할 수 있다.

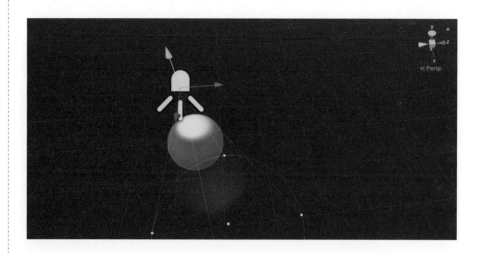

Area Light : 한쪽 방향으로 사각 박스의 형태(모양 변경 가능)가 비춰지는 조명이다. 주로 간접 조명으로 사용하여 이 책에서는 다루지 않는다.

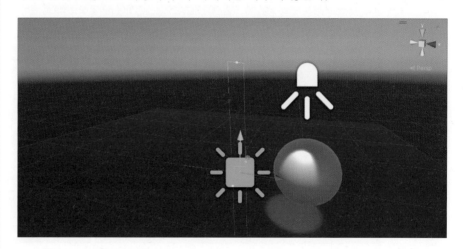

<table>
<tr><td>연습
02</td><td></td></tr>
</table>

빛 구슬 만들기

라이트와 투명도를 활용하여 빛 구슬 박스를 스스로 응용하여 만들어 보자.

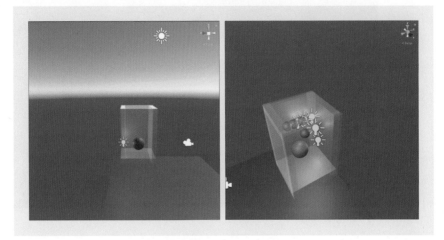

❶ Hierarchy 패널에서 마우스 오른쪽 버튼을 클릭한 다음 3D Object → Cube를 실행한다. Inspector 패널의 Transform에서 Scale X를 '10', Y를 '10', Z를 '2'으로 설정하여 6면의 오브젝트를 준비한다. 매테리얼을 적용하여 투명으로 변경한다.

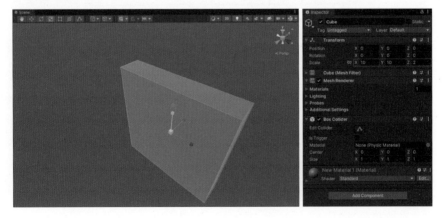

❷ Inspector 패널에서 Rendering Mode를 'Transparent'로 지정하고 Main Maps의 Albedo에서 색상 상자를 클릭한다. 표시되는 Color 창에서 A를 '112'로 설정하거나 원하는 수치를 적용한다.

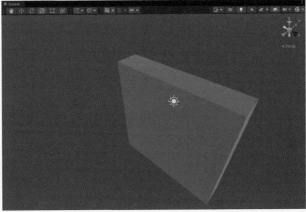

❸ 큐브 모양의 육면체를 형성하기 위해 Shift+D를 눌러 복사하고 V를 눌러 스냅 기능을 활성화한 상태로 모서리에 정확하게 맞춘다. 이때 각도를 변경할 때 Inspector 패널에서 Rotation Y를 '90'으로 설정하는 것이 좋다.

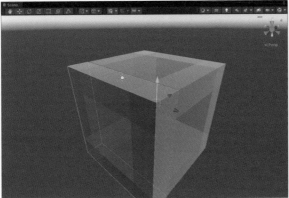

❹ Hierarchy 패널에서 마우스 오른쪽 버튼을 클릭한 다음 3D Object → Sphere를 실행하여 스피어 오브 젝트를 만든다. 크기와 위치를 조절하여 다양하게 구슬을 만들고 매테리얼을 적용한다. 이때 박스를 돌리 면서 구슬의 위치가 빠져 나가지 않도록 주의한다.

❺ 구슬과 6면체 오브젝트를 모두 선택하고 마우스 오른쪽 버튼을 클릭한 다음 Create Empty Parent를 실행하여 선택하여 상속 관계를 형성한다.

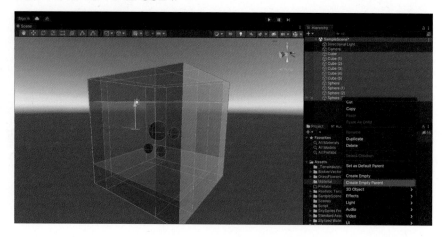

❻ 구슬에 조명도 추가하기 위해 마우스 오른쪽 버튼을 클릭한 다음 Light → Point Light를 실행한다. 포인트 라이트를 드래그하여 구슬 하위에 속하게 하고 Intensity 값을 올려서 밝기를 높인다. 컬러는 자유롭게 선택하고 구슬에 맞게 여러 Light 추가한다.

❼ 회전하기 위해서는 스크립트로 제어해야 한다. Project 패널에서 마우스 오른쪽 버튼을 클릭한 다음 Create → C# Script를 실행하여 스크립트를 생성하고 'Rotation'을 입력하여 이름을 정한다.
Hierarchy 패널의 GameObject를 선택하고 만든 스크립트 파일을 Inspector 패널로 드래그한다. 그림과 같이 적용된 것을 확인할 수 있다.

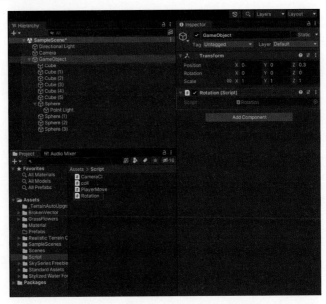

❽ 스크립트 파일을 더블클릭하면 편집 프로그램이 자동 실행된다. 자동으로 들어가 있는 것은 그대로 나 두고 using… 이하는 생략해서 설명할 수 있다. void Start(){ }를 삭제하고, transform.Rotate(x,y,z)는 회전 되는 것인데 y좌표에만 '2'를 입력하여 설정한다. 다음과 같이 설정하고 저장 후 유니티로 돌아와 '플레이' 아이콘(▶)을 클릭하여 실행한다.

```
using System.Collections;
using System.Collections.Generic;
using UnityEngine;

public class Rotation : MonoBehaviour
{
  // Update is called once per frame
  void Update()
  {
   transform.Rotate(0,2,0);
  }
}
```

❾ 회전하는 결과를 확인할 수 있다. 구슬이 자유롭게 움직이기 위해 구슬 모두 Rigidbody를 적용하여 물 리적 움직임이 살아날 수 있게 수정하여 완성한다.

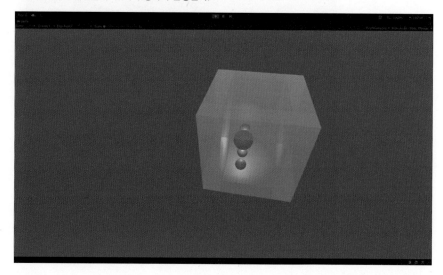

3 〉 Physic Material

피직스 매테리얼(Physic Material)은 튕김, 탄성, 마찰력을 이용하는 것으로 다음과 같은 설정으로 오브젝트의 마찰력을 극대화할 수 있다.

Project 패널에서 마우스 오른쪽 버튼 클릭을 한 다음 Create → Physic Material 를 실행한다.

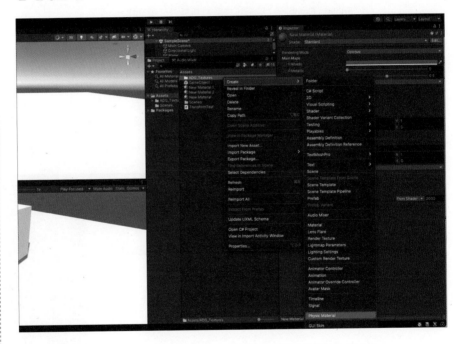

피직스 매테리얼을 설정하면 Inspector 패널에 옵션 설정이 표시된다.

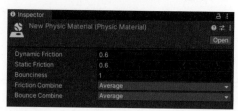

Dynamic Friction : 운동 마찰력으로 기본 값은 0.6, 0이면 마찰이 없으며, 최댓값은 무한이다.

Static Friction : 정지 마찰력으로 기본 값은 0.6, 0이면 마찰이 없고 얼음 상태, 최댓값은 무한이다.

Bounciness : 물체가 반동하는 정도의 반동 수치로 0이면 반동이 없고, 최댓값은 1이며 에너지 손실은 없다.

Friction Combine : 두 물체 충돌 시 마찰 계산 방식이다.

Bounce Combine : 두 물체 충돌 시 반동 계산 방식이다.

우선 순위를 정했을 때, Average 〈 Minimum 〈 Multiphy 〈 Maximum이다.

유니티에서 Project 패널에서 마우스 오른쪽 버튼 클릭한 다음 3D Object → Sphere를 실행한다. 공을 선택하고 피직스 매테리얼을 적용한다.

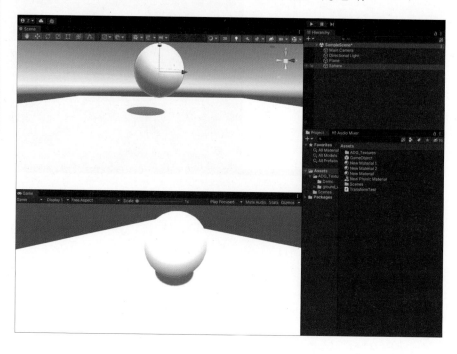

피직스 매테리얼을 적용한 스피어 오브젝트를 선택하고 Inspector 패널에서 Sphere Collider의 Material에 드래그한다.

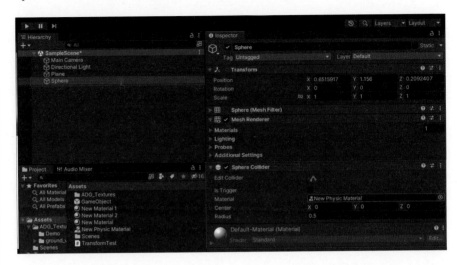

다음은 스피어 오브젝트를 선택된 상태로 Inspector 패널 하단의 'Add Component'를 클릭 후 검색창에 'rigid'를 검색하고 'Rigidbody'를 선택하여 컴포넌트를 추가한다.

결과를 확인 하기 위해 '플레이/ 아이콘(▶)'을 클릭한다.

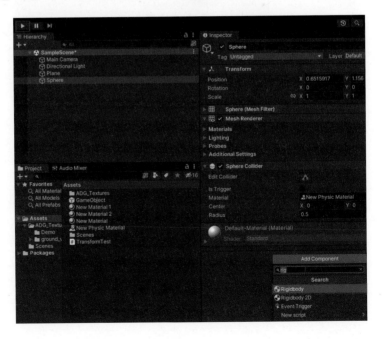

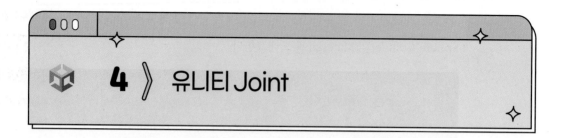

4 〉 유니티 Joint

Hinge Joint

'Joint'는 연결하다는 의미를 갖고 있고, 'Hinge Joint'라고 하면 '문 뚜껑 등의 접철하다.'라는 의미를 가져 현실 세계에서 미닫이 문을 연상할 수 있다. 이를 이용하여 사슬, 전자 운동 등을 모델링하는데 사용한다.

사용법은 Inspector 패널에서 Add Component를 추가하여 'joint'를 검색하면 리스트가 표시되는데, 이를 추가하고 Rigidbody를 가지고 있어야 사용이 가능하다.

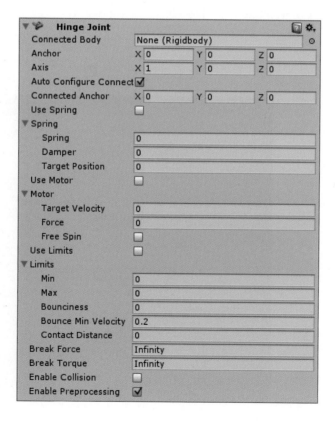

Spring, Motor, Limits 프로퍼티를 사용하면 조인트의 동작을 미세하게 조정할 수 있다.

Spring과 Motor는 둘 중 하나만 사용하도록 고안되었다. 둘을 동시에 사용하는 경우, 예측하지 못한 결과를 야기할 수 있다.

Connected Body	조인트가 의존하는 리지드바디에 대한 선택적 레퍼런스다. 이를 설정하지 않으면 조인트는 월드에 연결된다. 조인트는 Connected Body를 할당하지 않아도 작동한다.
Anchor	흔들리는 바디의 중심 축 포지션이며 이 위치는 로컬 공간에서 정의된다.
Axis	흔들리는 바디의 중심 축 방향이며 이는 로컬 공간에서 정의된다.
Auto Configure Connected Anchor	설정이 활성화되면 연결된 앵커 포지션이 자동으로 계산되어 앵커 프로퍼티의 글로벌 포지션과 매치된다. 이것은 디폴트 동작으로, 이 설정이 비활성화된 경우 연결된 앵커의 포지션을 수동으로 설정할 수 있다.
Connected Anchor	연결된 앵커 포지션의 매뉴얼 설정이다.
Use Spring	스프링은 리지드바디가 연결된 바디와 비교해 특정 각도에 도달하도록 한다.
Spring	Use Spring이 활성화된 경우, 스프링의 프로퍼티가 사용된다.
− Spring	오브젝트가 포지션으로 이동하도록 가하는 힘이다.
− Damper	이 값이 커질수록 오브젝트의 속도가 저하된다.
− Target Position	스프링의 타겟 각도로 스프링은 도 단위로 측정된 각도에 도달할 때까지 당겨진다.
Use Motor	모터는 오브젝트를 회전시킨다.
Motor	Use Motor가 활성화된 경우, Motor의 프로퍼티가 사용된다.
Target Velocity	오브젝트가 달성하려는 속도다.
Force	속도에 도달하기 위해 가해지는 힘이다.
Free Spin	이 옵션을 활성화하는 경우, 모터는 회전을 멈추지 않고 가속만 한다.
Use Limits	이 옵션을 활성화하는 경우, 힌지의 각도는 Min과 Max 사이의 값으로 제한된다.
Limits	Use Limits가 활성화된 경우, Limits의 프로퍼티가 사용된다.
Min	회전이 도달할 수 있는 최소 각도다.
Max	회전이 도달할 수 있는 최대 각도다.
Bounciness	최소 또는 최대 정지 한계에 도달한 시점에서 오브젝트가 튕기는 정도다.
Contact Distance	지터를 피하기 위해 한계로부터의 접점 거리내에서 접점을 유지한다.
Break Force	조인트를 파괴하기 위해 가해져야 하는 힘이다.

Break Torque	조인트를 파괴하기 위해 가해져야 하는 토크다.
Enable Collision	옵션을 선택하면 조인트로 연결된 바디 간 충돌이 활성화된다.
Enable Preprocessing	전처리를 비활성화하면 처리 불가능한 설정을 안정화하는 데 도움된다.

유니티에서 큐브 오브젝트를 생성하고 문(Door)과 같은 미닫이 문으로, 두께는 좁고 직사각형의 형태로 편집한다. 좌우를 이용해야 하므로 하나를 완성 후 그대로 복사(Ctrl + D)해서 나란히 배치한다.

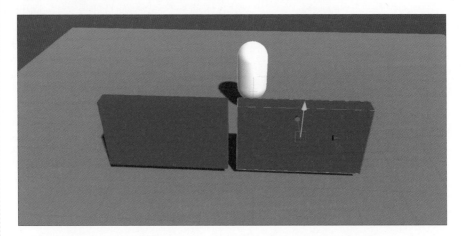

Inspector 패널에서 'Add Component'를 클릭하고 'joint'를 검색하여 'Hinge Joint'를 선택하여 컴포넌트를 추가한다.

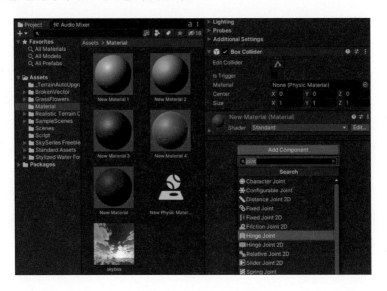

Hinge Joint 옵션은 다음과 같이 설정한다.

> **왼쪽 문** : Anchor X를 '-0.5', Axis Y를 '1', Target Position을 '20'으로 설정하고 'Use Spring'을
> 체크 표시한다.
>
> **오른쪽 문** : Anchor X '0.5' , Axis Y를 '1', Target Position을 '20'으로 설정하고 'Use Spring'을
> 체크 표시한다.

y축을 기준으로 좌우 미닫이 문 효과를 만들 수 있다.

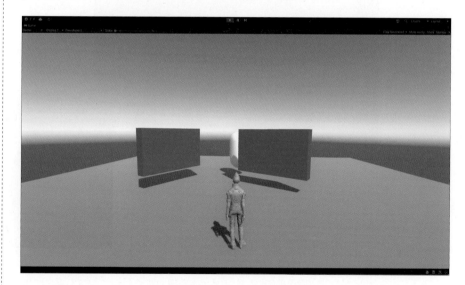

Fixed Joint

다른 오브젝트에 의존적인 오브젝트의 움직임을 제한한다. Parenting(상속 관계)
유사하게 작동되며, 계층보다 물리를 통해 구현한다. 즉, Fixed Joint는 객체를
고정시키고 여러 가지 객체를 묶어서 하나로 만들 때 사용한다.

Connected Body	조인트가 의존적인 리지드바디로의 선택적인 참조. 세팅되지 않으면 조인트가 세상에 연결된다.
Break Force	조인트가 부서지기 위해 적용될 필요가 있는 힘이다.
Break Torque	조인트가 부서지기 위해 적용될 필요가 있는 회전력이다.

Sprint Joint

2개의 리지드바디를 결합하며, 마치 스프링으로 연결되어 있게 만든다. 스프링처럼 탄성이 존재한다.

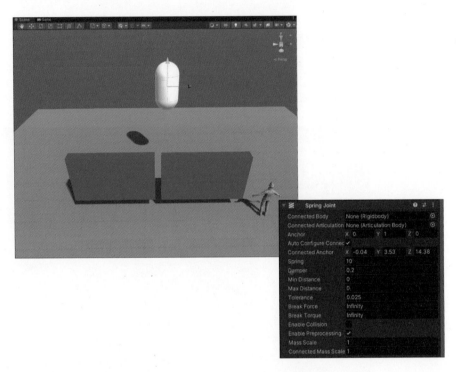

자동적으로 위아래로 움직이며, 충돌될 때 종처럼 좌우가 움직인다. 스프링처럼 춤을 추는 효과가 있다.

Character Joint

애니메이션을 실행했을 때 물리적 효과를 받아 순차적 흐름을 만들 수 있다.

Configurable Joint

관절 각도를 조절할 때 자연스럽게 만들 수 있다. 애니메이션 뼈대 유연성을 설정할 때 사용한다.

마찰력을 이용한 구슬 상자 만들기

연습
03

상자에 담긴 공이 움직임을 제어하며 구슬을 움직여 보자.

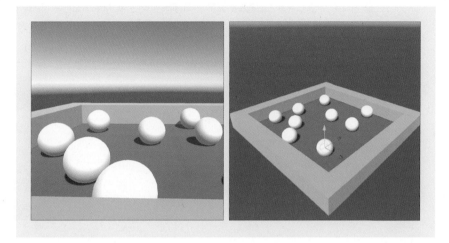

❶ Hierarchy 패널에서 마우스 오른쪽 버튼을 클릭한 다음 3D Object → Cube를 실행하여 선반을 생성한다.

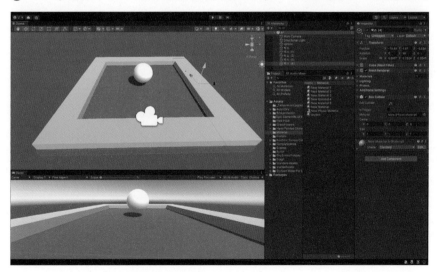

❷ 같은 방법으로 Sphere를 실행하여 오브젝트를 생성하고 하위에 Point Light도 생성한 다음 하위 부모 자식 상속으로 만든다. 스피어 오브젝트에 'Rigidbody' 컴포넌트를 적용한다. 선반을 회전 하기 위해 Cube 요소를 하나로 묶겠다. 큐브 오브젝트를 모두 선택(Shift+클릭)한 후 마우스 오른쪽 버튼을 클릭한 다음 Create Empty Parent를 실행하여 부모자식 상속으로 생성한다. GameObject만 스크립트를 적용하면 회전 할 수 있는 선반이 된다.

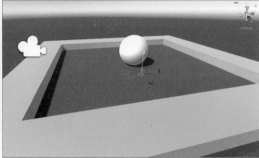

❸ 상위 묶음으로 만든 GameObject에 회전하는 스크립트(ClassRotate.cs)를 생성하고 적용시킨다.

```
public class ClassRotate : MonoBehaviour
{
 public float speed = 3f;

 void Update()
  {
    if(Input.GetKey(KeyCode.LeftArrow))
    {
      transform.Rotate(0, 0, 1*speed);
    }
    if (Input.GetKey(KeyCode.RightArrow))
    {
      transform.Rotate(0, 0, -1 * speed);
    }
    if (Input.GetKey(KeyCode.UpArrow))
    {
      transform.Rotate(1 * speed, 0, 0);
```

```
      transform.Rotate(1 * speed, 0, 0);
    }
    if (Input.GetKey(KeyCode.DownArrow))
    {
      transform.Rotate(-1 * speed, 0, 0);
    }
  }
}
```

❹ 스피어 오브젝트는 다음과 같은 스크립트를 적용한다.

```
public class WakeFix : MonoBehaviour
{
  void Update()
  {
   GetComponent<Rigidbody>().WakeUp();
  }
}
```

❺ '플레이' 아이콘(▶)을 클릭하여 실행하면 회전하면서 완성된 모습을 볼 수 있다.

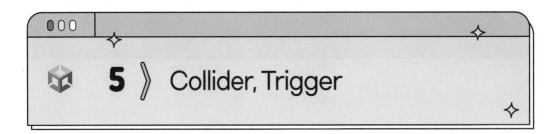

5 〉 Collider, Trigger

유니티에서 새 프로젝트를 만들고 바닥이 될 플래인 오브젝트를 생성한다. 플래인 오브젝트에 매테리얼을 적용하여 원하는 컬러를 지정한다. 그 위에 3D Object의 Cube, Sphere, Cylinder, Capsule을 실행하여 순서대로 나란히 만든다.

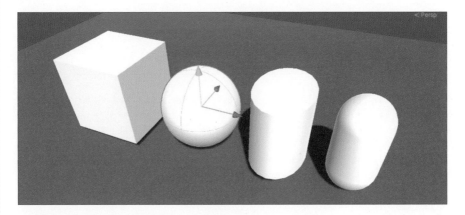

Inspector 패널에서 각각 'Mesh Renderer'를 체크 해제한다. 각각 Collider가 명확히 시각적으로 보인다.

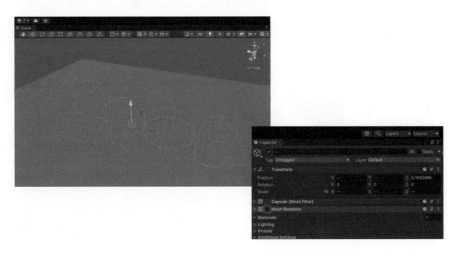

초록색 라인으로 Collider가 뚜렷하게 보인다. Collider는 충돌감지하는 부분이다. 결국 박스 원구 캡슐 등의 형태의 콜라이더가 자동적으로 유니티 내장 3D Object를 생성 시 Collider가 함께 포함되어 생성되었다. 리지드바디처럼 물리적 엔진을 이용하여 중력의 힘을 이용하면 오브젝트끼리 부딪치는 부분에 Collider가 생성되어 있기에 충돌감지로 경계 부분에 닿는 부분만 충돌된다.

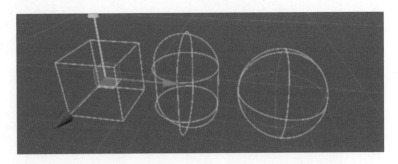

유니티는 3가지 콜라이더를 제공한다. 외부에서 에셋 오브젝트를 가져왔을 때 콜라이더가 없을 시 3가지 중 하나를 선택하여 적용해야 한다. Box Collider, Sphere Collider, Capsule Collider 형태에 맞는 부분을 적용하면 된다.

수동으로 콜라이더를 편집하기 위해 Inspector 패널에서 'Edit Collider' 아이콘(　)을 클릭한다.

아래 Center X와 Size X를 조절하여 Mesh Renderer 크기보다 길게 콜라이더를 만든다. 스피어 오브젝트를 선택하고 큐브 오브젝트 위로 올려 리지드바디를 적용 후 공을 떨어트리겠다.

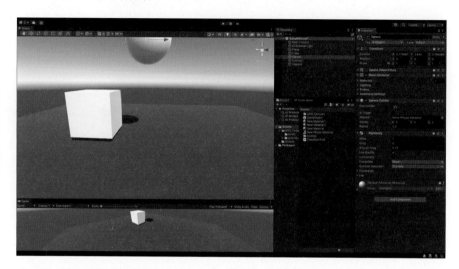

스피어 오브젝트의 Add Component에서 'Rigidbody'를 검색 후 적용한다. '플레이' 아이콘(▶)을 클릭하여 적용된 것을 확인하면 큐브 오브젝트 아래 임의로 길게 수정한 보이지 않는 콜라이더가 존재하기 때문에 충돌되어 떨어지지 않는 것을 확인할 수 있다.

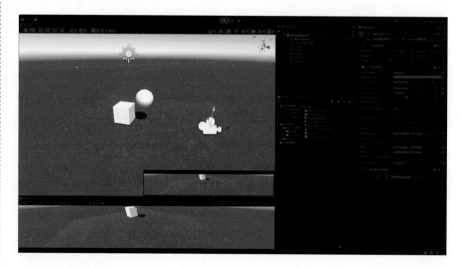

Collider

> OnCollisionEnter : 두 오브젝트가 충돌하는 그 순간 한번 호출
>
> OnCollisionStay : 두 오브젝트가 충돌하는 동안 계속 호출
>
> OnCollisionExit : 두 오브젝트가 충돌이 끝났을 때 호출

아래와 같이 충돌 이벤트 상황을 체크할 수 있다. 보통 이벤트(사건, 어떤 일이 발생)이 되는 메소드는 On이 앞에 붙는다.

상황별 디버그를 통해 충돌 시작 – 충돌 중 – 충돌 끝으로 호출된 결괏값을 피드백 받을 수 있다. collision 파라미터값을 반환한다.

```
public class coll : MonoBehaviour
{
  // Collider 컴포넌트의 Is Trigger가 false인 상태로 충돌을 시작했을 때
  private void OnCollisionEnter(Collision collision)
  {
    Debug.Log("충돌 시작!");
  }
  // Collider 컴포넌트의 Is Trigger가 false인 상태로 충돌 중일 때
  private void OnCollisionStay(Collision collision)
  {
    Debug.Log("충돌 중!");
  }
  // Collider 컴포넌트의 Is Trigger가 false인 상태로 충돌이 끝났을 때
  private void OnCollisionExit(Collision collision)
  {
    Debug.Log("충돌 끝!");
  }
}
```

Trigger

OnTriggerEnter : Is Trigger가 체크되어 있는 오브젝트에 충돌하는 그 순간 한번 호출

OnTriggerStay : Is Trigger가 체크되어 있는 오브젝트에 충돌하는 동안 계속 호출

OnTriggerExit : Is Trigger가 체크되어 있는 오브젝트에 충돌이 끝났을 때 호출

콜라이더 충돌과 동일하게 트리거 충돌 감지 이벤트도 동일한 상황에서 스크립트를 호출할 수 있다. other라는 파라미터값을 반환한다.

```
public class Ontrigger : MonoBehaviour
{

 private void OnTriggerEnter(Collider other)
  {
    Debug.Log(other.name + "감지 시작!");
  }
  // Collider 컴포넌트의 Is Trigger가 true인 상태로 충돌 중일 때
  private void OnTriggerStay(Collider other)
  {
    Debug.Log(other.name + "감지 중!");
  }
  // Collider 컴포넌트의 Is Trigger가 true인 상태로 충돌이 끝났을 때
  private void OnTriggerExit(Collider other)
  {
    Debug.Log(other.name + "감지 끝!");
  }

}
```

<table>
<tr><td>연습
04</td></tr>
</table>

충돌 감지하기

충돌하는 물리적 엔진 기능인 콜라이더를 직접 사용해 보자.

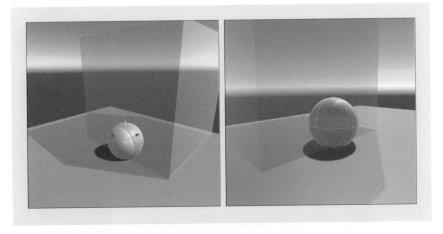

❶ Hierarchy 패널에서 마우스 오른쪽 버튼을 클릭한 다음 3D Object → Plane, Sphere을 실행하여 바닥과 공을 만든다. 같은 방법으로 Cube를 실행하여 충돌을 위한 아이템 박스도 만들고 매테리얼 컬러를 지정하여 구분짓는다. 아이템 박스는 투명 효과를 주었다.

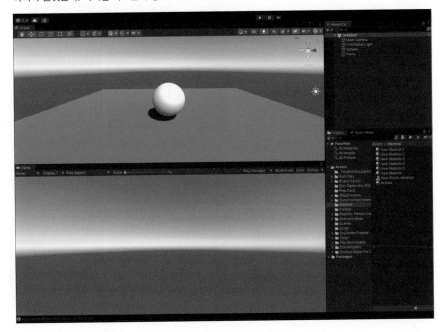

❷ 공이 굴러 갈 때 박스에 닿았을 때 충돌감지로 박스가 사라지게 할 예정이다. 아이템을 선택 후 Tag를 'Finish'로 지정한다. 만약 원하는 태그 이름을 설정하려면 'Add Tag..'로 지정하여 사용자가 원하는 이름을 지정할 수 있다. 부딪혔을 때 감지를 위해 Box Collider의 'Is Trigger'를 체크 해제한다.

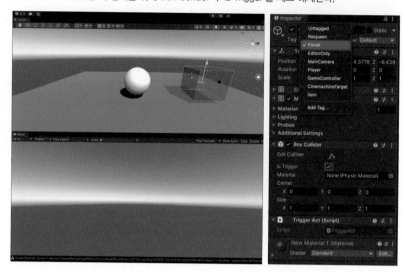

❸ Inspector 패널에서 이름을 'Sphere'에서 'Player'로 변경하고, 충돌판정 스크립트와 이동 스크립트를 적용한다. '플레이' 아이콘(▶)을 클릭하여 충돌되었을 때 박스가 사라지는 것을 확인한다.

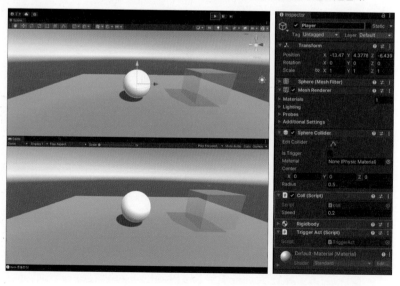

Input System(인풋 시스템) 버전 업데이트로 인해 실행이 불가능할 때 설정

메뉴에서 [Edit] → Project Settings을 실행한다.

Project Settings 대화상자가 표시되면 'Player' 탭을 선택하고 Comfiguration → Active Input Handing을 'Both'으로 지정한다.

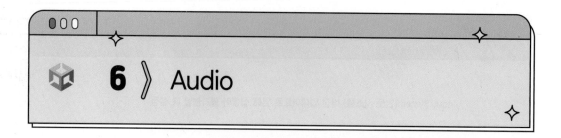

6 〉 Audio

사운드는 AudioSource, AudioClip을 이해해야 한다. AudioSource는 Asset Flie AudioClip 소스를 재생 시키기 위한 컴포넌트다.

> **AudioClip** : 음악을 듣는 소스
>
> **AuidoSource** : 음악을 재생시킬 수 있는 mp3 기계(컴포넌트)

따라서 AudioSource 오브젝트를 이용하여 AudioClip을 붙여 재생시키는 원리다.

 **연습 과제**

연습 05

사운드 추가하기

앞에서 사용한 예제에 사운드 파일을 추가하여 아이템을 얻었을 때 사운드가 재생되게 만들어 보자.

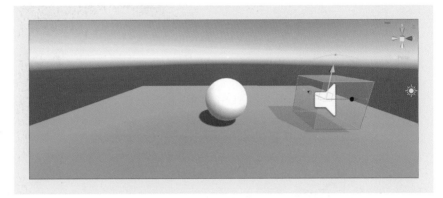

❶ 이동하기 위한 Player를 선택하고 'Add Component'를 클릭한 다음 'AudioSource' 컴포넌트를 추가한다. 이때 Play On Awake는 시작 시 음악 재생 설정이므로 체크 해제한다. AudioClip 사용할 음악 파일을 삽입한다(재생될 음악 파일 연결).

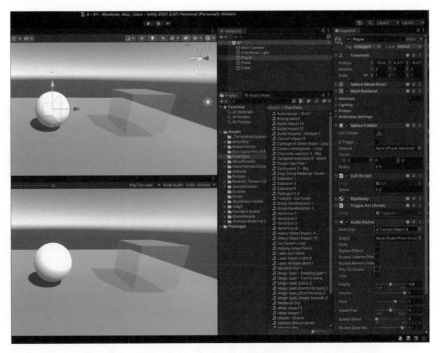

❷ 플레이어가 움직이고 부딪힌 후 사운드 재생으로 다음과 같이 충돌판정 스크립트와 Trigger 충돌 시 사운드 재생을 함께 넣어 준다.

```
public class TriggerAct : MonoBehaviour
{
  AudioSource source;
  private void Awake() {
    source = GetComponent<AudioSource>();
  }
  private void OnTriggerStay(Collider other)
  {
    if(other.tag == "Finish")
    {
      source.Play();
      other.gameObject.SetActive(false);
      Debug.Log("Item 충돌판정");
    }
  }
}
```

❸ 모든 Player에 사운드 파일, 충돌판정 스크립트를 적용 후 확인한다.

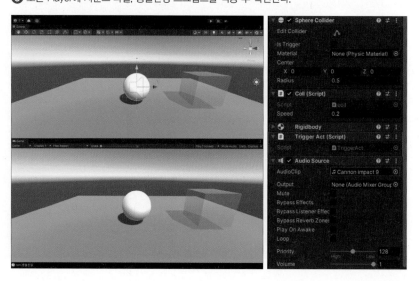

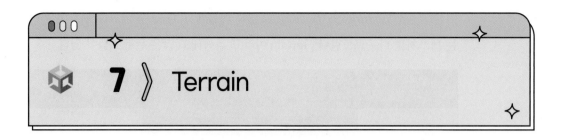

7 〉 Terrain

유니티에서 지형을 만들수 있는 터레인(Terrain)에 대해 학습해 보자.

Hierarchy 패널에서 마우스 오른쪽 버튼 클릭한 다음 3D Object → Terrain을 실행한다.

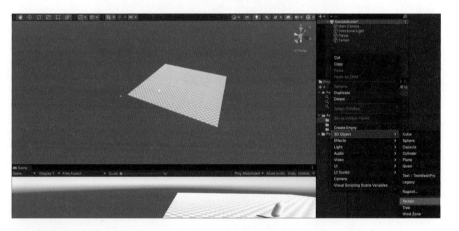

메뉴에서 [Windows] → Asset Store를 실행한다.

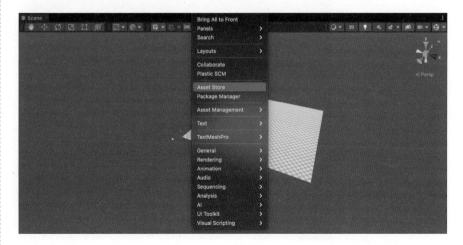

검색창에서 'Textures'를 검색하고 오른쪽 메뉴에서 'Free'를 체크 표시하여 원하는 텍스처를 다운로드한다. 'terrain'이라고 검색해도 많은 콘텐츠들이 있다.

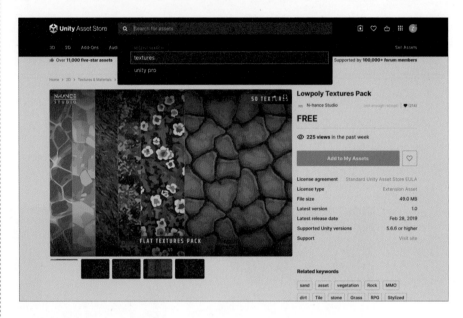

다시 유니티를 열면 Packege Manager 창이 표시된다. 원하는 파일을 선택하고 'Download' 버튼을 클릭한다.

'Import' 버튼을 클릭하여 전체 유니티로 가져온다.

연습 06

지형지 표면 만들기

터레인(Terrain)의 기본 요소와 많이 사용하는 부분을 직접 사용해서 만들어 본다.

❶ 유니티의 Hierarchy 패널에서 Terrain을 선택하고 Inspector 패널에서 아래 5개의 아이콘을 사용하여 터레인을 만들어 본다.

❷ 상단 5개의 아이콘 중 톱니바퀴 모양이 달린 'Terrain Settings' 아이콘(⚙)은 설정 창이다. 사이즈가 크기 때문에 Mesh Resolution(On Terrain Data)에서 Terrain Width를 '50', Terrain Length를 '50'으로 설정한다.

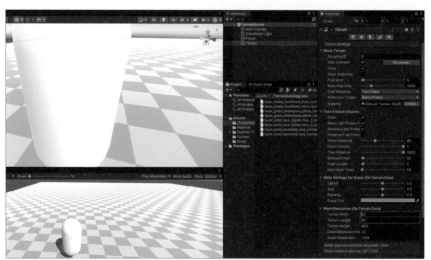

❸ 상단의 첫 번째 'Create Neighbor Terrains' 아이콘(🖼)은 지형 크기를 추가적으로 늘릴 수 있다. Scene 패널에서 상하 좌우 점선의 영역을 클릭하면 지형이 추가로 생성된다.

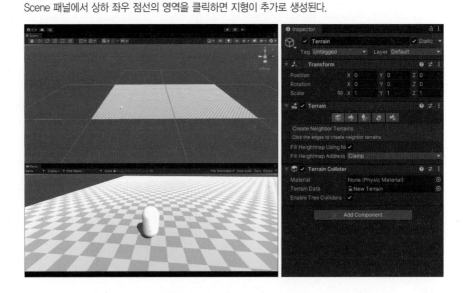

❹ 두 번째 'Paint Terrain' 아이콘(🖼)은 6가지 풀다운 메뉴들이 있다.

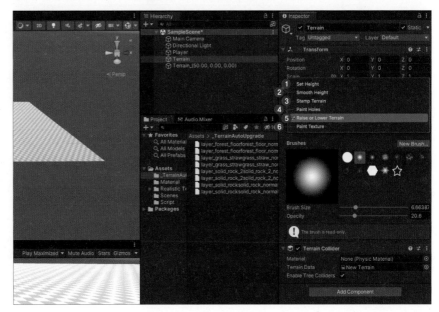

❶ **Set Height** : 터레인의 목표 높이를 특정 값으로 설정한다. 수치를 설정하여 높이를 설정하고, 테러인에 브러시 페인팅으로 지형이 특정 높이를 향해 높아지거나 낮아지는 것을 확인 가능하다.

❷ **Smooth Height** : 터레인을 부드럽게 만든다.

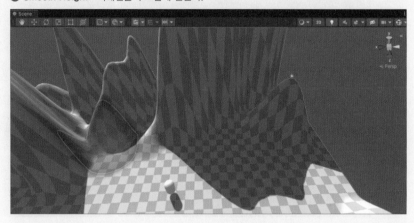

❸ **Stamp Terrain** : 터레인 위에 브러시 모양을 스탬프 처리할 수 있다.

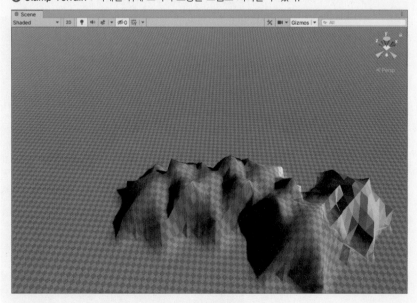

❹ **Paint Holes** : 지형에 구멍을 생성한다. 동굴, 절벽과 같은 구조물을 생성할 때 사용할 수 있다.

❺ **Raise or Lower Terrain** : 터레인 위에서 클릭과 드래그를 통해 지형을 높이거나 줄일 수 있다. 클릭+드래그하면 지형을 높이고 Shift+클릭+드래그하면 지형을 낮출 수 있다.

❻ **Paint Texture** : 지형에 텍스처를 추가할 수 있다. Asset Store에서 다운로드한 텍스처를 여기에서 사용한다.

❺ 'Edit Terrain Layers'를 클릭하고 'Create Layer'로 지정하여 원하는 텍스처를 생성하면 원하는 텍스처가 적용된다. 'Add Layer'를 지정하면 추가로 만들 수도 있고, 추가 레이어를 넣어 문지르면 추가적으로 텍스처를 생성할 수 있다.

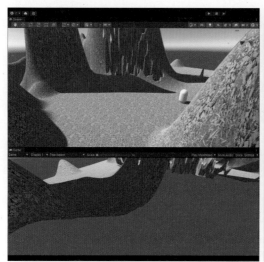
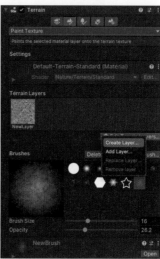

❻ 세 번째 'Paint Trees : tree' 아이콘(🌳)은 나무를 넣을 수 있는 옵션이다. 'Edit Terrain Layers'을 클릭하고 'Add Layer'로 지정한다.

❼ Add Tree 옵션에서 프리팹을 가져와야 한다. Asset Store에서 다운로드하기 위해 검색창에서 'tree'를 검색하고 원하는 에셋을 다운로드하여 유니티로 가져온다. Input하여 Asset에서 가져온 것을 그대로 불러준다. 'Add' 버튼을 클릭하여 브러시로 만든 것을 완성한다.

❽ 브러시 크기를 적당하게 조절하고 Scene 패널에서 원하는 갯수만큼 클릭하여 생성한다.

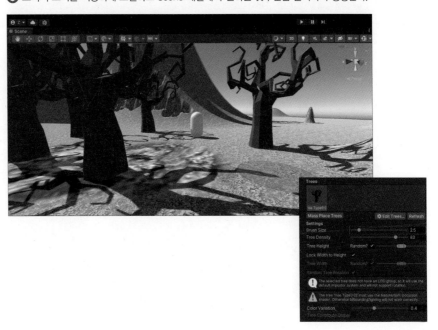

❾ 네 번째 'Paint Details' 아이콘(▨)을 클릭한다. 'Edit details' 클릭하고 'Add Grass texture'를 선택한다. Asset Store 검색창에서 'grass texture'를 검색하고, 원하는 에셋을 다운로드하여 가져 온다.

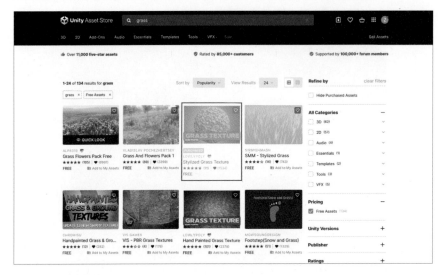

❿ Detail Texture에서 다운로드한 에셋을 그대로 가져온다.

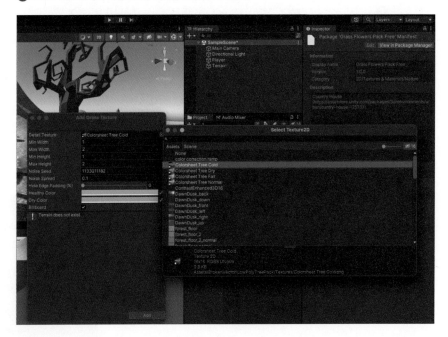

⓫ Brush Size, Opacity, Target Strength를 최소로 낮게 설정하고, Scene 패널에서 드래그하면 적용된다.

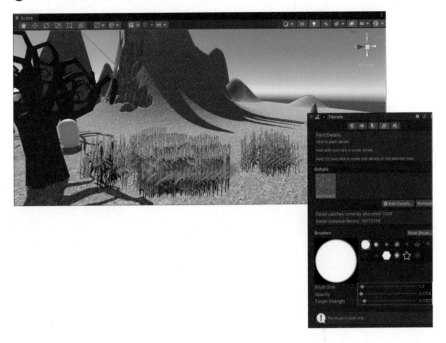

⓬ 지형과 텍스처를 다양하게 살려 원하는 지형을 연출할 수 있다.

⑬ 다시 Asset Store에서 'water'를 검색하여 무료 에셋을 유니티로 가져온다. 두 번째 'Paint Terrain' 아이콘(▨)에서 Paint Holes를 이용하여 나무 밑에 구멍을 내어 작은 연못을 만든다. 다운로드한 water 에셋을 불러와 프리팹으로 만들어진 것을 이용하여 연못을 만든다.

연습 07

캐릭터 바라보기

LookAt() 룩앳 함수를 사용하여 캐릭터가 서로 마주하여 바라보는 것을 만들어 보자.

❶ Hierarchy 패널에서 마우스 오른쪽 버튼을 클릭한 다음 3D Object → Plane을 실행하여 오브젝트를 생성하고 Inspector 패널에서 Scale X를 '10', Y를 '1', Z를 '10'으로 넓게 설정한다.

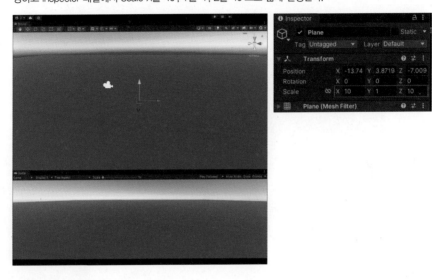

❷ 메뉴에서 (Window) → Asset Store를 실행하여 Asset Store로 이동한 다음 캐릭터를 다운로드한다.

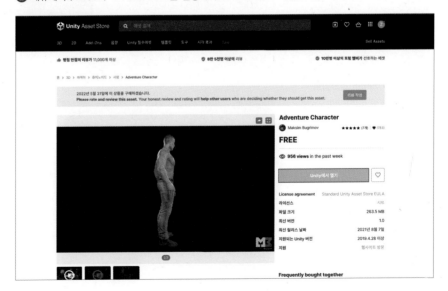

❸ 다운로드한 캐릭터 프리팹을 찾아 Scene 패널에서 서로 마주보게 배치한다. 상대 캐릭터는 Inspector 패널에서 Transform의 Rotation Y를 '−180'으로 설정하여 배치한다.

❹ A 남자(왼쪽):움직이는 캐릭터, B 남자(오른쪽):A 남자를 바라보는 캐릭터로 만들기 위해 스크립트 구성을 한다.

A 캐릭터 스크립트

```
public class PostionMove : MonoBehaviour
{
  public float speedMove = 5f;
  void Update()
  {
    float h = Input.GetAxisRaw("Horizontal");
    float v = Input.GetAxisRaw("Vertical");
    Vector3 vec = new Vector3(h, 0, v);
    transform.position += vec * speedMove * Time.deltaTime;
  }
}
```

B 캐릭터 스크립트

```
public class LookatSc : MonoBehaviour
{
  public GameObject Man_A;
  void Update()
  {
    transform.LookAt(Man_A.transform);
  }

}
```

❺ B 캐릭터를 선택 시 스크립트에서 생성된 Man_A라는 입력값에 Hierarchy 패널에 있는 'Man_A' 프리 팹을 그대로 드래그한다. 즉 게임 오브젝트 빈 공간에 A 캐릭터를 매칭시킨다. A가 움직일 때마다 B 캐릭 터는 A 캐릭터를 그대로 바라보는 연출이 되었다.

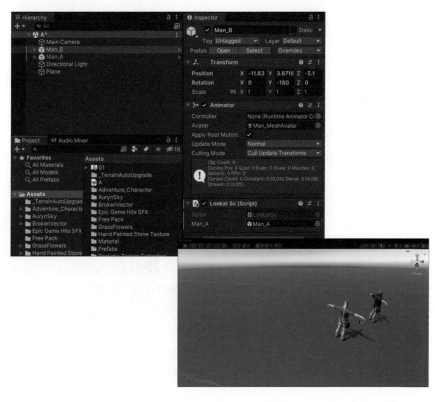

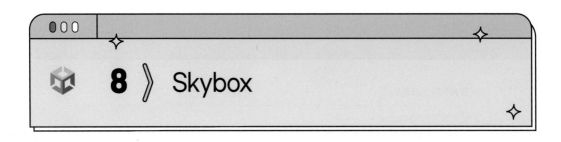

8 〉 Skybox

하늘 공간을 만드는 것으로 가장 많이 사용하는 6개의 면체로 만드는 방법과 Cubemap으로 만드는 방법 2가지가 있다. 그 외 파노라마, 절차적 스카이박스 등 총 4가지 방법이 있지만, 이 책에서는 6면과 Cubemap만 사용할 예정이다.

6면 스카이박스

유니티에서 매테리얼을 생성한다. Inspector 패널에서 Shader를 'Skybox/6 Sided'로 지정하여 변경한다.

프로퍼티	설명
Tint Color	스카이박스에 컬러를 합성 모드로 적용한다.
Exposure	스카이박스에 노출 보정을 조정한다. 색조 값을 변경할 수 있다.
Rotation	양 Y축을 중심으로 스카이박스를 회전한다.
Front[+Z]	양 Z축 방향의 면의 텍스처가 적용된다.
Back[−Z]	음 Z축 방향의 면의 텍스처가 적용된다.
Left[+X]	양 X축 방향의 면의 텍스처가 적용된다.
Right[−X]	음 X축 방향의 면의 텍스처가 적용된다.
Up[+Y]	양 Y축 방향의 면의 텍스처가 적용된다.
Down[−Y]	음 Y축 방향의 면의 텍스처가 적용된다.
Render Queue	유니티가 게임 오브젝트 그리는 순서를 결정한다.
Double Sided Global illumination	라이트 매퍼가 전역 조명을 계산할 지 여부를 결정한다.

옵션에서 나타난 6면의 이미지를 각각 적용하면 되는데, Front, Back, Left, Right, Up, Down 이미지를 각각 적용하면 6가지 면 공간을 만들 수 있다.

임의 Skybox 이미지를 Asset Store에서 불러들인다. 각각에 맞는 6개의 이미지를 하나하나 드래그한다.

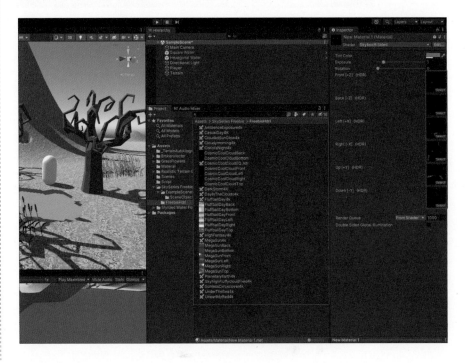

Hierarchy 패널에서 'Main Camera'를 선택한 후 메뉴에서 (Componet) →
Rendering → Skybox를 선택한다.

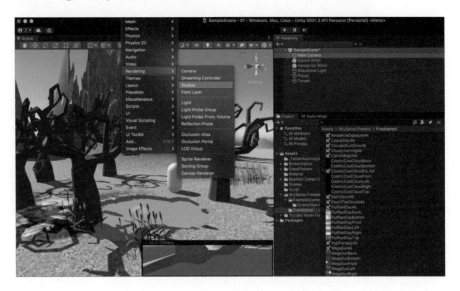

Project 패널에서 만든 6면 'Skybox' 매테리얼 그대로 카메라 창을 선택하고
Inspector 패널의 Skybox 컴포넌트에 있는 Custom Skybox에 프리팹을 드래그
한다. 전체 플레이어를 실행하면 최종 화면 카메라가 보는 공간에 우주 Skybox
가 구현됨을 알 수 있다.

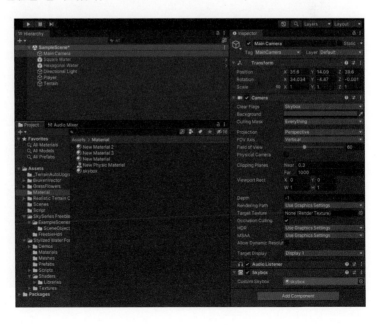

그림 6-1. 하늘이 스카이박스로 변경되어 출력된다.

Cubemap

매테리얼로 만든 스카이박스를 변경하여 사용하려고 한다. 만든 스카이박스를
선택 후 Inspector 패널에서 Shader를 'Cubemap'으로 지정하여 변경한다.

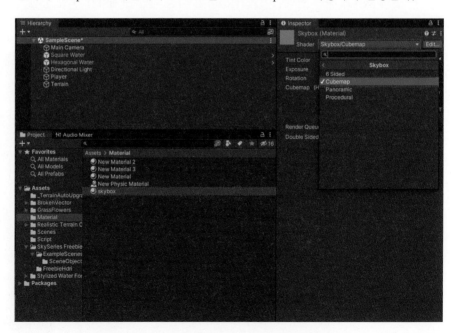

변경되면 Skybox/Cubemap의 프로퍼티가 표시된다.

각 프로퍼티의 특성은 다음과 같다.

프로퍼티	설명
Tint Color	스카이박스에 컬러를 합성 모드로 적용한다.
Exposure	스카이박스에 노출 보정을 조정한다. 색조 값을 변경할 수 있다.
Rotation	양의 Y축을 중심으로 스카이박스를 회전한다.
Cubemap(HDR)	큐브맵 이미지를 적용한다.
Render Queue	유니티가 게임 오브젝트 그리는 순서를 결정한다.
Double Sided Global illumination	라이트 매퍼가 전역 조명을 계산할 지 여부를 결정한다.

이미 다운로드 받았던 에셋에서 원하는 스카이박스를 선택한다. Cubmap으로 자동으로 삽입되며, 수동으로 드래그해도 된다. Cubemap(HDR) 오른쪽 이미지를 클릭 후 수동으로 검색하여 삽입해도 가능하다.

다시 적용해서 플레이해 보면 다음과 같은 결과물이 적용됨을 알 수 있다.

그림 6-2. 큐브맵 스카이박스 실행 결과

9 〉 Particle System

유니티에서 파티클 시스템은 작은 이미지 또는 메쉬 오브젝트를 이용하여 대량의 이펙트 표현을 만드는데 목적이 있다. 가령 눈이 내리거나 비, 연기, 이펙트 효과에 많이 사용하고, 움직임을 직접 제어하여 크기, 방향, 모양등을 설정하여 이펙트를 완성시킬 수 있으며, 외부 프로그램을 활용하여 멋진 타격감, 불꽃, 다양한 이펙트 효과 VFX 등을 만들 수 있는 시스템이다.

유니티의 Hierarchy 패널에서 마우스 오른쪽 버튼을 클릭한 다음 Effects →
Particle System을 실행한다.

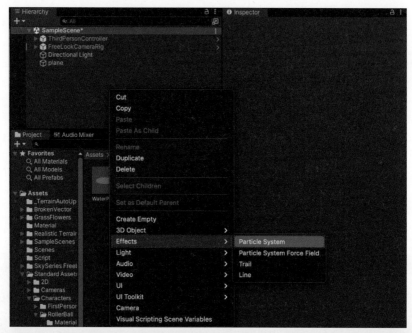

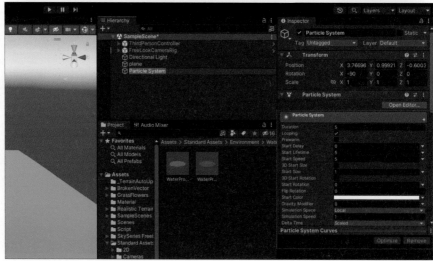

Inspector 패널에서 Particle System 옵션이 표시된다. 자세한 옵션 설명은 다음
과 같다. 전부 다 외울 필요없고 필요한 것만 배우면서 많은 연습과 과제로 익혀
보자.

Particle System 옵션

- **Duration** : 파티클 시스템의 재생 시간.

- **Looping** : 반복 사용 설정으로 Duration을 반복한다.

- **Prewarm** : Looping이 체크 표시(☑)되면 활성화된 것으로, 한 사이클(One Duration)이 이미 완료된 상태에서 파티클 시스템이 동작한다. 예를 들어, 눈이 내리는 지역에서 시작할 때, 눈이 내리고 있는 모습을 표현할 수 있고, Prewarm이 선택되지 않으면, 시작 시 눈이 내리기 시작한다.

- **Start Delay** : 시작 시간을 연기한다. 1초로 설정하면, 1초 후에 파티클 시스템이 동작한다.

- **Start Lifetime** : 파티클의 재생 시간이다.

- **Start Speed** : 파티클의 시작 속도다. 0은 움직이지 않으며, 숫자가 클수록 빠르다.

- **3D Start Size** : X, Y, Z 값을 따로 설정하여 파티클의 시작 크기를 설정한다.

- **Start Size** : 파티클의 시작 크기를 설정한다.

- **3D Start Rotation** : X, Y, Z 값을 각각 설정하여 파티클의 시작 시 회전 값을 설정한다.

- **Start Rotation** : 파티클 시작 시 회전 값을 설정한다.

- **Flip Rotation** : 0.0~1.0 사이의 값을 설정한다. 실제 0%~100%의 값과 같은 의미다. 반대 방향으로 파티클을 회전시킬지를 설정하는 값이다. 가령, 15의 시작 회전 값을 가진다고 하면, Flip Rotation 값을 설정할 때 −15의 시작 회전 값을 가진 파티클을 생성하고, 0.5로 설정할 때 절반은 15, 나머지 절반은 −15의 회전 값을 가진 파티클을 생성한다.

- **Start Color** : 파티클의 시작 시 색상을 지정한다.

- **Gravity Modifier** : 파티클이 중력에 영향을 받을 지를 설정한다.

- **Simulation Space** : 파티클이 동작하는 환경이 World, Local, Custom인지 설정한다.

- **Simulation Speed** : 파티클 시스템의 동작 환경의 시간을 설정한다. 파티클의 속도, Duration의 감소 등 영향 받는다.

- **Delta Time** : Unscaled와 Scaled 값을 설정한다. Scaled는 Time.timeScale에 영향을 받는다. Time.timeScale은 플레이 시 게임의 시간을 조절할 수 있는 기능으로, Time.timeScale = 0.0일 때에는, 모든 게임 오브젝트는 정지하고, Unscaled는 영향을 받지 않고 동작한다.

- **Scaling Mode** : 파티클의 크기에 영향을 주는 방법을 설정한다. Hierarchy, Local, Shape 모드가 있으며, Hierarchy를 선택하면, 부모 게임 오브젝트의 Scale에 영향을 준다.

- **Play On Awake** : 파티클 시스템의 시작을 설정한다. Play On Awake 설정을 해제하고, 스크립트로 시작 및 정지를 설정한다. 선택하면 활성화되면 파티클 시스템이 실행한다.

- **Emitter Velocity Mode** : 파티클 시스템이 속도를 계산하는데 Rigidbody 또는 Transform을 사용할 지를 설정한다.

- **Max Particles** : 최대 파티클의 수를 설정한다.

- **Auto Random Seed** : 설정하면, 파티클 시스템의 모양이 조금씩 다르다. 설정을 해제하면,

파티클 시스템의 모양이 일정하다. 반복 효과를 내는 데 사용할 수 있다.

- **Stop Action** : 파티클 시스템이 정지한 후의 행동을 설정한다. 파티클 시스템에서 방출한 파티클들이 시간을 다하여 정지한 상태까지 포함한다. Disable(비활성화), Destroy(파괴), Callback(On Particle System Stopped 콜백을 연결된 스크립트로 전송한다.), None(없음)으로 설정한다.
- **Culling Mode** : 파티클 시스템이 방출한 파티클이 스크린을 벗어나면 취할 행동을 설정한다.
  - **Pause** : 파티클이 화면에서 벗어나면 시뮬레이션을 중단한다.
  - **Pause and Catch-up** : 화면에서 벗어나면 시뮬레이션을 중단하고, 다시 진입할 때 정지되지 않았다면 시뮬레이션이 도달해야 하는 단계까지 행동을 하기 위해 대규모 단계를 수행한다. 이때 성능이 순간적으로 크게 저하될 수 있다.
  - **Always Simulate** : 스크린상에 있지 않아도 시뮬레이션 한다. 불꽃놀이 같은 일회성 효과에 유용하다.
  - **Automatic** : 반복 설정한 경우에는 Pause, 기타 시스템에는 Always Simulate를 한다.
- **Ring Buffer Mode** : 파티클이 Max Particles 수에 도달할 때까지 파티클을 계속 활성화한다.
  - **Max Particles** : 수에 도달하면 수명이 경과한 파티클을 제거하는 대신 가장 오래된 파티클을 재활용하여 새 파티클을 생성한다(Unity documents).
  - **Disabled** : 시스템이 수명이 경과한 파티클을 제거한다.
  - **Pause Until Replaced** : 수명을 다한 오래된 파티클을 일시 정지했다가 Max Particles 한계에 도달하면 시스템에서 재활용하여 새 파티클로 다시 표시한다.
  - **Loop Until Replaced** : 수명을 다한 파티클이 특정한 수명 비율 지점으로 다시 돌아가며, Max Particles 한계에 도달하면 시스템에서 재활용하여 새 파티클로 다시 표시한다.

Asset Store의 검색창에서 'Standard Asset'를 검색하고 다운로드한다. Import 하여 유니티로 불러온다.

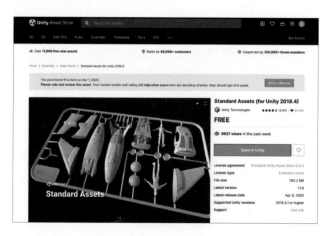

Project 패널에서 Particle System 폴더로 이동하여 원하는 파티클 이미지를 선택한 후, Scene 패널에서 기본 파티클이 열려 있는 부분에 그대로 드래그하면 에셋이 적용된다. 연기 효과를 위해 'Particle Duststorm' 매테리얼을 적용한다.

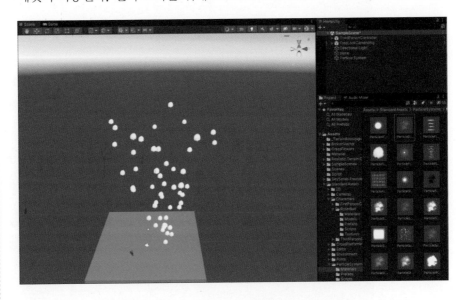

'Particle System'을 클릭하고 Inspector 패널에서 Start Delay를 '2.57', Start Speed를 '1.33', Start Size를 '3.35'로 설정하고 Simulation Space를 'World'로 지정한다.

변경하면 다음과 같이 스모그 효과가 조금 더 적절하게 이펙트가 나타난다.

이렇게 이펙트 VFX 효과를 만들 수 있게 하는 것이 파티션 시스템이다. 다양하게 조절 값을 이용하여 원하는 이펙트를 만들 수 있으며, 유니티에서 사용하는 한계를 외부 프로그램을 응용하여 좀 더 멋진 이펙트를 만들 수 있다.

| 7장 |

메타버스를 위한
캐릭터 움직임

───── 학습 목표 ─────

메타버스에서 가상공간의 캐릭터가 실제 움직임을 갖는 캐릭터 제어 함

수를 활용하여 직접 만들어 보고 다양한 움직임의 차이점을 이해하자.

1 〉 캐릭터 이동, 방향, 움직임, 힘

캐릭터를 이동하는 메서드는 몇 가지 방법이 있다.

1.1 | Position 이동

신규 도큐먼트를 생성 후 플레인 오브젝트를 만든 다음 캐릭터를 만들기 위해 캡슐 오브젝트를 생성한다. 카메라 화면과 신 화면이 동일하기 위해 메인 카메라를 선택 후 메뉴에서 (GameObject) → Align With View(Ctrl + Shift + F)를 실행하면 Scene 화면과 동일한 카메라 뷰가 설정된다.

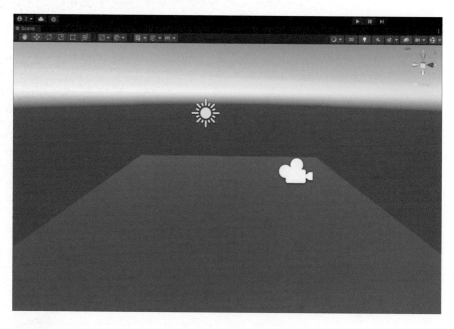

캡슐을 캐릭터로 만들기 위해 스크립트 파일을 생성하고 캡슐 오브젝트에 적용한다. 캡슐 오브젝트는 'Player'라고 이름을 변경한다.

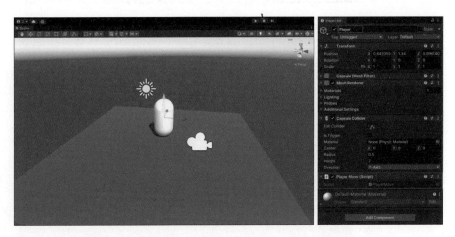

현재 캐릭터가 위치한 것에서 속도가 더해져서 목표하고자 하는 지점으로 이동하는 것이다.

수학적 계산으로 목표지점은 Position(목표 위치) = Position(캐릭터 위치) + V (이동 속도), 연산자를 동일하게 하면 P += V다.

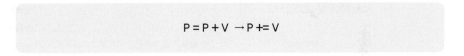

$$P = P + V \rightarrow P += V$$

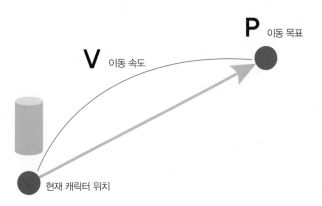

캐릭터 키보드 입력은 메뉴에서 〔Edit〕 → Project Settings를 실행하고 표시되는 Project Settings 대화상자에서 'Input Manager' 탭을 선택하고 가로축, 세로축의 Horizontal, Vertical 등을 표시하면 Left, Right, A, D를 이용하여 이동할 수 있다. 앞으로 키 값 입력 내용은 Input Manager에서 확인할 수 있다.

GetKey 옵션

GetKey	키보드의 특정 키를 누르면 반복적으로 true로 리턴한다.
GetKeyDown	키보드의 특정 키를 누르면 한 번 true로 리턴한다.
GetKeyUp	키보드에서 특정 키를 뗄 때 true로 리턴한다.
GetButtonDown	프로젝트 세팅의 인풋 매니저(Input Manger)에 있는 내용을 활용한다.
GetAxis	수직, 수평 버튼 입력을 받으면 float 값의 −1f~1f 의 반환값을 받는다(소수점까지 포함).
GetAxisRaw	수직, 수평 버튼 입력을 받으면 −1, 0, 1 값의 반환 값을 받는다(방향 값 우선). 즉각적 반응이 필요할 때 사용한다.
anyKey	아무 키나 실행 눌렀을 때 발생한다.
anyKeyDown	아무 키나 실행 누른 후 발생한다.
GetMouseButton(0)	마우스 입력 시 true 값을 갖는다. 0 왼쪽 마우스, 1 오른쪽 마우스
GetMouseButtonDown(0)	마우스 입력 클릭 후 true 값을 갖는다.
GetMouseButtonUp(0)	마우스 입력 클릭 후 뗄 때 true 값을 갖는다.

이제 이동 제어를 위해 스크립트 'PlayerMove' 파일을 더블클릭한다. 다음과 같이 스크립트를 저장 후 유니티로 돌아와 '플레이' 아이콘(▶)을 클릭하여 결괏값을 확인한다.

```
public class PlayerMove : MonoBehaviour
{
  public float speed = 2.2f; // 속력변수를 지정한다.
  void Update()
  {
    float h = Input.GetAxisRaw("Horizontal"); // 수평축 입력값을 지정한다.
    float v = Input.GetAxisRaw("Vertical"); // 수직축 입력값을 지정한다.
          // 벡터 postion 값을 대입한다.
    Vector3 pos = new Vector3(h,0,v);

    // 목표이동공식
  transform.position += pos*speed*Time.deltaTime;
  }
}
```

Scene 패널에 있는 카메라는 실제 Game 패널에서 그대로 보여 준다. 따라서 Game 패널에서 'Play Maximized'로 지정하고 확대창으로 결과물을 확인할 수 있다. 결과 확인 후 Speed를 원하는 수치로 수정하면 된다.

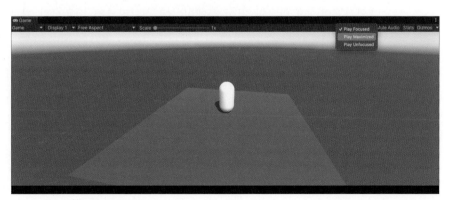

동일한 캡슐 캐릭터에 스크립트를 작성할 것이다. 그 전에 AddForce는 힘에 의해 움직여 물리적 엔진이 필요한 부분이므로 캐릭터를 선택 후 Inspector 패널에서 'Add Component'를 클릭하고 'Rigidbody'를 검색하여 적용한다.

Rigidbody의 Constraints → Freeze Rotation에서 'X', 'Y', 'Z'를 체크 표시한다. 이는 회전 값을 고정(얼음상태) 시키기 위해서 체크하는 것이다. 체크하지 않는다면 캐릭터는 물리엔진 리지드바디(중력 작용)로 인해 쓰러진다.

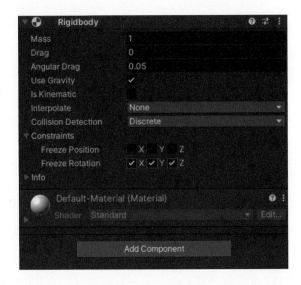

완료되었다면 다음과 같이 플레이어에 스크립트를 적용시켜 저장 후 결괏값을 확인한다.

유니티는 컴포넌트로 이루어졌다고 했다. 물리엔진 중력의 힘인 Rigidbody도 컴포넌트다. 따라서 컴포넌트를 스크립트로 호출하기 위해서는 GetComponent를 사용하여 rb라는 변수에 담는다. 〈 〉데이터 형태를 담는다. 제네릭(Generic) 기법으로 C# 언어에서 사용된다.

rb = GetComponent〈Rigidbody〉();

```
public class PlayerMove : MonoBehaviour
{
  // 자료형 변수선언 및 초깃값
  Rigidbody rb;
  public float speed = 0.4f;
  void Start()
  {
    // 리지드바디 컴포넌트를 가져와서(호출) rb라는 변수에 대입한다.
    rb = GetComponent<Rigidbody>();
  }
  // 물리적엔진 Rigidbody가 적용된 오브젝트는 FixedUpdate를 권장한다.
  void FixedUpdate()
  {
        // 인풋 시스템 입력값 변수에 대입한다.
    float h = Input.GetAxisRaw("Horizontal");
    float v = Input.GetAxisRaw("Vertical");

    Vector3 pos = new Vector3(h, 0, v);
    // 힘을 적용하기 위한 AddForce를 적용시킨다.
    rb.AddForce(pos*speed, ForceMode.Impulse);
  }
}
```

회전력 AddTorque

AddTorque는 회전하는 힘을 갖는다. 따라서 정의된 축을 기준으로 오브젝트를 회전시키는 힘을 줄 수 있으며, 물체에 작용하여 물체를 회전 시키는데 사용되는 메서드다. AddForce와 유사하지만 회전력이 더한 것으로 이해하면 된다. 플레이어에 다음과 같이 AddTorque 스크립트를 적용시켜 저장 후 결괏값을 확인한다.

```
[SerializeField] private float.pwSpeed = 5f;
  Rigidbody rd;

  void Start()
  {
    rd = GetComponent<Rigidbody>();
    // rd.velocity = Vector3.right;
  }

  void FixedUpdate()
  {
    // 뒤축(back)으로 회전력을 가진다.
    rd.AddTorque(Vector3.back*pwSpeed);
  }
```

Translate 이동 방법

동일한 캐릭터 플레이어에 같은 방법으로 Translate 스크립트를 적용시킨다.

```
public class PlayerMove : MonoBehaviour
{
    public float speed = 2.2f;
    void Update()
    {
    float h = Input.GetAxisRaw("Horizontal")*Time.deltaTime *speed;
    float v = Input.GetAxisRaw("Vertical")*Time.deltaTime *speed;
    transform.Translate(h,0,v);
    }
}
```

Character Controller 이동 방법

플레이어를 선택하고 'Add Component'를 클릭한 다음 Character Controller 스크립트를 적용시킨다.

```
public class PlayerMove : MonoBehaviour
{
  public float speed = 5;
  CharacterController cc;
  void Start()
  {
    cc = GetComponent<CharacterController>();
  }
  void Update()
  {
    float h = Input.GetAxisRaw("Horizontal");
    float v = Input.GetAxisRaw("Vertical");

    Vector3 pos = new Vector3(h, 0, v);
    cc.Move(pos * speed * Time.deltaTime);
  }

}
```

캐릭터가 키보드 키에 의해 제어된다. 좌(Ⓐ), 우(Ⓓ), 위(Ⓦ), 아래(Ⓢ)로 제어해서 부드러운 움직임이 된다.

 체크 포인트

벡터의 정규화(Normalize)
Vector 벡터는 : 크기 + 방향 → 그러나 이동시 방향만 가지고 싶을 때 사용한다. 따라서 크기를 1로 변경하고 방향 벡터로 만들 때 아래와 같이 Normalize() 함수를 사용하면 된다.
dir.Normalize();

캐릭터가 점프를 하기 위해서는 사용자가 Jump 버튼을 누르면 뛰는 형태로 변경한다. 2가지 방법으로 스크립트를 구성한다.

AddForce 이동과 힘에 의한 점프

앞에서 사용한 AddForce 이동(x, z좌표)과 힘에 의한 점프(y좌표)를 사용하여 이동과 점프를 동시에 사용하겠다.

스크립트를 작성하기 전에 'Add Component'를 클릭하여 Rigidbody를 Player에 적용시킨다.

```
public class PlayerMove : MonoBehaviour
{
    // 초기화 및 선언
    Rigidbody rd;
    public float speed = 0.5f;
    public float Jumpspeed = 7;

    void Start()
    {
        // 리지드바디
        rd = GetComponent<Rigidbody>();
    }
    void Update()
    {
```

```
     move();
     jump();
   }
   void move()
   {
     float h = Input.GetAxisRaw("Horizontal");
     float v = Input.GetAxisRaw("Vertical");

     Vector3 pos = new Vector3(h, 0, v);
     // 이동함수
     rd.AddForce(pos * speed, ForceMode.Impulse);
   }
   void jump()
   {
     if(Input.GetButtonDown("Jump"))
     {
          // 점프함수
      rd.AddForce(Vector3.up * Jumpspeed, ForceMode.Impulse);
     }
   }
 }
```

이중 점프가 되지 않게 한다.

CharacterController 이동에 의한 점프

유니티 Player 캡슐에 Inspector 패널의 Add Component가 추가된 'Character Controller 컴포넌트가 있어야 가능하다.

```
CharacterController cc;
   public float speed = 5; // 스피드값
```

```
public float gravity = -20; // 중력값
public float yVel = 0; // y값 점프레벨
public float jumpPower = 10; // 점프파워
int jumpCount = 0; // 점프카운터 초기화
public float maxJumpcount = 2;
void Start()
{
  cc = GetComponent<CharacterController>();
}
void Update()
{
  float x = Input.GetAxisRaw("Horizontal");
  float z = Input.GetAxisRaw("Vertical");
  Vector3 direction = new Vector3(x, 0, z);
  direction = Camera.main.transform.TransformDirection(direction);
  if(cc.collisionFlags == CollisionFlags.Below)
  {
    yVel = 0;
    jumpCount = 0;
  }
  if(jumpCount < maxJumpcount && Input.GetButtonDown("Jump"))
  {
    jumpCount++;
    yVel = jumpPower;
  }
  yVel += gravity * Time.deltaTime;
  direction.y = yVel;
  cc.Move(direction * speed * Time.deltaTime);
}
```

움직임을 테스트하여 원하는 움직임의 속도 점프 수치를 조정하여 컴퓨터에 맞게 수정한다.

연습
01

공 굴리기

Sphere 공을 만들고 장애물을 자유롭게 만들어서 공을 굴리는 과제를 스스로 풀어 보자.

❶ New Scene으로 새로운 도큐먼트를 생성한다.

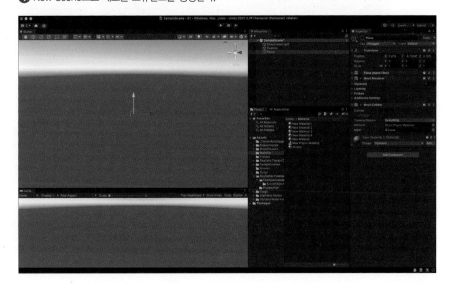

❷ Hierarchy 패널에서 마우스 오른쪽 버튼을 클릭한 다음 3D Object → Plane을 실행하여 바닥면이 될 오브젝트를 생성하고 기즈모에서 X축을 오른쪽으로 초기화한다.

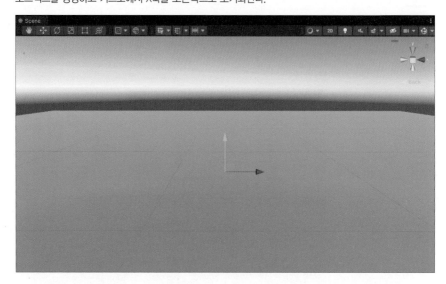

❸ 같은 방법으로 3D Object → Cube를 실행하여 큐브 오브젝트를 생성하고 장애물을 만든다.

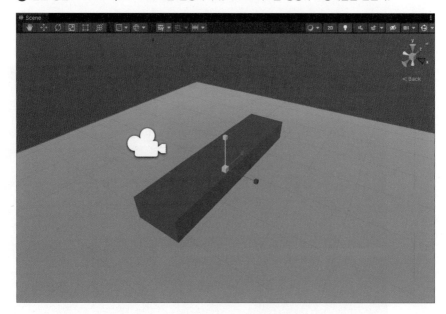

❹ 나머지 장애물까지 모두 만든 후 캐릭터에 해당하는 스피어 오브젝트를 만든다. 생성 후 'Add Component'를 클릭하고 'Rigidbody'를 검색한 다음 선택하여 적용한다.

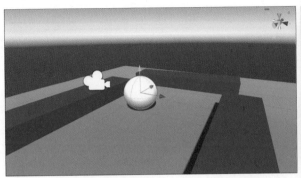 

❺ C# Script를 생성하고 컨포넌트를 드래그하여 Player에 적용한다. 이 예제는 Rigidbody를 활용하여 AddForce로 이동하는 스크립트를 적용하려고 한다. 반드시 Rigidbody가 적용되어야 하니, 적용되어 있는지 확인하고 스크립트를 다음과 같이 적용한다.

```csharp
public class AddForce : MonoBehaviour
{
// 초깃값 변수선언
Rigidbody rb;
public float speed = 0.4f;
void Start()
{

  rb = GetComponent<Rigidbody>();
}
 void FixedUpdate()
{
  // 방향 값
  float h = Input.GetAxisRaw("Horizontal");
  float v = Input.GetAxisRaw("Vertical");
  Vector3 pos = new Vector3(h, 0, v);
  // 힘을 적용하기 위한 AddForce를 적용시킨다.
  rb.AddForce(pos*speed, ForceMode.Impulse);
 }

 }
```

❻ 저장한 후 '플레이' 아이콘(▶)을 클릭하여 결괏값을 확인한다. 실행하기 위해 메인 카메라가 원하는 각도가 아닐 때는 Hierarchy 패널에서 Main Camera를 선택하고 [Ctrl]+[Shift]+[F]를 눌러 적용한다. 그러면 원하는 화면과 동일한 카메라가 적용된 것을 볼 수 있다.

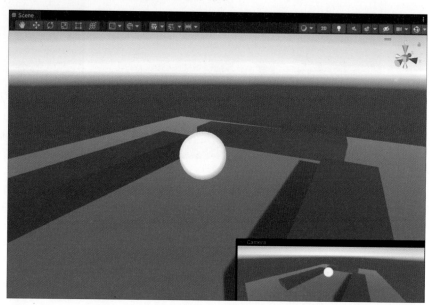

❼ 결과 확인 후 잘 움직이는 것을 확인하고, 만약 속도가 빠르거나 느리다고 생각되면 Speed 값을 조정하면 된다.

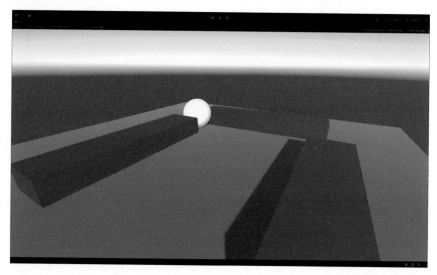

연습
02

캐릭터 움직이기

앞에서 한 예제를 기반으로 캐릭터와 장애물을 응용하여 만들어 보자.

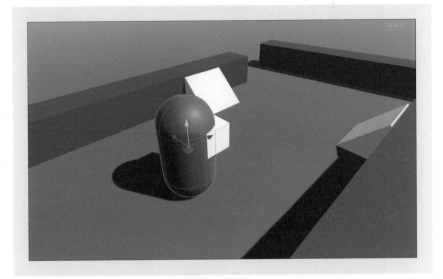

❶ 앞서 만든 기존 장애물에서 파란 기둥 위로 올라갈 수 있는 미끄럼대를 이용하여 추가한다. 큐브 오브젝트를 이용하여 회전한 다음 그림과 같이 받침대로 만들어 준다. 복사한 후 자유롭게 이동할 수 있게 배치한다.

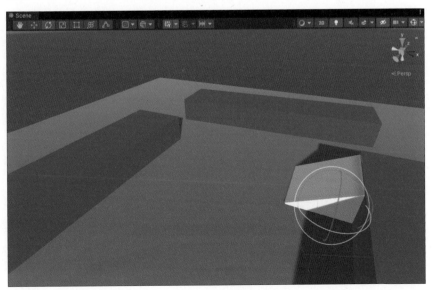

❷ 캐릭터를 이동할 Player를 캡슐 오브젝트를 만들어 생성한다.

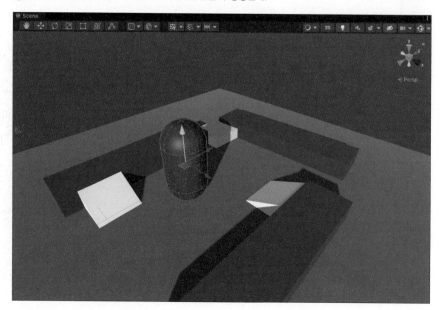

❸ 정면을 표시하기 위해 큐브 오브젝트를 이용하여 그림과 같이 안경을 표현한다. 이때 캐릭터의 몸과 같은 존재이므로 부모자식의 상속 관계를 만들기 위해 Hierarchy 패널에서 캡슐 오브젝트가 안경이 된 큐브 오브젝트에 위에 위치하도록 드래그하여 상하 관계를 만들어야 한다.

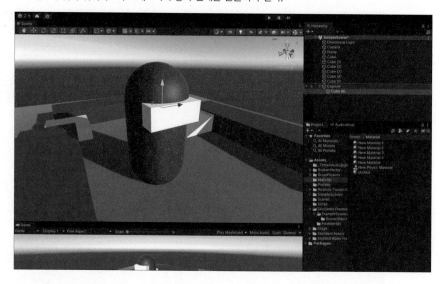

❹ 'Add Component'를 클릭하고 'Character Controller'를 검색한 다음 선택하여 적용한다. (캐릭터가 1인칭) 그리고 C# Script를 생성하여 캐릭터에 적용하고 다음과 같이 코드를 입력한다.

```csharp
public class CharCroll : MonoBehaviour
{
  // 초깃값 선언
  public float speed = 5;
  CharacterController cc;
  void Awake()
  {
    cc = GetComponent<CharacterController>();
  }
  void Update()
  {
    float x = Input.GetAxisRaw("Horizontal");
    float z = Input.GetAxisRaw("Vertical");
// 방향 값
    Vector3 direction = new Vector3(x, 0, z);
    // 무브함수로 이동
    cc.Move(direction * speed * Time.deltaTime);
  }

}
```

❺ 스크립트 적용시 다음과 같이 캐릭터 이동 확인이 가능하다.

3 〉 카메라 움직임

카메라는 2가지 움직임을 제어할 수 있다.

1.1 │ 카메라 수동 움직임(단순한 3인칭 시점)

앞의 캐릭터 움직임을 그대로 연속적으로 만든다. 캐릭터와 무관하게 카메라는 별개의 스크립트로 제어한다. 이렇듯 각각의 스크립트 기능별 제어로 원하는 스크립트를 삭제, 수정, 추가할 수 있도록 한다.

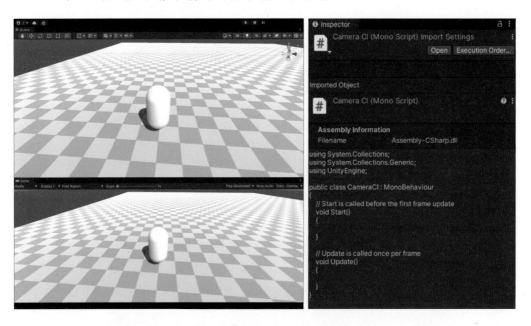

카메라 스크립트는 카메라에 적용하기(스크립트 삽입)에 Player와 연관성을 스크립트에 넣어야 한다.

카메라에 적용된 스크립트가 플레이어를 찾기 위해 FindGameObjectWithTag() 라는 메서드를 넣기 위해 태그명을 지정해 주어야 한다. 누구를 어떻게 카메라와 연동시킬 것인가의 문제다. 이름을 지정해야 하므로 플레이어를 선택하고 Inspector 패널의 Tag를 'Player'로 지정한다. 만약 리스트에 없는 이름이라면 가장 하단의 'Add Tag'로 지정하여 원하는 사용자 이름으로 지정할 수 있다.

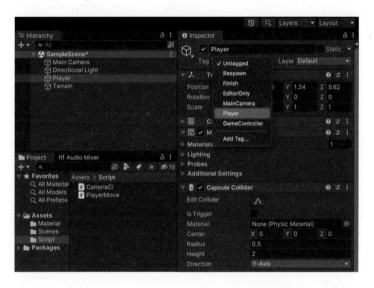

플레이어가 움직이면 카메라가 3인칭 시점으로 따라간다. 적절한 위치에 카메라를 배치시키고, 실제 카메라가 이동하므로 캐릭터를 중심으로 주변 환경도 잘보이도록 위에서 아래로 각을 약 15° 회전한다.

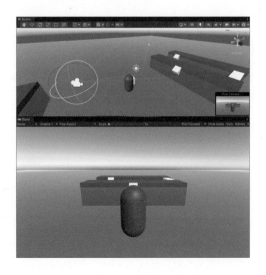

카메라 스크립트를 생성하기 위해 C# Script를 생성 후 이름을 'Camera3View'로 입력한다. VScode에 다음과 같이 입력하여 적용한다.

```csharp
public class Camera3View : MonoBehaviour
{
  Transform playerTransform; // 플레이어 트랜스폼
  Vector3 offset; // 카메라와 플레이어의 거리

  void Awake()
  {
    playerTransform = GameObject.FindGameObjectWithTag("Player").
transform;
    offset = transform.position - playerTransform.position;
// 카메라와 플레이어의 사이 거리값 offset
  }


  void LateUpdate()
  {
    transform.position = playerTransform.position + offset;
// offset 값을 다시 플레이어 위치에 더해서 값을 대입한다.
  }


}
```

기존 카메라의 로직은 하나하나 스크립트로 만들어야 하지만, 시네머신 (Cinemachine)은 제어없이 옵션 편집으로 쉽게 만들 수 있는 장치다. 시네마 '영화'라는 의미처럼 카메라가 따라다니며 다양한 기능을 쉽게 제어할 수 있는 기계로, 1인칭 시점에서 3인칭 시점까지 따라다니는 카메라로 영화 인트로 연출은 물론 실제 게임 동작을 움직이는 카메라 기능을 수행한다. 이외에도 다양한 기능을 제공하여 유니티 공식 사이트(unity.com/kr/unity/features/editor/art-and-design/cinemachine)에서 자료를 찾을 수 있다.

연습
03

시네머신으로 카메라 움직이기

우리가 필요한 카메라 모듈을 이용하여 캐릭터를 따라다니는 카메라 동작을 만들어 보자.

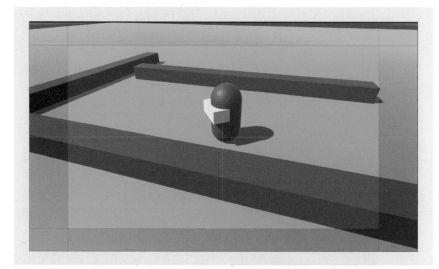

❶ 유니티를 실행하고 메뉴에서 [Windows] → Package Manager를 실행한다. Package Manager 대화상자가 표시되면 상단에서 Packages를 'Unity Registry'로 지정한다. 오른쪽 상단 검색창에서 'Cinemachine'을 검색하면 Cinemachine을 설치할 수 있다. 'Install' 버튼을 클릭한 다음 Package Manager 대화상자를 닫는다.

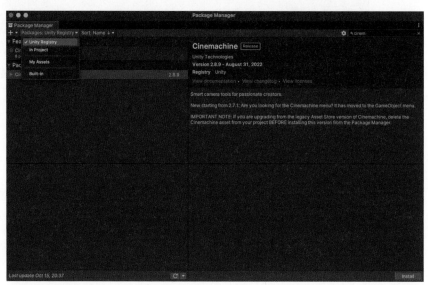

❷ Hierarchy 패널에서 카메라를 선택 후 Inspector 패널의 'Add Component'를 클릭하여 추가하고 'cinemachine'을 검색한 다음 'CinemachineBrain'을 선택하여 적용한다.

❸ 메뉴에서 [GameObject] → Cinemachine → Virtual Camera를 실행한다. 선택 후 Hierarchy 패널에 'CM vcam1'이 생성된 것을 볼 수 있다. Inspector 패널에서 Body를 'Framing Transposer'로 지정한다.

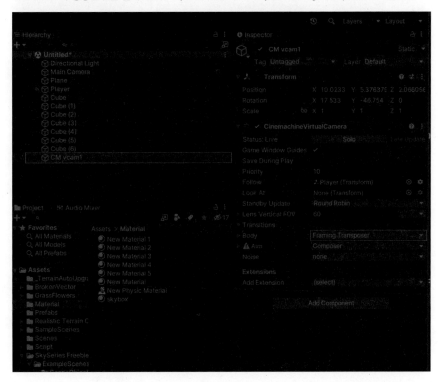

❹ CinemachineVirtualCamera 옵션 중 Follow를 이미 만들어 놓은 'Player'에 드래그하거나, 오른쪽 끝 동그란 아이콘을 클릭 후 선택한다. 동일한 효과이므로 편한 방법으로 선택한다.

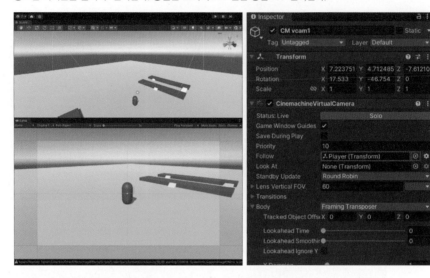

❺ 설정이 완료되면 결과물을 확인한다. 카메라가 자동으로 따라다니고 있다.

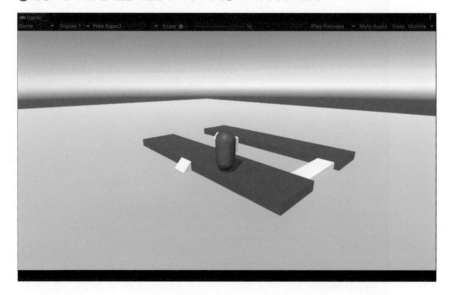

4 〉 Standard Assets - Third Person Character

스탠타드 에셋 유니티에서 제공하는 임의의 에셋 모임이라고 이해하면 된다. 캐릭터도 있고 재질 맵핑, 텍스처 등등 다양한 에셋을 공개 공유한 에셋 모음이다.

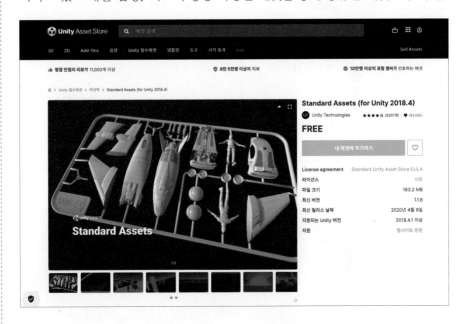

2D, Cameras, Characters, CrossPlatformInput, Effects, Environment, Particle Systems, Prototyping, Utility, Vehicles. 컴포넌트를 포함한다.

그 중 Third Person Character(3인칭 시점 캐릭터)를 이용하여 메타버스 가상세계를 움직일 수 있는 손쉬운 캐릭터 이동에 대해 학습해 볼 수 있다.

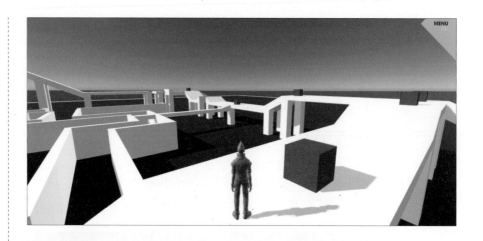

Standard Assets 사용하기

공식적으로 Standard Assets (for Unity 2018.4)까지 유니티가 업데이트했고, 지금
은 중단된 상태로 그대로 사용하기엔 문제가 발생된다. 해결책은 다음과 같다.

먼저 Assets Store에서 'Standard Assets'을 검색하고 'Free'를 체크 표시한 다음
다운로드하고 Import하여 가져온다.

Import가 완료되면 해당 Project 패널 검색창에서 다음과 같이 'Simple'을 검색했을 때 SimpleActivatorMenu라는 cs, 스크립트 파일이 있다. UnityEngine.UI는 설정이 되지 않아 실행 불가로 나타난다. 캐릭터만 사용할 것이므로 이것을 마우스 오른쪽 버튼을 클릭한 다음 삭제(Delete)한다.

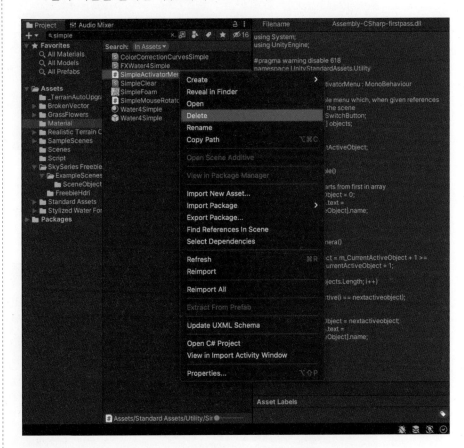

캐릭터 활용을 위해 검색창에서 'Third Person'을 검색하면 ThirdPerson Controller가 나타난다. 정확한 글자를 확인 후 캐릭터로 사용하기 위해 Scene 패널로 드래그한다.

 체크 포인트

만약 SimpeActivaterMenu를 사용하려면 스크립트 더블클릭하여 편집 스크립트를 상위부터 수정한다.
1 using UnityEngine.UI; 라고 추가한다.
2 변수 설정에서 데이터자료형을 수정한다. public GUIText camSwitchButton; → public Text camSwitchButton;
저장한 후 유니티로 돌아가면 된다.

동일하게 Project 패널에서 'Free'라고 검색하고, FreeLookCameraRig가 나타나면 Hierarchy 패널로 드래그한다. 기존 Main Camera는 삭제하고 드래그한 FreeLookCameraRig 카메라로 대체한다.

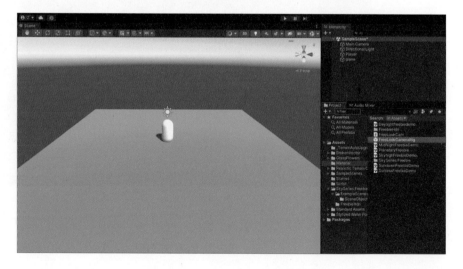

플레이해 보면 캐릭터를 자유롭게 움직일 수 있고 점프와 이동 달리기를 할 수 있다. 이제 카메라를 설정하기 위해 카메라 위치를 리셋해야 한다. Hierarchy 패널의 FreeLookCamera를 선택 후 [Ctrl]+[Shift]+[F]를 누른다. 그러면 동일한 Scene 패널의 화면과 카메라가 일치됨을 알 수 있다.

카메라를 선택한 상태로 Inspector 패널에서 Free Look Cam.cs를 찾는다.
Target이라는 변수명이 있다면 ThirdPersonController를 드래그하여 카메라가
따라갈 수 있게 연결시켜 준다.

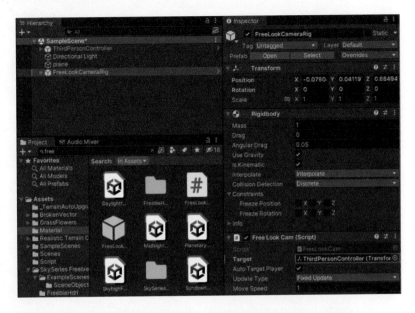

플레이하면 캐릭터와 카메라가 자연스럽게 이동함을 알 수 있다. 비전공자라도
C# Script 없이 점프, 이동, 카메라 제어가 가능하다.

Project 패널의 검색창에 'RollerBall'을 검색하면 RollerBall 프리팹이 나타난다.
Scene 패널에 드래그하여 사용하면 좌우 움직임을 바로 사용할 수 있다.

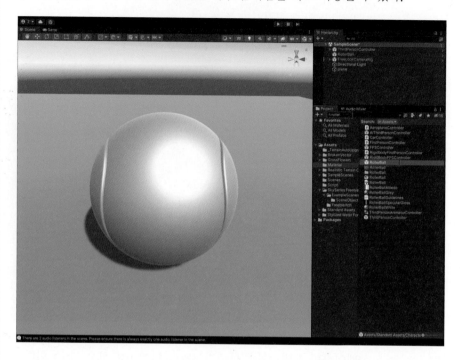

그 외에 Asset Store에서 검색창에서 'starter assets'라고 검색하면 유니티에서
제공하는 Third Person Character를 다운로드 받을 수 있다.

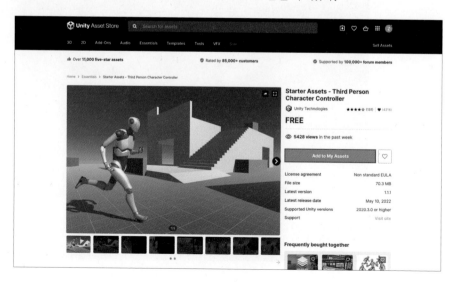

연습
04

방탈출 게임 만들기

텍스처를 매핑한 미로에 캐릭터와 아이템을 배치하고, 캐릭터가 아이템을 먹으면 점수를 얻는 미로 방탈출 게임을 만들어 보자.

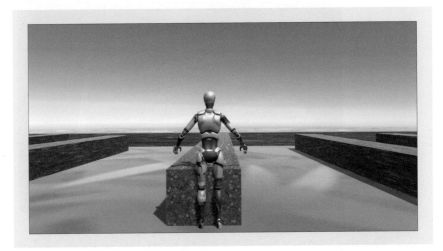

❶ New Scene을 생성한다. Hierarchy 패널에서 마우스 오른쪽 버튼을 클릭한 다음 3D Object → Plane 을 생성하여 바닥면을 생성한다. Transform의 Scale X를 '3', Z를 '3'으로 입력하여 사이즈를 늘린다.

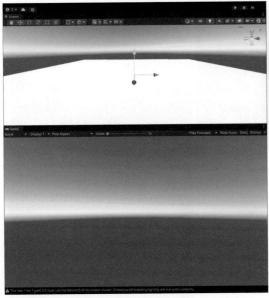

❷ 큐브 오브젝트를 이용하여 그림의 예시처럼 미로를 만든다. 자유로운 창의력을 발휘하여 생성하길 권한다.

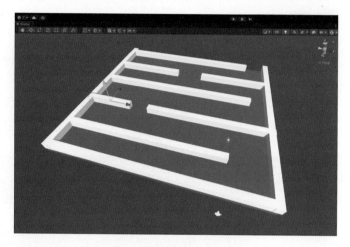

❸ 메뉴에서 〔Window〕 → Asset Store를 실행하여 사이트로 이동한다. 'Texture' 무료 소스를 검색 후 다운로드 받아 유니티로 가져온다.

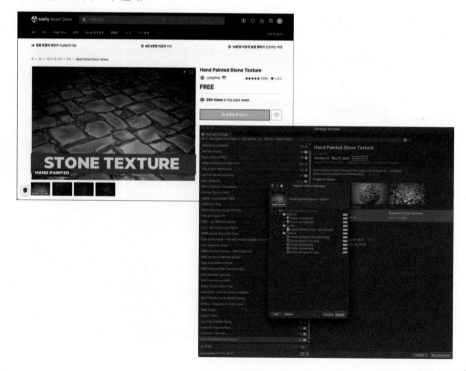

❹ 완료되면 창을 닫고, Project 패널의 Assets에서 가져온 Texture를 찾는다. 찾았다면 만들어둔 미로 벽면 바닥면에 매핑시킨다. 매핑의 방법은 매테리얼 적용 방법처럼 Scene 패널에 드래그하면 적용된다.

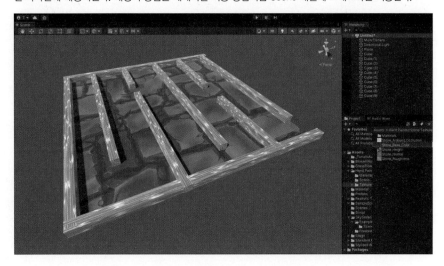

❺ 이제 캐릭터를 생성한다. Asset Store와 동일한 방법으로 Third Person Character 캐릭터를 가져온다. 여기에서는 2022 Third Person Character−Starter Assets를 가져온다. 앞서 Standard Assets (for Unity 2018.4)를 가져왔던 방법과 같이 몇 가지 삭제하고 가져와도 된다.

❻ 다운로드한 StarterAssets → ThirdPersonController → PlayerAmature 에셋을 찾아서 미로에서 드래그한다.

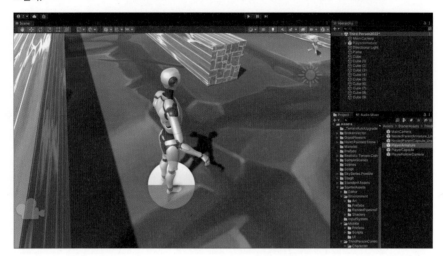

❼ 캐릭터가 이동 제어되는 것을 볼 수 있다. Main Camera, Player Follow Camera를 동시에 Hierarchy 패널로 가져온다. Player Follow Camera의 CinemachineVirtualCamera 옵션에서 Body → Shoulder Offset의 X, Y, Z를 설정하여 카메라와 캐릭터의 거리 간격을 원하는 각도와 화면에 최적화되게 조정한다.

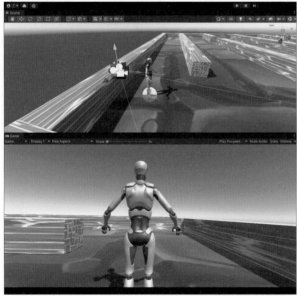

❽ 3D Item을 다운로드하여 배치하기 위해 Asset Store에서 검색 후 다운로드하여 Import한다.

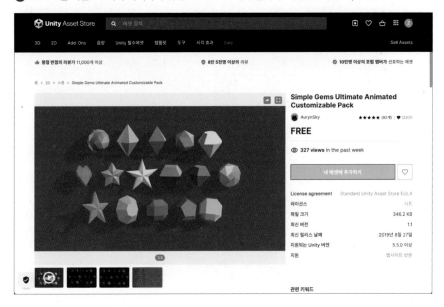

❾ 아이템을 선정하여 Scene 패널로 가져와 적절한 위치에 배치한다. 배치 후 별 아이템 크기를 조절하여 설정한다. 다운로드한 에셋은 자체 스크립트로 제어할 수 있게 포함되어 있다. Inspector 패널에서 옵션들을 조절하여 크기, 회전 등 수치를 원하는 값으로 조절한다.

⓾ 이제 아이템을 스쳐 지나가면 획득하도록 tri(트리거)를 사용한다. 'SoftStar' 에셋을 선택 후 Tag name 추가하여 아이템으로 설정하려고 한다. Inspector 패널에서 Tag를 'Add Tag'로 지정하여 New Tag Name 창이 표시되면 'item'을 입력하고 'Save'를 클릭하여 Tag를 추가한다.

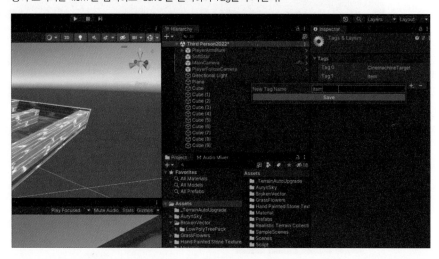

⓫ Hierarchy 패널에서 'SoftStar' 에셋을 선택하고 Inspector 패널에서 Tag를 추가한 'item'으로 지정한다.

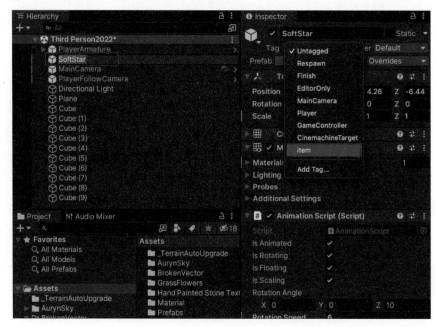

⑫ 이제 item이라는 태그명을 갖고 있는 것을 Is Trigger가 스쳐지나 갈 때 아이템을 먹은 것으로 SetAcive 값을 False로 안보이게 하면 아이템을 획득한 것으로 처리할 수 있다.

새로운 에셋을 가져오므로 부딪치는 정도의 콜라이더 판정을 위해 'Add Component'를 클릭하고 'Box Collider'를 검색하여 적용한 다음 'Is Trigger'를 체크 표시한다.

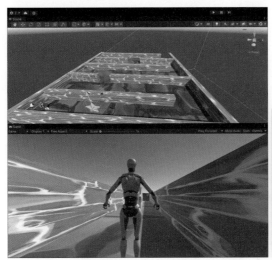

⑬ 'SoftStar' 에셋에 C# Script 추가할 수 있다. 'Tri_Item'이라고 스크립트 명을 설정하고 다음과 같이 작성한 다음 '플레이' 아이콘(▶)을 클릭하여 확인한다.

```csharp
public class Tri_Item : MonoBehaviour
{
  public float itemCount;
  private void OnTriggerStay(Collider other)
  {
    if(other.tag == "item")
    {
      itemCount++;
      other.gameObject.SetActive(false);
      Debug.Log("Item : "+itemCount);
    }
  }
};
```

| 8장 |

메타버스를 위한
인공지능 AI

---- 학습 목표 ----

메타버스 인공지능을 활용한 캐릭터 움직임을 제어하는 내용으로

NavMeshAgent 기능을 사용하여 인공지능에 대한 내용을 이해해 본다.

1 > 오브젝트 생성과 제거 : Instantiate(), Destroy()

유니티에서는 인스턴스라는 클래스에서 나왔던 용어처럼 인스턴스 객체화를 실시간으로 만들어낸다. 붕어빵 틀처럼 클래스가 틀이라면 액물을 넣어 붕어빵 틀 그대로 모양을 만들 수 있어 언제든지 복사된 모양으로 만들어진다. 이런 오브젝트를 생성하는 Instantiate() 함수를 이용하면 붕어빵을 만들 듯 찍어내는 작용을 할 수 있다. 가장 많이 활용하는 부분이 RPG 게임 중 총알, 아이템, 적군들을 수없이 찍어내는 기능과 FPS에서 총알을 생산하는 역할을 하는 것이다.

함수 레퍼런스는 다음과 같은 문법을 가진다.

Instantiate(GameObject original, Vector3 position, Quaternion rotation)

❶ GameObject original 생성할 원본 객체가 필요하다. 프리팹으로 만들어진 객체를 생성한다.

❷ 생성될 Vector3으로 위치를 지정한다.

❸ Quaternion Rotation은 생성될 오브젝트의 회전 값을 쿼터니언값으로 지정한다. 회전 값이 없다면 Quaternion.identity를 넣어주면 된다.

Destroy() 함수는 간단하다. Instantiate() 복제될 객체를 제거할 때 사용하는 함수이며, 생성된 게임 오브젝트를 파라미터값에 넣어주면 된다.

[예시] Destroy(GameObject obj);

연습 01 캐릭터 무한 생성하기

캐릭터를 불러와 장애물을 만들고, 빈 곳을 포인트 지점으로 복제되어 생성되는 군중을 만들어 보자.

❶ Hierarchy 패널에서 마우스 오른쪽 버튼을 클릭한 다음 3D Object → Plane을 실행하여 바닥면을 생성한다.

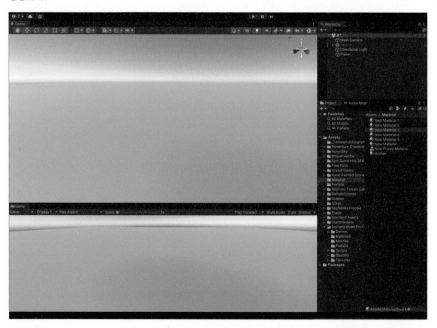

❷ 캐릭터를 가져오기 위해 메뉴에서 (Window) → Asset Store를 실행하여 '3D Character'를 검색한다. 캐릭터를 선택하여 다운로드하고 'Import' 버튼을 클릭하여 캐릭터를 불러온다. 이 책에서는 'Adventure Character'를 사용한다.

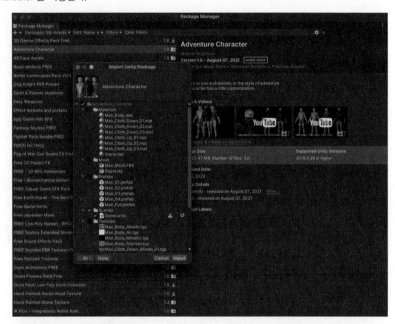

❸ Scene 패널로 캐릭터를 가져온 다음 큐브 오브젝트를 이용하여 장애물을 만든다.

❹ 장애물 이동 문을 만들고, 캐릭터가 복제가 되어 늘어나는 것을 만들 수 있게 확보된 공간을 형성한다.

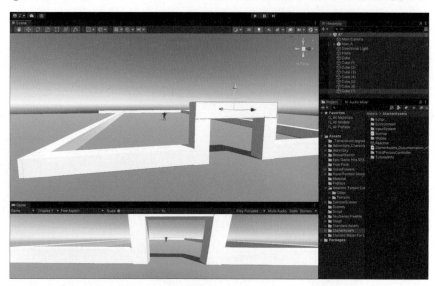

❺ Hierarchy 패널에서 마우스 오른쪽 버튼을 클릭한 다음 Create Empty를 실행하여 빈 오브젝트를 생성한다. 빈 곳이 포인트 지점으로 캐릭터가 생성될 지점이다.

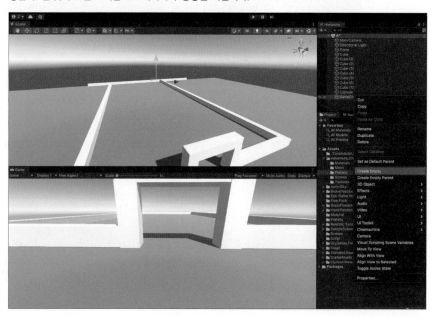

❻ 다음과 같이 빈 오브젝트가 복사되어야 할 스크립트를 작성한다.

```
public class Instan_AI : MonoBehaviour
{
 float currentTime = 0;
 public float createTime = 2;
 public GameObject charFactory;
 void Update()
 {
  currentTime += Time.deltaTime;
  if(currentTime > createTime)
  {
   currentTime = 0;
   GameObject charE = Instantiate(charFactory,
transform.position, Quaternion.identity);
   charE.transform.position = transform.position;
  }
 }
}
```

❼ 복사되어야 할 프리팹이 charFactory라고 설정되었다. 여기에 캐릭터를 드래그하여 삽입하고 복제된 캐릭터가 Player 위치로 목표 지점이 되어 따라가는 스크립트를 작성한다.

```
public class EnemyFoll : MonoBehaviour
{
 public float EnemySpeed = 2.2f;
 public Transform target;
 void Start()
 {
  target = GameObject.Find("Player").transform;
 }
 void Update()
 {
  Vector3 dir = target.position - transform.position;
  dir.Normalize();
  transform.position += dir * EnemySpeed * Time.deltaTime;
 }
 // 충돌 시 둘 다 삭제됨
 private void OnCollisionEnter(Collision other) {
  Destroy(other.gameObject);
  Destroy(gameObject);
 }
}
```

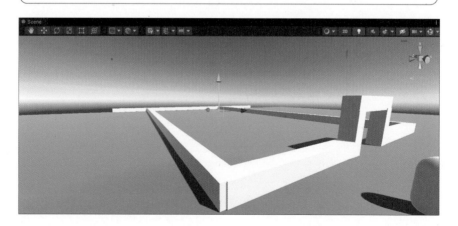

❽ 따라갈 Player에 다음과 같은 스크립트를 작성하여 완성한다.

```
public class PostionMove : MonoBehaviour
{
 public float speedMove = 5f;
 void Update()
 {
  float h = Input.GetAxisRaw("Horizontal");
  float v = Input.GetAxisRaw("Vertical");

  Vector3 vec = new Vector3(h, 0, v);
  transform.position += vec * speedMove * Time.deltaTime;

 }

}
```

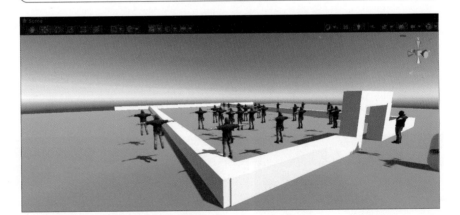

2 〉 인공지능을 이용한 AI 기능 : NavMeshAgent, FSM

내비게이션 시스템은 인공지능 기능을 수행할 수 있는 NavMeshAgent를 활용하여 상호적인 관계성을 원활하게 만들 수 있다. 만약 상대편 캐릭터와 심리적 관계 또는 적군, 아군의 정도가 아닌 메타버스 세상의 캐릭터들의 관계를 형성할 때 이 기능을 활용하면 작업에 수월할 수 있다. 보통 내비게이션을 활용한 인공지능 AI 기능으로서 활용도가 높으므로 다음과 같은 옵션 정보와 예제를 통해 구체적으로 알아보자.

- NavMesh란? 지형을 이용하여 모든 이동 가능한 영역이라고 볼 수 있으며, 걸어다닐 수 있는 표면이라고 이해하면 된다.

- NavMeshAgent란? 캐릭터가 이동 가능한 영역을 경로, 경사 단계를 계산되어 지능적으로 판단유무를 하는 캐릭터 자체를 의미한다.

- NavMeshObstacle란? 내비게이션에서 이동할 수 없는 장애물이다.

- OffMeshLink란? 내비게이션으로 이동하는 구간에 걸어 다니는 구간이 아닌 도랑 울타리 등을 뛰어 넘을 수 있는 경우를 의미한다.

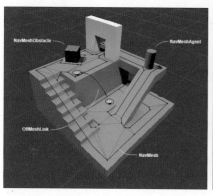

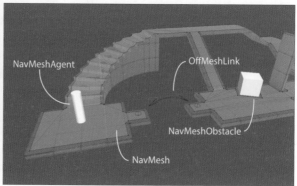

먼저 Hierarchy 패널에서 마우스 오른쪽 버튼을 클릭한 다음 3D Object →
Plane을 실행하여 오브젝트를 생성한 다음 캡슐 오브젝트를 이용하여 이동할
수 있는 캐릭터를 생성한다. 플레인 오브젝트는 Inspector 패널의 Transform의
Scale X, Y, Z를 '3'으로 설정하여 넉넉하게 변경한다.

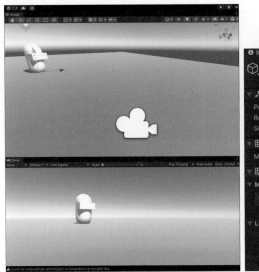

경사 지형 높이가 다양한 형태의 맵이 필요하기에 다음과 같이 큐브 오브젝트를
이용하여 지도 맵을 자유롭게 생성한다.

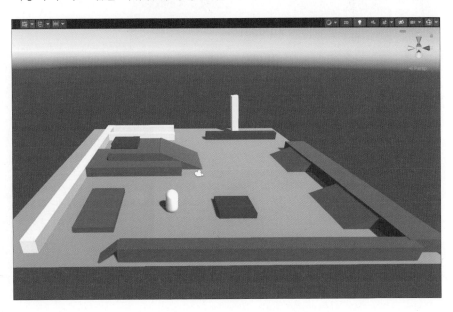

메뉴에서 〔Window〕→ AI → Navigation을 실행한다. Inspector 패널에서 Static을 'Navigation Static'으로 선택한다.

캡슐로 된 Player에 Rigidbody를 적용한다. 그리고 Constraints에서 Freeze Rotation의 'X', 'Z'를 체크 표시한다. 회전하지 못하도록 '얼린다'는 의미로, 상위로 올라갈 때 미끄러워 쓰러질 수 있기 때문에 좌우를 고정시켜 준다.

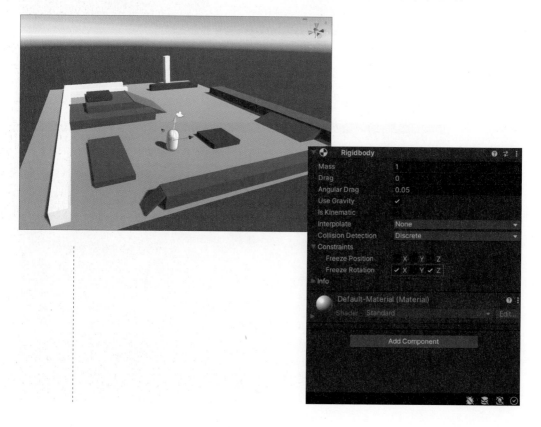

Postion Move로 스크립트를 다음과 같이 작성해 Player 적용시킨다.

```csharp
public class PostionMove : MonoBehaviour
{
 public float speedMove = 5f;
 void Update()
 {
  float h = Input.GetAxisRaw("Horizontal");
  float v = Input.GetAxisRaw("Vertical");
  Vector3 vec = new Vector3(h, 0, v);
  transform.position += vec * speedMove * Time.deltaTime;
 }
}
```

Navigation 패널 'Bake' 탭의 Max Slope를 '30', Step Height를 '0.84'로 설정하고 아래 'Bake' 버튼을 클릭한다.

Player를 통해 이동 경로 경사면을 올라간다. Max Slope를 '20' 이하로 내리게 되면 경사 구간을 올라가지 못한다.

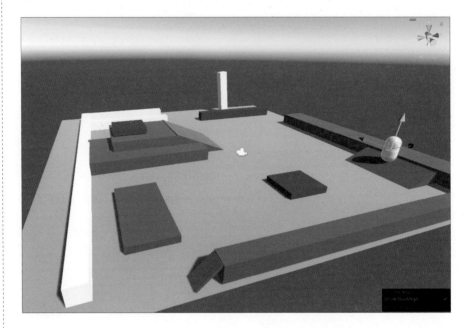

이제 AI 기능으로 상대편 캐릭터가 특정 지역으로 들어가면 다가오는 인공지능 기능을 수행하려고 한다. 동일한 캡슐 캐릭터로 컬러만 다르게 만들어 보겠다. 기존 Player 복사하고 'OtherCharacter'로 이름을 변경한 다음 멀리 배치한다. 'Add Component'를 클릭하고 'Nav Mesh Agent'를 검색하여 적용한다.

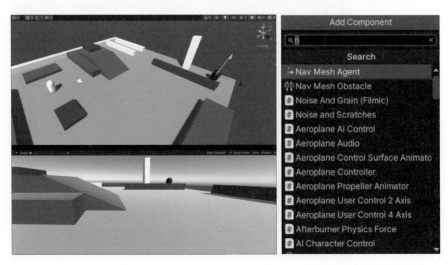

지형을 조금 더 미로 형태로 만들기 위해 장애물을 변경하여 다음과 같이 만들고, Bake를 통해서 지형으로 갈 수 있는 영역을 확인하면서 거리를 수정한다.

Navigation 패널의 'Bake' 탭을 통해 확인하면 그림 다음과 같이 파란 맵핑이 이루어지면서 지면으로 갈 수 있는 공간이 나타난다.

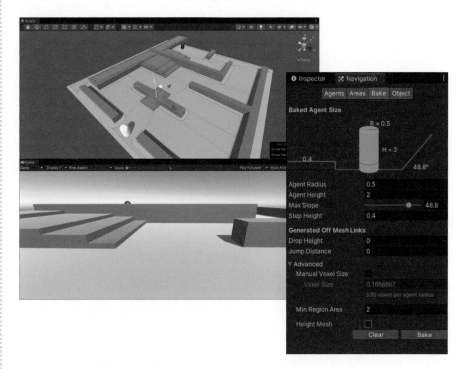

혹시 업데이트를 통해 나타나지 않을 경우 Navigation 패널의 'Object' 탭으로 이동하고, 반드시 'Navigation Static'을 체크 표시한다. 다시 Navigation 패널의 'Bake' 탭으로 이동하고, 'Bake' 버튼을 클릭하여 확인한다.

'otherCharacter' 스크립트를 추가하여 다음과 같이 작성한다.

```
using System.Collections;
using System.Collections.Generic;
using UnityEngine;
using UnityEngine.AI; // AI 기능을 수행하기 위해 작성한다.

public class OtherChar : MonoBehaviour
{
NavMeshAgent agent; // agent 변수명을 선언한다.
[SerializeField] Transform wayTarget; // 이동할 목표 대상을 선언한다.
private void Awake() {
 agent = GetComponent<NavMeshAgent>(); // navmeshagent 컴포넌트를 가져온다.
}
void Update()
{
 agent.SetDestination(wayTarget.position); // 목표 대상으로 이동 로직이다.
}
}
```

플레이하면 다음과 같이 Player 따라가며, AI 기능에 맞게 스스로가 장애물을 알아서 피해 움직인다.

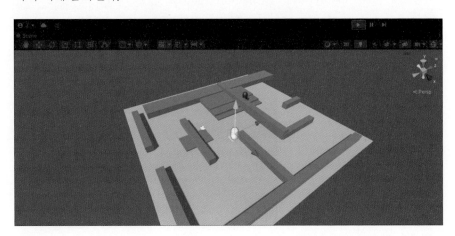

3 〉 ML-Agents

AI 파트에서 관련 ML-Agents(머신러닝 에이전트 Machine Learning Agents)를 이 야기할 수 있다. 이 챕터에서는 다소 어려운 알고리즘을 이해하기 어려워 실습 보다 이론적 소개로 ML-Agents를 소개하려고 한다. AI 기능은 이제 유니티 에서도 적용된지 오래이며, 점점 메타버스 콘텐츠를 제작하기 위해 Machine Learning 기능은 발전되고 지속적 업데이트가 필요하다. 지능형 게임 개발을 경 험할 수 있고, 유니티 머신 러닝 에이전트는 새로운 동작을 코딩하는 것이 아닌 심층 강화 학습을 통해 모방 학습의 형태로 스스로가 학습의 경험을 이해하고 익혀 ML-Agents를 만들 수 있다. 여러 번 반복된 기능 수행을 경험으로 AI 모 델 훈련으로 컴퓨터가 알아서 해결한다. 유니티에서 제공되는 ML-Agents는 물 리적, 시각적, 인지적으로 파악하고 새로운 알고리즘으로 작동되며 반영된다.

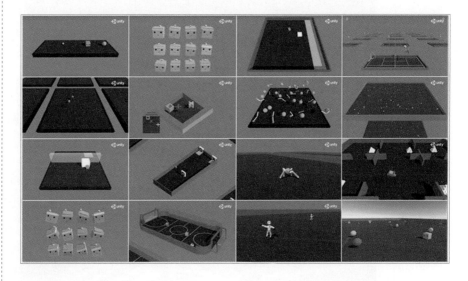

게임에서 셀프 플레어 역사는 1999년 Arthur Samuel 체커 연주 시스템이었다. 시간차 학습 알고리즘 TD를 자가 플레이와 함께 사용하여 인간 전문가와 거의

경쟁할 수 있는 주사위 놀이 에이전트를 훈련했고, 시초가 되었다. 오늘날 레슬링, 숨바꼭질과 같은 게임에서 복잡한 전략 및 카운터 전략을 쉽게 학습할 수 있는 시대가 되어 자기 플레이를 사용한 결과 전문가들은 인간 플레어보다 뛰어난 능력을 탁월하다는 평가를 받기도 한다. 이렇듯 셀프 플레이를 통해 AI 기능은 점점 발전 적인 모습을 보여 주고, 창의적 진화를 통해 실제 게임은 물론 메타버스 콘텐츠의 핵심 지능으로 사용될 수 있을 것이라고 기대해 본다.

| 9장 |

메타버스를 위한
캐릭터 애니메이션 UI

──────── 학습 목표 ────────

캐릭터에 대한 애니메이션을 적용하여 움직임 제어를 학습하고, 화면상 UI 구성에 대한 내용도 배워보자.

1 〉 캐릭터 움직임을 위한 Animation

유니티에서 애니메이션의 시스템은 메카님(Mecanim)으로 이루어진다. 실제 유니티에서 구현된 메카님 시스템은 Animator를 사용하여 만들 수 있다. Animator의 Transition을 이용하여 구현할 수 있다. 상태 관리를 애니메이터로만 하기에 코드의 수정이 적어지는 것과 애니메이션 블렌드 등 상태 전이할 때 옵션을 디테일하게 수정할 수 있는 장점이 있다. 미리 보기를 통해 애니메이션의 움직임의 세세한 정보를 수정하는데 용이하다. 여기에서 메타버스 환경은 3D 공간에서 움직이므로 3D 환경 애니메이션 시스템만 설명한다.

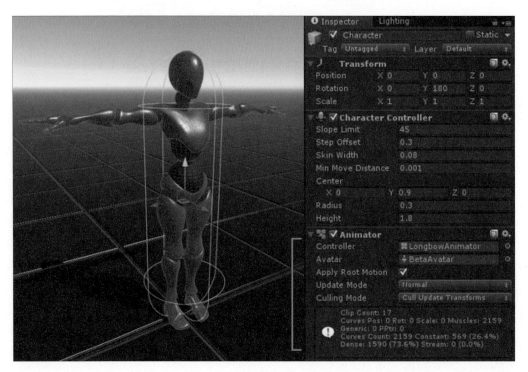

유니티를 실행하기 전에 캐릭터 + 애니메이션을 다운로드하고 소스로 활용하기 위해 '믹사모(mixamo.com)'로 접속한다. '어도비(adobe.com)' 계정으로 동일한 계정이 있다면 로그인할 수 있다. 로그인 후 원하는 'Characters' 탭에서 캐릭터를 바탕 화면에 다운로드한다. 그런 다음 'Animations' 탭에서 'ide'를 검색하고 원하는 동작을 3개 다운로드한다.

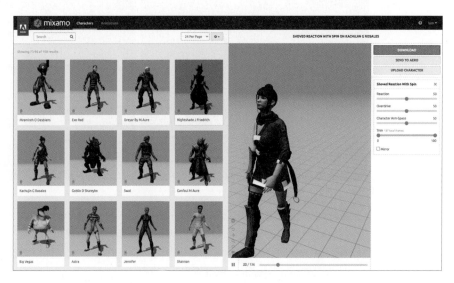

유니티를 실행하고, Project 패널의 Assets에 새로운 폴더를 생성한 후 Animation 폴더 안으로 다운로드한 파일을 드래그한다.

애니메이션 파일 중 파일명 'idle' 외 파일을 선택하면 캐릭터를 선택할 수 있다. 선택 후 Inspector 패널 아래에서 위로 드래그하면 캐릭터 미리 보기가 가능하다. 그리고 'Rig' 탭을 선택하고 Animation Type을 'Humanoid'로 지정하여 변경한 다음 'Apply' 버튼을 클릭한다.

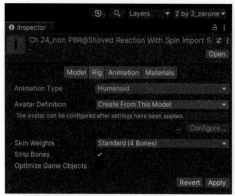

> **Animation Type 휴머노이드 :** 팔 2개, 다리 2개 머리 1개인 캐릭터(메쉬 오브젝트), 일반적으로 인간 체형이고, ReTargetting(리타겟팅) 시스템을 사용해서 애니메이션에 사용된다. 사람만 사용하는 것이 아닌 사람과 유사한 팔다리가 비슷한 형태의 오크나 엘프나 인간형으로 걷는 애니메이션을 공유 가능하여 사용할 수 있다.
>
> 휴머노이드 타입을 많이 사용하므로 알아두면 좋고, 반드시 휴머노이드 확인이 필요하다.

캐릭터를 선택하고 Scene 패널에 드래그한다. 바닥면을 만들기 위해 플래인 오브젝트와 매테리얼을 적용한 환경을 만든다.

Project 패널의 Asset 창에서 마우스 오른쪽 버튼을 클릭한 다음 Create →
Animator Controller를 실행하여 생성한다. 이름을 'PlayerAnimation'이라고 변
경한다.

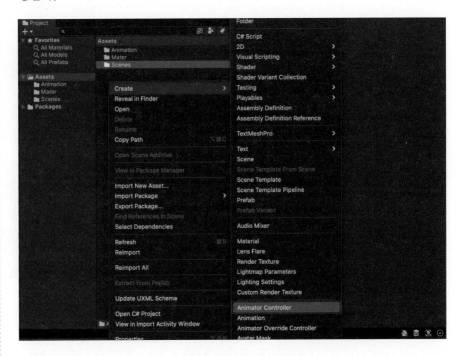

캐릭터를 선택한 후 'PlayerAnimation' 캐릭터 컨트롤러를 Inspector 패널의
Animator → Controller에 드래그한다.

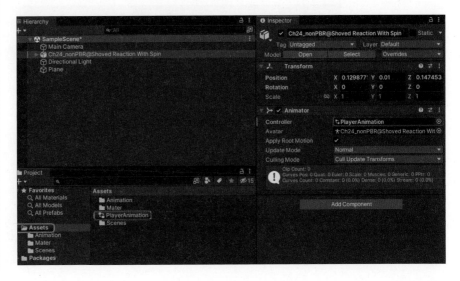

Player Animation 캐릭터 컨트롤러를 더블클릭하면 Animator 창이 열린다. 다시 창을 실행할 때는 메뉴에서 〔Window〕 → Animation → Animator를 실행하면 창으로 접근 가능하다.

Ctrl을 누른 상태로 다운로드한 Asset → Animation → idle를 클릭하여 다중 선택한다. Inspector 패널에서 Rig → Animation Type을 'Humanoid', Avatar Definition을 'Copy From Other Avatar'로 지정한다. 그리고 Source를 사용하는 메인 캐릭터 Player로 지정하고 'Apply' 버튼을 클릭하여 적용한다.

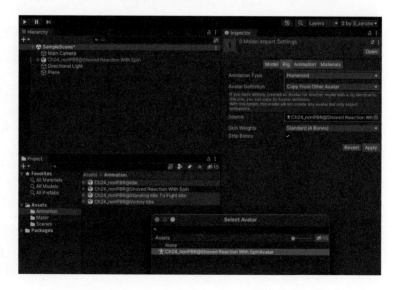

'Idle' 파일을 따로 추출하기 위해 'idle' 파일을 선택한다. 화살표를 클릭하여 세부 내용을 확인하면 삼각형 'Idle'만 필요한 파일이므로 개별 선택(Ctrl+클릭)하고, Ctrl+D를 눌러 복제한다. 그리고 나머지 부분은 삭제한다.

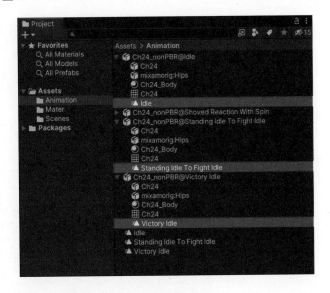

파일 정리를 하면 다음과 같다. 'Idle' 파일에서 'Loop Time'을 체크 표시하고 같은 방법으로 모든 'Idle' 파일이 자동 반복 애니메이션을 할 수 있게 각각 체크 표시한다.

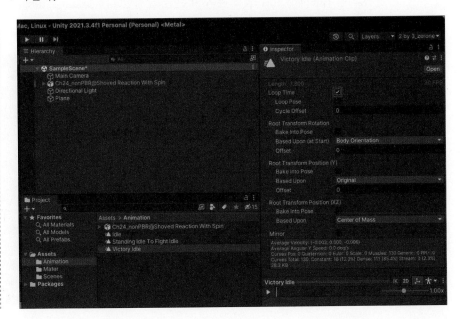

Project 패널의 'Idle' 파일을 Animator 패널로 하나 드래그하면 주황색 컬러로 idle이 생성된다. Animator 패널 화면은 크기 때문에 마우스 휠을 클릭한 상태로 드래그하여 Exit를 확인할 수 있다. Base layer를 정리한다.

Asset에서 나머지 Idle도 Animator 패널의 Base Layer로 드래그한다. 처음으로 정지된 Idle에서 마우스 오른쪽 버튼을 클릭한 다음 Make Transition을 실행하여 연결한다.

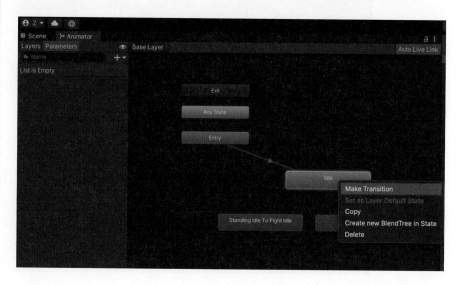

반대로 Fight Idle에서 기본 Idle로 서로 연결하고, Victory Idle도 동일하게 연결한다. 왼쪽의 'Parameters' 탭을 선택하고 '+' 아이콘을 클릭한 다음 'Trigger'로 선택한 후 각각 이름을 'Fight', 'Victory'라고 추가한다.

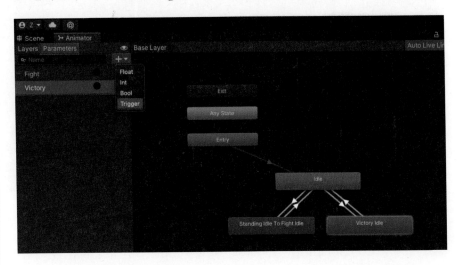

기본 상태 'Idle'에서 Fight Idle에 연결된 화살표를 선택하고 Inspector 패널을 확인하면 다음 화면과 같이 표시된다. 여기서 Conditions의 '+' 아이콘을 클릭하여 'Fight'를 선택하고, 'Has Exit Time'을 체크 표시 해제한다. 해제하는 이유는 아래 애니메이션 바에 나타난 것은 처음부터 끝까지 재생 후 변경되므로 바로 변경을 위해 해제하는 것이다.

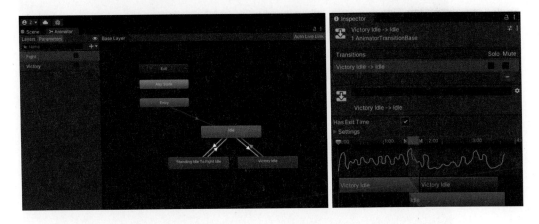

동일하게 Victory Idle도 같은 설정을 한다. 반대로 화살표는 Conditions를 설정하지 않고, 'Has Exit Time'은 체크 표시한다.

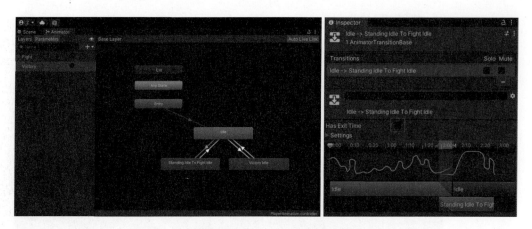

Hierarchy 패널에서 Player 캐릭터를 선택한다. Inspector 패널에서 'Add Component'를 클릭하고 'New script'를 검색한 다음 선택하여 'C# script AniCrol' 이름의 스크립트를 생성한다.

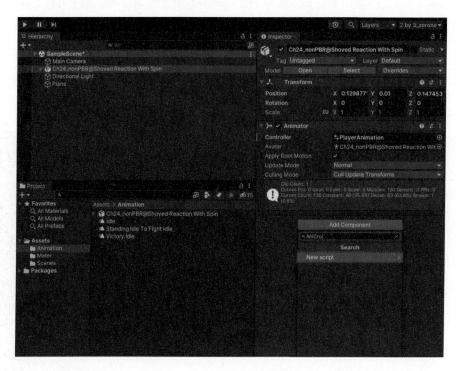

다음과 같이 스크립트를 작성하고 적용한다.

```csharp
public class AniCrol : MonoBehaviour
{
  public Animator ani;
  void Start()
  {
    ani = GetComponent<Animator>();
  }



  void Update()
  {
    // 키보드 숫자 1번 누르면 실행
    if(Input.GetKeyDown(KeyCode.Alpha1))
    {
      ani.SetTrigger("Fight");
    }
    // 키보드 숫자 2번 누르면 실행
    if(Input.GetKeyDown(KeyCode.Alpha2))
    {
      ani.SetTrigger("Victory");
    }
  }
}
```

2 〉 메타버스 객체지향 UI

메타버스 가상환경에서는 UI(User Interface)가 존재한다. 캐릭터의 상태나 움직임을 나타낼 때 또는 사용자가 디바이스 기기에서 제어할 수 있는 모든 요소가 화면에 표시하거나 상태 컨트롤러가 필요할 때 사용될 수 있다. 시스템 제어하는 버튼, 대화방, 말풍선, 캐릭터 이동 제어 등 인터페이스에서 사용될 객체를 중심으로 이루어진 객체지향 UI를 구성할 수 있다.

유니티를 실행한다. Hierarchy 패널에서 마우스 오른쪽 버튼을 클릭한 다음 3D Object → Plane을 실행하여 오브젝트를 생성한다.

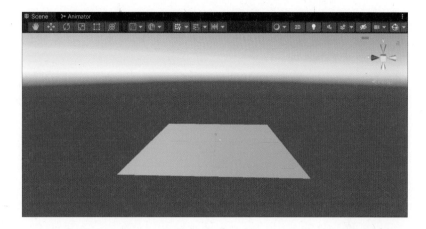

기즈모는 화면 기본 상태로, 위로 y 좌표 오른쪽 x 좌표가 기본 상태다.

Scene 패널에서 보면 화면과 다른 Render Mode가 'Screen Space - Overlay' 기본값으로 UI가 형성되어 Game 패널 왼쪽 하단에 버튼이 보인다. 즉 Canvas 아래 버튼이 생성되었고, 그 아래 콘텐츠를 만들어 주어야 한다. 자동적으로 EventSystem과 같이 있는 것을 확인할 수 있다.

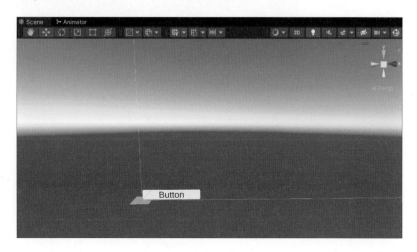

> **Screen Space – Overlay :** UI 요소가 화면에서 신의 위에 렌더링된다. 스크린 크기가 조절되고 해상도가 변경될 때 자동적으로 크기가 변경된다.
>
> **Screen Space – Camera :** Overlay와 유사하지만 캔버스는 지정되 카메라 앞에 주어진 거리에 배치된다. 즉 UI는 카메라에 의해 렌더링된다. 따라서 카메라 설정값에 따라 UI 모양에 영향을 준다.
>
> **World Space :** 신(Scene)에 있는 다른 오브젝트처럼 동작한다. UI 요소는 3D 배치에 기반하여 신의 모든 오브젝트의 앞 또는 뒤에 렌더링된다. 월드 일부를 이루도록 의도된 UI다. 서사적 인터페이스라고 부른다.

보통은 Screen Space – Overlay 모드를 많이 사용하므로 이 설정에서 Screen 화면은 실제 월드 공간과 다른 화면으로 나타나며 2D 기반으로 설정 후 제어하는 것이 편리하다. 그리고 실제 화면 공간과 크기가 다르므로 주의가 필요하다. 그래서 다음과 같이 Scene 패널에서 2D 버튼을 활성화시키고, 마우스 휠로 화면 전체가 보이도록 뒤로 간 다음 Canvas 아래 Button을 선택해 본다.

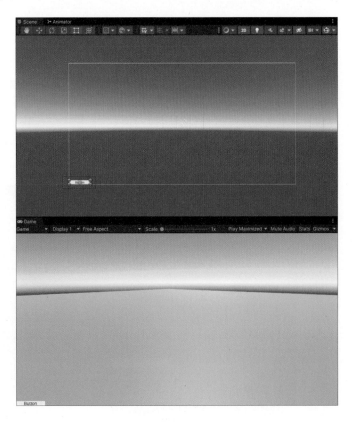

Canvas 버튼 위치를 변경하면 실제 플레이어 될 Game 패널에서 화면이 이동됨을 확인할 수 있다. Top/Left 화면으로 이동하면 Game 패널에도 이동된 것을 볼 수 있다. 게임 실행 '플레이' 아이콘(▶)을 클릭하기 전에 Game 패널에서 'Play Maximized'로 지정하여 최대 활성화로 설정하고 화면을 확인해 본다.

실제 화면이 커지거나 해상도 변화에 따라 실제 버튼은 예상했던 Top/Left에 있지 않은 것을 확인할 수 있다.

그래서 'Button'을 선택 후 Rect Transform이라는 기존 컴포넌트와 다른 정보창에서 Top/Left 화면을 0, 0 기준점으로 수정하면 결과가 달라지는 것을 볼 수 있다.

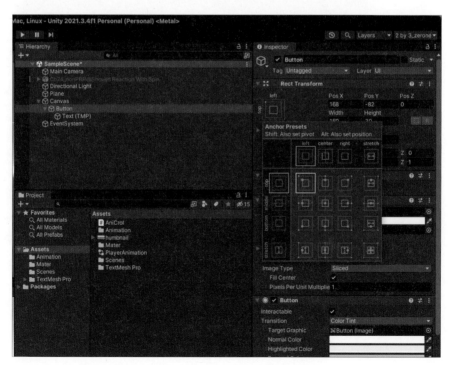

실제 Game과 비슷하게 화면이 커져도 기준점을 시작으로 버튼 위치가 예상한 화면에 있는 것을 확인할 수 있다.

구글 검색창에서 '버튼이미지'를 검색하여 외부 이미지를 다운로드한다. 유니티의 Project 패널로 이동하고 Texture Type을 'Sprite(2D and UI)'로 지정한 다음 'Apply' 버튼을 클릭하여 적용한다.

'Button'을 선택 후 Inspector 패널의 Image → Source Image에서 외부 이미지로 불러온 것을 드래그하거나, 오른쪽 버튼을 클릭하여 선택한다. 실제 화면 사이즈가 달라 100*100 정사각형이므로 Rect Transform에서 크기를 변경한다. Button 아래에 있는 Text를 비활성화하기 위해 'TextMeshPro'를 체크 표시를 해제하면 글자가 나타나지 않는다.

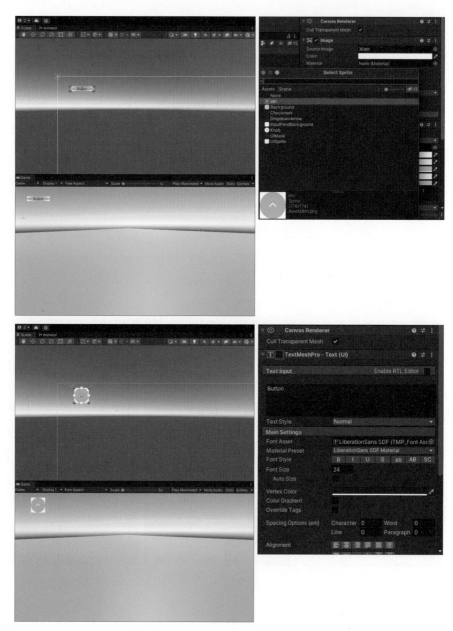

배경의 흰색을 제거하기 위해 포토샵 또는 'pngtree.com' 홈페이지로 접속하여 배경이 투명한 버튼이 되도록 재수정한 후 동일한 방법으로 불러온다. Img Texture Type을 'sprite'로 지정하여 삽입해 주면 투명된 버튼으로 볼 수 있다.

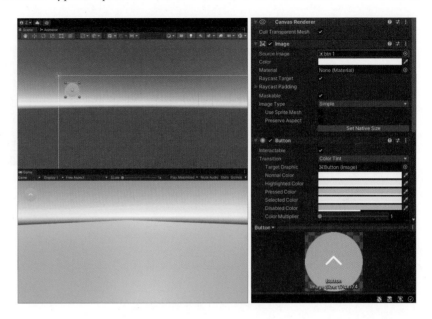

Hierarchy 패널의 'Canvas'에서 마우스 오른쪽 버튼을 클릭한 다음 UI → Legacy → Text를 실행하여 추가 삽입한다. 여기서 만약, Text가 아닌 TextMeshPro를 선택하여 실행하면 텍스트 매니저에 드래그할 수 없다.

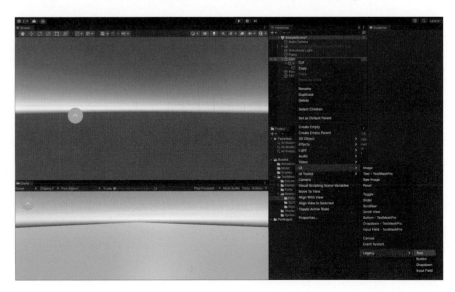

버튼 옆으로 이동한 후 Anchors 기준점을 Top/Left(0, 0) 기준점으로 앵커를 이동시킨다. 빈 텍스트 매니저(TXTMger)를 만들고 만든 텍스트 매니저에 C# Script를 생성하여 만든다.

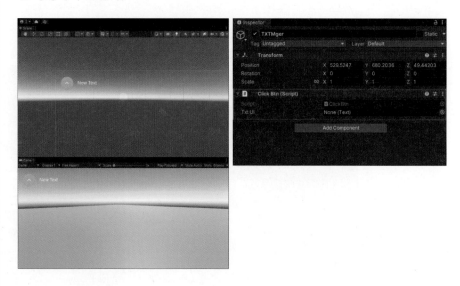

다음과 같이 텍스트 매니저 C# Script를 작성한다.

```csharp
using System.Collections;
using System.Collections.Generic;
using UnityEngine;
using UnityEngine.UI; // UI 가져오기 위해 넣는다.

public class ClickBtn : MonoBehaviour
{
  public Text txtUI;
  public void onClickBtn()
  {
    Debug.Log("click 확인"); // 콘솔창에 출력된다.
    txtUI.text = "click 했다";
  }
}
```

'Button' 선택하고 onClick() 함수에 TXTMger 텍스트 매니저를 추가한다. 그러면 Function이 활성화하여 방금 만든 클릭 onClickBtn 함수를 사용할 수 있다. 버튼을 클릭했을 때 실행하는 함수다. 그러나 따로 텍스트 매니저를 만들지 않고 바로 실행하기 위해선 모든 UI 상위 컴포넌트인 Hierarchy → Canvas를 그대로 드래그해도 동일하다. 파일 관리를 위해 별도의 빈 객체를 생성 후 넣었다.

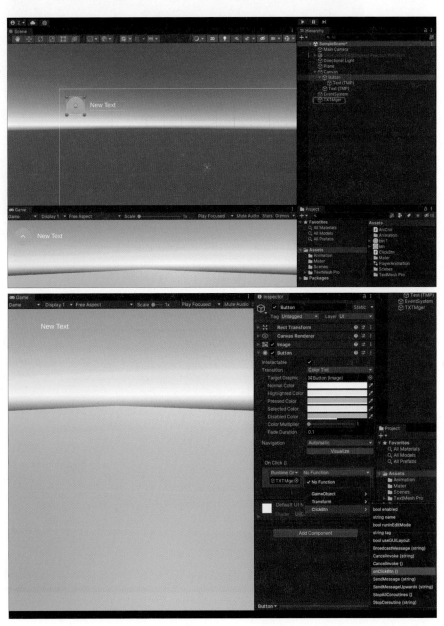

TXTMger를 선택 후 TxT UI에 'Text(Legacy)' 파일을 설정한다.

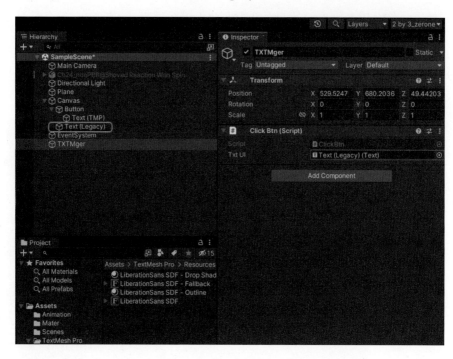

결괏값을 확인하기 위해 확대된 창으로 실행 후 버튼을 클릭하면 옆에 있던 텍스트가 원하는 값으로 출력된다.

|10장|

메타버스 플랫폼
따라하기 오픈월드

───── 학습 목표 ─────

자유도가 높은 오픈월드 캐릭터 움직임을 종합 실습으로 인공지능 및 애니메이션을 함께 적용하여 실습해 본다.

1 〉 오픈월드 : 인공지능을 이용한 AI 캐릭터

오픈월드(Open World)는 구조화된 게임이 아닌 사용자가 가상세계인 메타버스 환경에서 자유롭게 돌아다니며 자유도가 높은 게임 월드를 말한다. 그래서 자유롭게 지형 및 미션 등의 순서가 정해져 있지 않고, 돌아다니며 탐험하고 아이템 미션 등을 자유롭게 수행하는 MMORPG 게임 형태에서 볼 수 있다. 구성요소들을 실제 의지와 다르게 사용자가 마음대로 바꿀 수 있고, 다중 온라인 사용자가 접근하여 사용할 수도 있으며, 메타버스 환경에서 많이 사용할 수 있는 유형이다. 게임에서 GTA, 마인크래프트를 대표적으로 볼 수 있고, 이런 유형을 쉽게 만들어볼 수 있게 다음과 같은 과제를 통해 직접 캐릭터를 활용하고, 통제·관리할 수 있게 움직임을 제어하며 AI 인공지능의 기능이 부여된 메타버스 환경을 구성해 보자.

연습 01

오픈월드 인공지능 AI 캐릭터 만들기

메타버스 특징인 오픈월드를 구현하기 위해 지금까지 배운 내용을 종합하여 응용해 본다.

❶ Hierarchy 패널에서 마우스 오른쪽 버튼을 클릭한 다음 3D Object → Plane을 실행하여 생성한다.

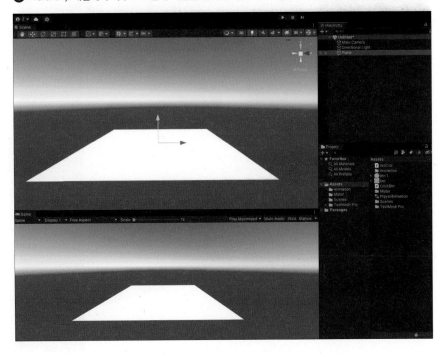

❷ Inspector 패널의 Transform에서 Scale X를 '3', Z를 '3'으로 설정하여 늘린다.

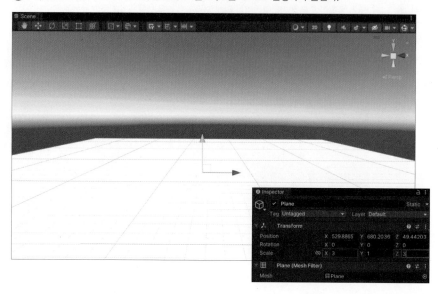

❸ 오픈월드처럼 자유롭게 움직일 수 있는 캐릭터 Player를 생성하기 위해 캡슐 오브젝트를 생성한다.

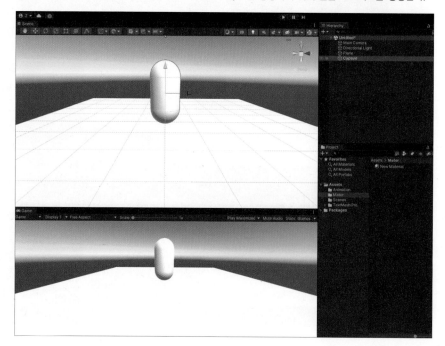

❹ 캐릭터의 방향을 알기 위해 그림과 같이 캡슐 오브젝트에 박스 오브젝트를 추가하여 정면인 것을 표시한다.

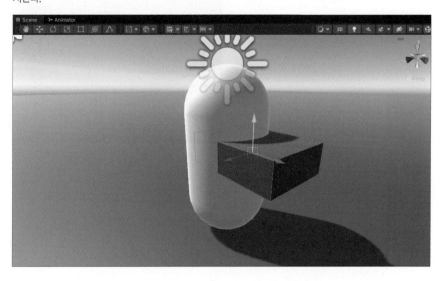

❺ 캡슐과 박스 오브젝트로 만든 주인공 캐릭터 'Player'를 선택한다. Add Component에서 'Capsule Collider', 'Rigidbody'를 검색하고 추가한다.

❻ Rigidbody → Constraints에서 Freeze Rotation의 'X', 'Y', 'Z'를 체크 표시하여 회전을 얼린다(Freeze). 즉, 캐릭터가 넘어지거나 쓰러지지 않도록 하는 것이다.

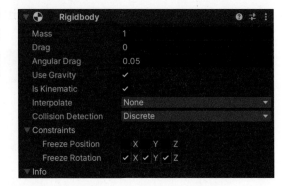

❼ 주인공 캐릭터 Player에 C# Script를 다음과 같이 추가한다.

```csharp
using System.Collections;
using System.Collections.Generic;
using UnityEngine;

public class PlayerMove : MonoBehaviour
{

    [SerializeField] private Animator ani; // 애니메이션
    public float speed = 3f; // 이동 스피드
    public float bounce = 5f; // 바운스
    private Rigidbody rd; // 물리적엔진 " 중력 "

    void Start()
    {
        rd = this.GetComponent<Rigidbody>();
    }
    void Update()
    {
        // 방향의 x, z좌표값에 키보드가 입력된 값을 갖는다.
        float x = Input.GetAxis( " Horizontal " );
        float z = Input.GetAxis("Vertical");
```

```
            // 방향 값만 동일하게 맞춘다.
            Vector3 dir = new Vector3(x, 0, z);
            bool isMove = dir.magnitude > 0;
            ani.SetBool("isWalk", isMove);
            ani.SetFloat("isRun", dir.magnitude);

            if (isMove)
            {
                ani.transform.forward = dir;
            }
            transform.Translate(new Vector3(x, 0, z).normalized *
Time.deltaTime * speed);
        }

    private void OnCollisionEnter(Collision collision)
    {
        rd.velocity = Vector3.zero;
    }
    private void FixedUpdate()
    {
        if (Input.GetButtonDown("Jump")&& rd.velocity.y < 1 )
        {
            rd.AddForce(Vector3.up*bounce, ForceMode.Impulse);
            ani.SetTrigger("isJump");
        }
    }
}
```

참고로 현재 스크립트와 다르게 점프할 때 RaycastHit로 바닥면을 설정할 수 있다. 바닥을 부딪히면 조건을 걸어 점프 효과로 만들 수 있다. 보통 레이캐스트는 총알과 레이저를 쏠 때 사용하며, 안보이는 광선과도 같은 의미다.

레이캐스트(RaycastHit)

광선을 쏘는 것을 의미하며, 레이를 쏜다라고 말한다. 즉 광선 레이저가 나가는 방향에 맞춘 정도 Hit를 체크하는 것으로 광선이 충돌하는 거리와 위치 등을 반환한다.

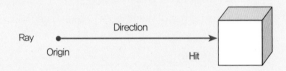

❽ 바닥인 'Plane'을 선택하고 Inspector 패널의 Layer를 'Ground'로 지정하여 변경한다.

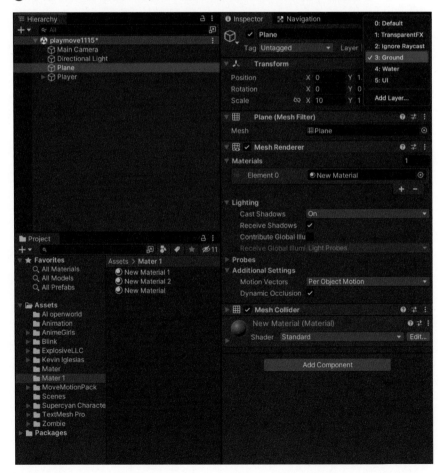

❾ Player를 선택하고 Inspector 패널의 Player Move(Script)의 Layer를 'Ground'로 지정한다. 캐릭터는 정상 이동되고, 점프도 가능하다.

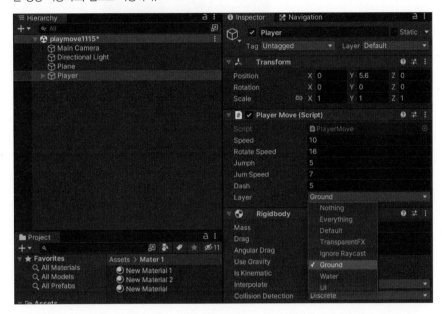

❿ 상대방(Other) 캐릭터를 생성하기 위해 주인공(Player) 캐릭터처럼 캡슐 오브젝트를 생성한다. 새로 만든 오브젝트는 구분을 주기 위해 매테리얼 색상을 적용한다.

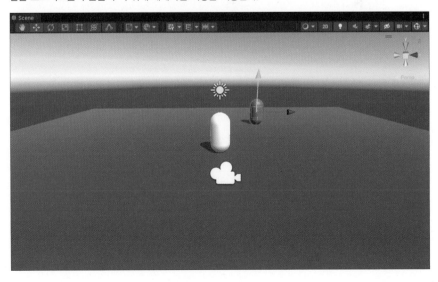

⑪ 'Add Component'를 클릭하고 'nav'를 검색한 다음 'Nav Mesh Agent'를 선택하여 Other 캐릭터에 적용한다.

⑫ 'Other'이라는 이름으로 C# Script를 생성하고 다음과 같이 작성한다.

```csharp
using System.Collections;
using System.Collections.Generic;
using UnityEngine;
using UnityEngine.AI;  // AI 인공지능 사용

public class Other : MonoBehaviour
{
  [SerializeField] Transform target;
  NavMeshAgent nmagent;
  void Start()
  {
      nmagent = GetComponent<NavMeshAgent>();
  }
  void Update()
  {
    // 타켓 거리를 지정한다.
      nmagent.SetDestination(target.position);
  }
}
```

⓭ 누구를 따라갈 것인지 설정하기 위해 Target의 Transform에 캐릭터가 움직이는 'Player'를 드래그하여 연결한다.

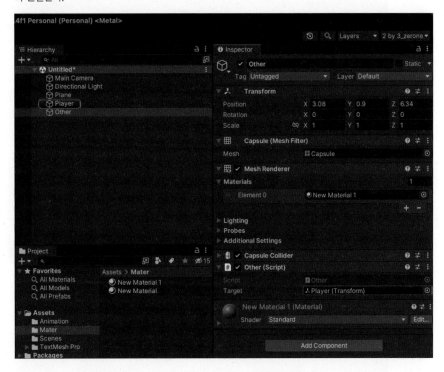

⓮ 아직은 작동 실행하면 오류가 난다. Nav Mesh Agent 설정을 위해 Inspector 패널에 'Static'을 클릭하고 'Navigation Static'을 선택한다.

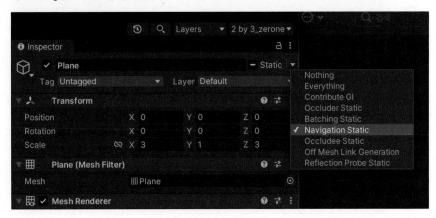

⓯ 상단 메뉴에서 (Window) → AI → Navigation을 실행한다.

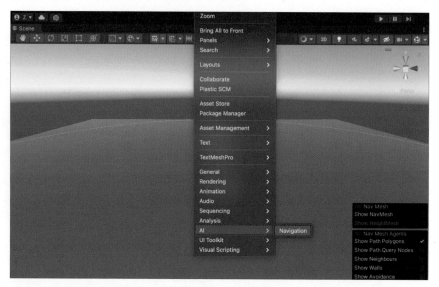

⓰ Bake 설정하고 'Bake' 버튼을 클릭해서 이동할 수 있는 Baked Agent Size를 설정한다. 실행을 플레이하면 Player 캐릭터가 움직일 때 Other 캐릭터가 접근한다.

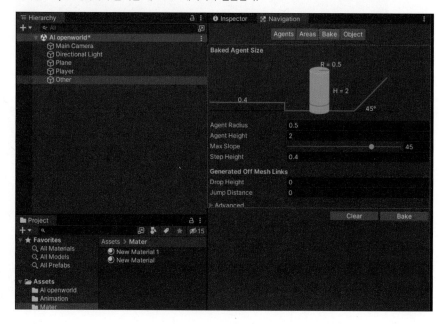

⓱ Other 캐릭터가 일정한 상태에서 유지되며 근접하지 않을 때는 멈출 수 있는 AI 인공지능 상태로 만들기 위해 다음과 같이 Other 캐릭터의 C# Script를 수정한다.

```csharp
using System.Collections;
using System.Collections.Generic;
using UnityEngine;
using UnityEngine.AI; // AI 기능을 사용하기 위해 넣어 준다.

public class Other : MonoBehaviour
{
  // 거리 및 타켓 초기 설정
  [SerializeField] Transform target;
  public float chaseRange = 5;
  NavMeshAgent navMeshAgent;
  float distanceToTarget = Mathf.Infinity;

  void Start()
  {
      navMeshAgent = GetComponent<NavMeshAgent>();
  }


  void Update()
  {
    // 일정한 거리일 때 타켓을 따라간다.
    distanceToTarget = Vector3.Distance(target.position,
transform.position);
      if(distanceToTarget <= chaseRange)
      {
          navMeshAgent.SetDestination(target.position);
      }

  }
  void OnDrawGizmosSelected()
  {
    // 일정한 거리 유지 라인을 가시화한다.
    Gizmos.color = Color.red;
    Gizmos.DrawWireSphere(transform.position, chaseRange);
  }
}
```

⓲ 각각의 캐릭터 들의 지면의 높이가 다르므로 'Edit Collider' 버튼을 눌러 지면과 닿는 지점을 수정하고 Character Controller의 Height를 1.5로 변경한다.

Player 캐릭터가 움직일 때 빨간선 라인 안으로 들어가면 Other 캐릭터가 Player 캐릭터를 따라오는 것을 알 수 있다. 이것이 AI 캐릭터 이동으로 사용자가 접근한 것인지에 대한 판단에 따라 따라가거나 멈추게 된다.

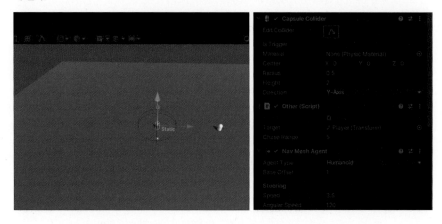

⓳ 3D 캐릭터 무료로 원하는 캐릭터를 다운로드하고 유니티로 가져온다. 이 책에서는 'Adventure Character'를 다운로드하여 사용한다.

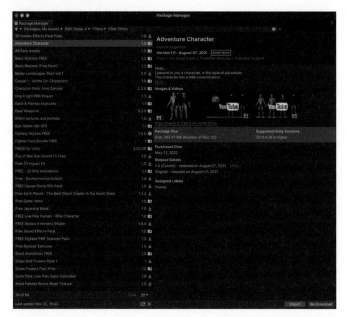

⑳ 기본 동작 애니메이션을 'Free'로 'Basic Motions FREE'를 다운로드한다.

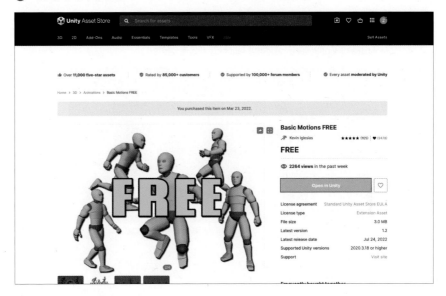

㉑ 불러온 캐릭터를 Player 아래로 상속시키며 Player의 'Mash Renderer'를 체크 해제하여 비활성화하고, Other 캐릭터도 자유롭게 변경한다. 이 책은 현재 Other 캐릭터는 반영하지 않고 캡슐 그대로 사용하려고 한다.

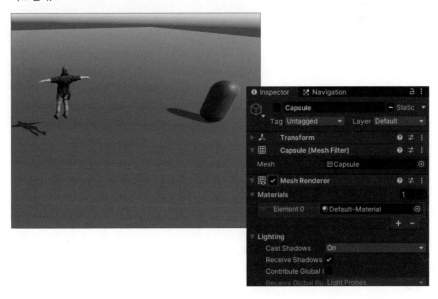

❷❷ Other 캐릭터도 동일하게 캐릭터를 적용하고, 캐릭터의 애니메이션을 주기 위해 Animator 패널을 표시한다.

새로운 애니메이션 컨트롤러를 생성하기 위해 Assets 창에서 마우스 오른쪽 버튼을 클릭한 다음 Create → Animator Controller를 실행하여 'ani'라고 새롭게 생성한다.

Animation Blend Tree

플레이어의 움직임은 3D 콘텐츠 개발자가 하나하나 애니메이션을 만들기에는 무척 힘들다. 걷기의 종류도 다양하고, 이동 방향에 따라 좌우 위아래 대각선 각 360° 이상의 모션을 하나하나 만들 수 없기에 Blend Tree를 이용하여 중간 지점을 자연스럽게 합성해 주는 역할을 한다. 즉, 2개 이상의 애니메이션이 있다면 그 사잇값을 생성해 준다고 이해하면 되는 것이다. Blend Tree는 전환에 사용되며 애니메이션 상태를 자연스러운 행동과 중간 애니메이션을 생성하므로 캐릭터의 자연적 모습과 움직임을 나타내게 된다.

❷❸ 'metaver_ani'를 더블클릭하면 Animator 패널이 표시된다. 마우스 오른쪽 버튼을 클릭한 다음 Create State → From New Blend Tree를 실행하여 생성한다. 생성된 Blend Tree를 더블클릭하면 설정 안으로 들어갈 수 있다.

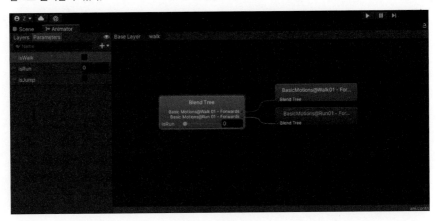

❷❹ 생성된 Bleder Tree를 더블클릭하여 Bleder Tree를 편집할 수 있는 창으로 변경한다. 기본 동작 애니메이션을 다운로드한 것 중에서 'Idle' 애니메이션을 찾아 선택한 Idle의 정지된 상태 애니메이션을 그대로 Animator 패널로 드래그한다.

❷❺ Motion의 기본 동작 정지, 걷기, 뛰기 3개를 찾아 Animator 패널로 드래그한다. 1 Idle(정지) 상태, 2 Walk(걷기) 상태, 3 Run(달리기) 상태로 만들고, 마우스 오른쪽 버튼을 클릭한 다음 Make Transition을 실행한 다음 드래그하여 각각 서로 간의 연결을 한다.

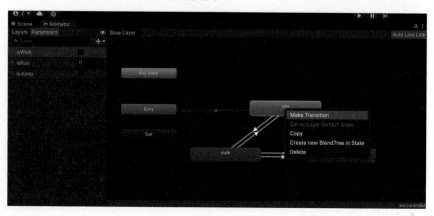

❷❻ 서로간 드래그된 선을 클릭하면 조건이 어떤 것일 때 다음으로 이동하라는 명령을 줄 수 있다. 왼쪽 'Parameters' 탭에서 '+' 버튼을 눌러 Bool 값으로 isWalk, Trigger 값으로 isJump를 각각 생성한다. Inspector 패널에서 'Has Exit Time'을 체크 해제한다. 이는 아래 주어진 순차적 애니메이션을 그대로 사용한다는 것으로, 바로 애니메이션이 연결되지 않아 변환하기 위해 체크 해제한다. 그 아래 Conditions(조건)에 각각 Idle → walk 간에 isWalk : true, walk → Idle 간에 isWalk : false를 연결한다.

㉗ 같은 방법으로 walk → jump 간에 isJump, jump → walk 간에 isWump : true로 연결하고, 마지막 Idle → jump 간에 isJump로 연결한다.

Blend Tree 설정을 위해 walk를 더블클릭한다. 마우스 오른쪽 버튼을 클릭한 다음 Add Motion을 실행하여 2개를 생성하고, Inspector 패널의 Motion에 걷다가 뛰는 애니메이션을 적용하기 위해 Idle(삼각형 모양) 동작을 각각 찾은 후 Walk, Run에 추가한다.

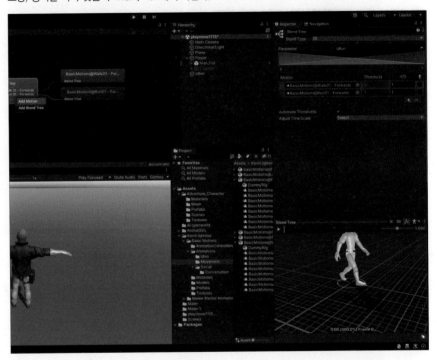

㉘ Blend Tree의 isRun이 0~1 값 중 '0'이면 걷기, '1'이면 뛰기가 실행된다.

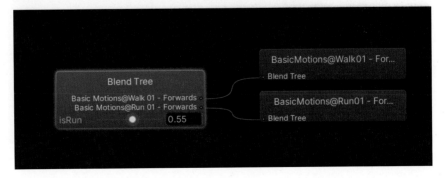

㉙ isRun를 조절하면 Walk~Run 값이 색이 변하는 것을 알 수 있고, 미리 보기 애니메이션도 동작이 나타난다.

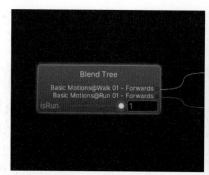
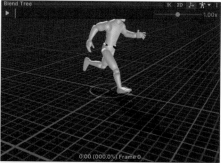

㉚ Player 캐릭터에 적용된 C# Script의 Ani에 프리팹을 적용시켜 주어야 한다. 캐릭터 프리팹(Man_Full)을 Ani에 드래그한다.

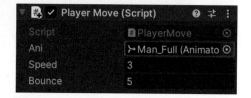

㉛ 플레이하고 동작 확인을 위해 키보드 키를 눌러 좌우 걷기 – 뛰기 – 점프([Spacebar])를 확인한다.

㉜ Cinemachine을 설치하기 위해 Packages를 'Unity Registry'로 지정한 후, 검색창에서 'cine'를 검색하고 Cinemachine이 표시되면 오른쪽 하단의 'install' 버튼을 클릭하여 설치한다.

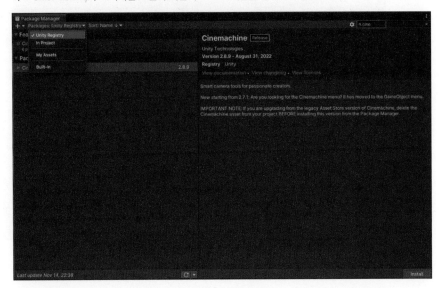

㉝ 카메라를 선택한다. 'Add Component'를 클릭하고 'cine'를 검색한 다음 'CinemachineBrain'을 선택한다.

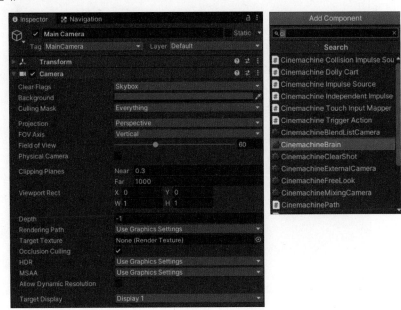

❸❹ 메뉴에서 (GameObject) → Cinemachine → Visual Camera를 실행한다.

❸❺ CM vcam1을 선택한다. Inspector 패널의 Body를 'Framing Transposer'로 지정한다.

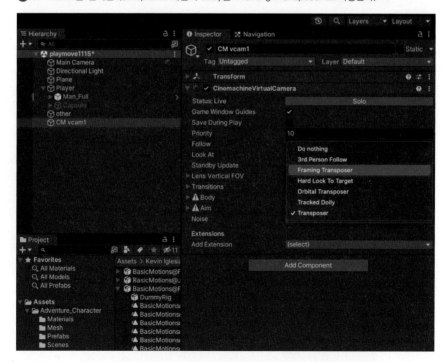

❸❻ Follow에 Player를 드래그하여 연결한다.

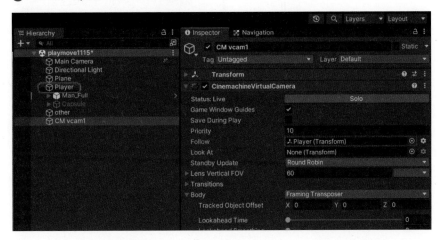

❸❼ 플레이를 실행하면 카메라가 따라 움직이는 것을 확인할 수 있다. Other 캐릭터가 가까이 다가가면 Player 캐릭터를 따라오는 것을 확인하고, 카메라의 위치와 각도는 원하는 각도와 위치를 조절하면서 완성도를 높여간다.

|11장|

메타버스 플랫폼
따라하기 VR

─── 학습 목표 ───

메타버스의 대표적인 가상현실에 대한 내용으로 가장 사랑을 받은 비트
세이버를 직접 만들고 체험하면서 콘텐츠 제작을 배운다.

1 〉 가상현실 VR : 비트세이버

하이퍼블릭 마그네티즘(Hyperbolic Magnetism)에서 제작하고, 오큘러스 퀘스트 등 다양한 매체인 VR 디바이스에서 유통되는 음악 리듬 VR 게임이다. 2019년 메타(구 페이스북)에서 인수하여 독립적으로 운영되고 있다.

비트세이버(Beat Saber)는 아름답게 두 손으로 라이트 세이버를 들고 리듬에 맞게 노트를 자르면 점수가 반영되는 게임으로 보통 DDR 게임이라는 발로 리듬에 맞게 장단을 맞춘 게임과 유사하다. VR에서 HMD를 통해 가상현실에 있는 콘텐츠로 공간감과 사운드의 강력한 리듬을 통해 극도의 현실감과 몰입감을 갖고 있으며, 어렵지 않고 누구나 제자리에서 스스로 게임을 통해 만족하는 게임이다. 그래서 누구나 즐기는 게임으로 경쾌하고 리듬감 또는 운동용으로 많은 사랑을 받고 현존 1위를 지속적으로 유지할 정도로 전 세계인들의 인기 게임이다. VR의 대표적 게임으로 가상현실을 체험하기 좋고 적합한 콘텐츠라 생각하고 유사한 클론 콘텐츠를 제작해 보려고 한다. 오큘러스 퀘스트2 기반으로 만들 예정으로 XR Plug-in 설치가 필요하다.

비트세이버 클론 콘텐츠 만들기

연습
01

비트세이버 콘텐츠를 제작한다. 여기에서는 오큘러스 퀘스트2 기반으로 콘텐츠를 제작하여 오큘러스 홈페이지에서 개발 허브를 다운로드 하여 기기를 연결하여 퍼블리싱할 수 있게 한다.

❶ 유니티를 실행한다. New Scene 3D 코어로 설정하고, VR 콘텐츠이므로 Project Settings XR Plug-in Management를 설치한다.

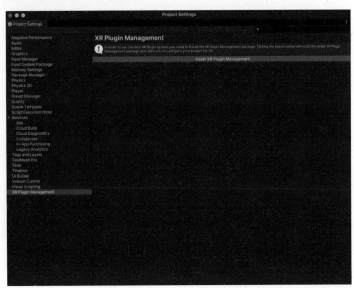

❷ 설치가 완료되면 Plug-in Providers의 'Oculus'를 체크 표시한다.

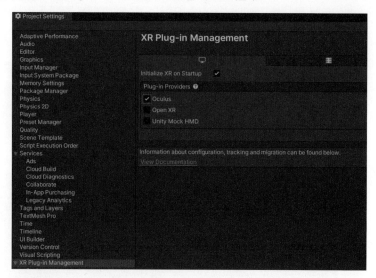

❸ Asset Store에서 'Oculus Integration'을 다운로드한다.

❹ 기존에 있는 Directional Light와 Main Camera를 삭제한다. Project 패널에서 'OvrcameraRig'를 검색 후 Hierarchy 패널로 드래그한다.

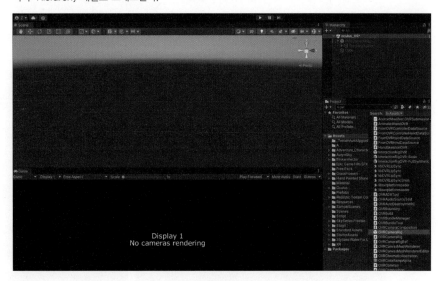

❺ 큐브 오브젝트를 만들고, Inspector 패널의 Transform에서 Scale X를 '5', Z를 '5'로 설정한다. Transform의 환경 설정 또는 마우스 오른쪽 버튼 클릭으로 Reset Property → Position을 실행하면 초깃값으로 설정된다. 그런 다음 Position Y를 '−1'로 설정한다.

❻ 큐브 오브젝트를 복사하여 만들어진 'Cube (1)'을 선택하고, Inspector 패널의 Transform에서 Scale X를 '5', Y를 '1', Z를 '30'으로 설정하여 길게 늘린다.

같은 방법으로 큐브 오브젝트를 복사하고, 만들어진 'Cube (2)'를 선택한다. Inspector 패널의 Transform에서 Scale X를 '30', Y를 '30', Z를 '100'으로 설정하여 박스 안으로 들어가게 큰 사이즈로 만들어 공간 연출을 한다.

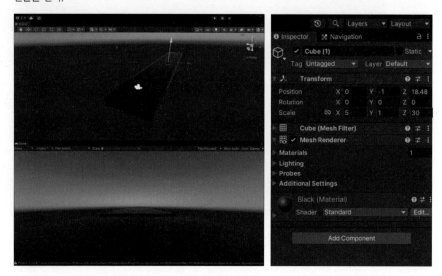

❼ 'Cube (2)'에 적용할 매테리얼 생성하고 Shader를 'Particles/Standard Surface'로 지정한다. 투명 효과를 위해 Rendering Mode를 'Modulate'로 지정한다.

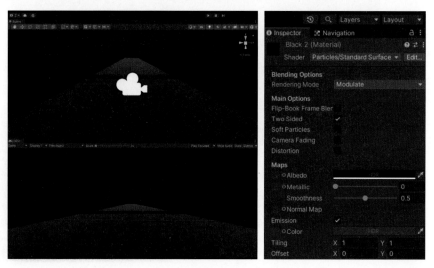

❽ OvrCameraRig → LeftHandAnchor, RightHandAnchor에서 각각 큐브 오브젝트를 생성하고 컬러 값을 다르게하여 오른쪽, 왼쪽 막대봉을 생성한 다음 두 오브젝트 모두 'Box Collider'를 삭제한다.

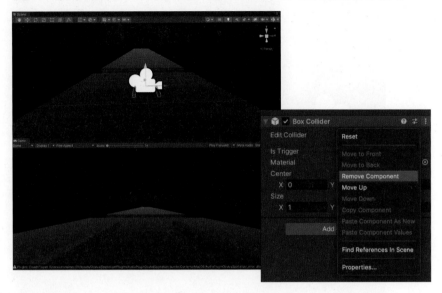

❾ 이제 큐브 박스 제거용으로 큐브 오브젝트를 2개 더 만들고, 크기를 '0.4'로 설정하여 정사각형 만든 다. 그 안에 빨간색 컬러의 방향 표시를 다음과 같이 왼쪽으로 위치한 다음 상하 상속 관계를 만든다.

❿ 상하 관계 그대로 Project 패널로 드래그하여 프리팹을 만든다.

⓫ red, blue 오브젝트에 스크립트를 생성하여 다음과 같이 작성한다.

```
public class cubeSc : MonoBehaviour
{
  void Update()
  {
    transform.position += Time.deltaTime * transform.forward *2;
  }
}
```

⑫ Create Empty 오브젝트를 생성하고, 'Spawner'로 이름을 변경한다.

⑬ Spawner 오브젝트에 C# Script를 생성하고 다음과 같이 작성한다.

```csharp
public class spawner : MonoBehaviour
{
 public GameObject[] cubes;
 public Transform[] points;
 public float beat = (60/105)*2;
 private float timer;

  void Update()
  {
    if(timer > beat)
    {
      GameObject cube = Instantiate(cubes[Random.Range(0,2)],
points[Random.Range(0,4)]);
      cube.transform.localPosition = Vector3.zero;
      cube.transform.Rotate(transform.forward, 90*
Random.Range(0,4));
      timer -= beat;
    }
    timer += Time.deltaTime;
  }
}
```

❶❹ Spawner 오브젝트 하위에 빈 오브젝트를 생성하고, Points 4개를 임의로 랜덤하게 지정한다. Spawner 스크립트 생성 시 Cubes [ ] 배열과 Points [ ] 배열에 각각 드래그하여 프리팹을 적용한다.

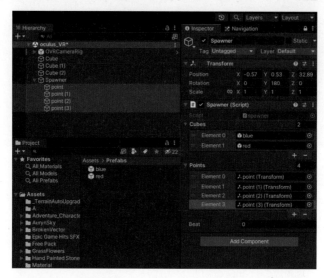

❶❺ 큐브가 멀리서 날아오는 것을 확인한다.

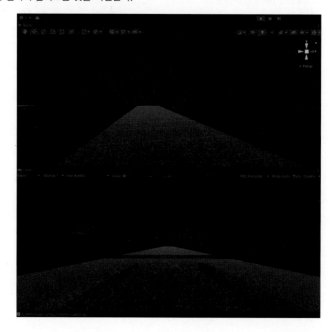

⓰ Inspector 패널에서 Layer를 생성하고, blue, red를 각각 지정하여 적용한다.

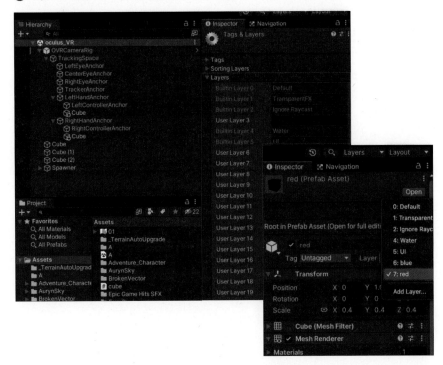

⓱ OvrCameraRig → TrackingSpace → LeftHandAnchor, RightHandAnchor에 각각 Saber.cs 스크립트를 생성한다.

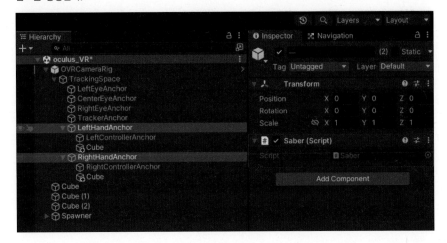

⓲ 생성한 스크립트에 다음과 같이 작성하여 적용한다.

```
public class Saber : MonoBehaviour
{
  public LayerMask layer;
  private Vector3 previousPos;


  void Update()
  {
          // 레이를 쏘이면 (캐스트)잡겠다. 즉, 큐브를 맞춘다는 의미다.
    RaycastHit hit;
    if(Physics.Raycast(transform.position, transform.forward,
out hit, 1, layer))
    {
          // 각도가 위 130도보다 높다면 Destory 파괴하라는 의미다.
      if(Vector3.Angle(transform.position, previousPos,
hit.transform.up)>130)
      {
        Destroy(hit.transform.gameObject);
      }
      previousPos = transform.position;
    }
  }
}
```

⓳ 'LeftHandAnchor' 레이어를 'blue', 'RightHandAnchor' 레이어를 'red'로 지정한다.

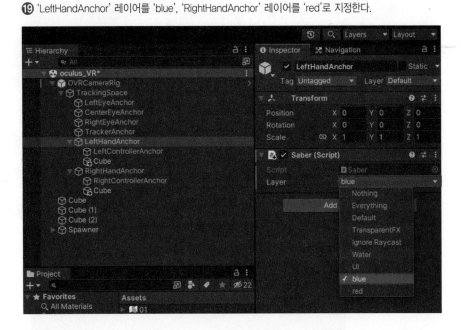

⓴ 메뉴에서 〔Window〕 → Rendering → Lighting을 실행한다.

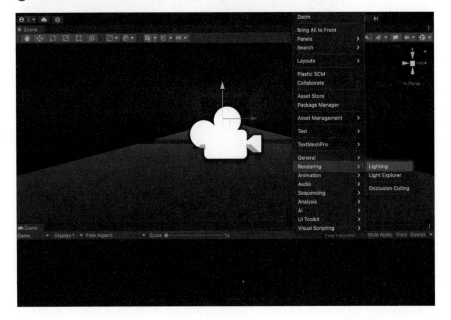

㉑ Lighting 패널의 Environment → Other Settings에서 컬러와 Density를 지정하고 설정하여 원하는 비트 세이버 연출을 한다.

㉒ 플레이하면 완성된 것을 볼 수 있다.

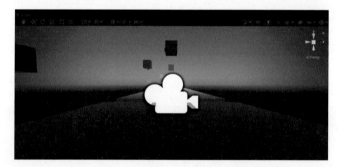

㉓ 오큘러스 퀘스트2 기준으로 오큘러스와 연결하기 위해 '오큘러스(developer.oculus.com)' 홈페이지에 접속하고, 다음의 개발 허브를 다운로드한 다음 기기를 연결하여 퍼블리싱해 주면 완성된다.

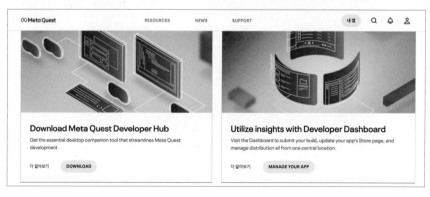

|12장|

메타버스 플랫폼
따라하기 AR

학습 목표

메타버스의 증강현실에 대한 내용으로 유니티에서 제공하는 AR Foundation을 갖고 쉽게 AR 증강현실 콘텐츠를 제작한다.

1 〉 증강현실 AR : 모바일 AR Foundation

구글에서 또는 애플 아이폰에서 AR 증강현실을 구현하기 위해 Google은 ARCore, Apple은 ARKit라는 SDK를 제공하는데, 이런 기기 디바이스별 통합화가 필요하다. 유니티에서 제작된 AR 콘텐츠를 한번에 AR Foundation이라는 Toolkit를 통해 각각의 디바이스 통합화를 지원해 주고 있다. AR Foundation은 고도의 모듈화 시스템으로 개별 공급 AR 기능의 하위 지원을 제공하여 플랫폼으로서 구애받지 않게 호환성을 지원한다. 그러나 마이크로소프트 사에서 만든 HoloLens나 Magic Leap는 이론적으로 지원을 되나 제한된 기능만 제공되는 한계가 있다. 따라서 우리는 안드로이드 기반의 구글과 아이폰 기반의 애플사만 초점으로 AR Foundation을 활용할 예정이다. 유니티에서 제공하는 AR Foundation을 통해 누구나 쉽게 AR 기능들을 만들 수 있다.

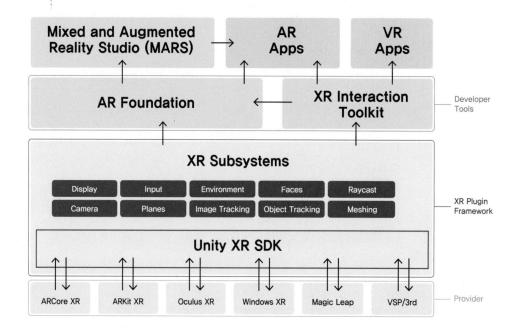

AR 기반 아키텍처는 AR 컴포넌트를 통해 XRRaycastSubsystem를 통해 프로바이더 플러그인을 거쳐 ARCore와 연동되도록 지원한다. 따라서 몇 가지 XR 플러그인과 설치가 필요하며, 유니티 프로젝트에서 지원한다. AR Foundation은 물리적 공간에서 장치의 위치나 방향을 추적한다거나 평면감지 포인트 클라우드 조명 추정으로 물리적 공간을 평균 색 온도 밝기를 지원하고, 또 얼굴 추적을 통해 사람의 얼굴 페이스를 감지하고 추적한다. 물리적 공간의 삼각형 메쉬를 생성하여 물리적 공간에서 인식되는 사물의 2D, 3D를 표현한다. Raycast를 통해 감지된 평면 및 특장점을 물리적 환경을 쿼리해 주며, 모바일 카메라를 통해 AR 콘텐츠에 터치 스크린 최적화 렌더링을 제공하기도 한다. 오클루전 기능이 감지된 환경 깊이 및 가상 콘텐츠의 폐쇄된 환경도 인지하는 플랫폼이다.

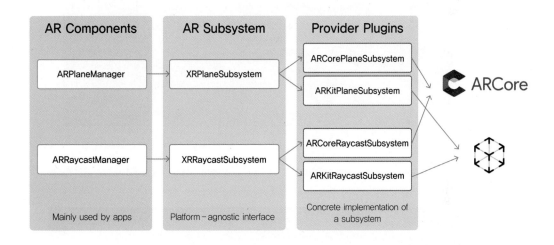

AR 콘텐츠 설정하기

연습 01

유니티에서 안드로이드 폰에서 실행할 수 있는 ARCore 콘텐츠를 퍼블리싱하고, APK 확장자 파일로 저장해 보자.

❶ 유니티 허브를 실행하고 허브 템플릿에서 'AR Core'를 선택한다. Project name에 새로운 프로젝트를 이름을 입력하고 'Create project' 버튼을 클릭한다.

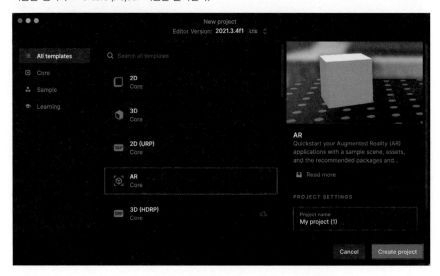

❷ 다음과 같은 ARCore 화면 인터페이스가 나타난다.

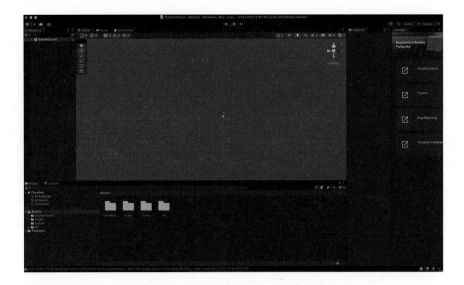

❸ Project Settings 대화상자에서 'XR Plug-in Management'를 선택하고 '안드로이드' 탭에서 'ARCore'를 체크 표시한다. 이번 과제 실습에서는 안드로이드만 해본다. Apple 아이폰일 경우에는 Macbook과 Xcode 가 있어야 퍼블리싱할 수가 있다.

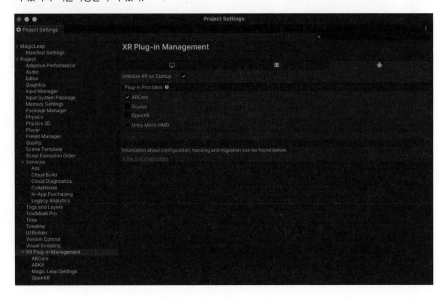

❹ 메뉴에서 〔Window〕 → Package Manager를 실행하여 'AR'이라는 폴더 통합화를 열어 보면 'AR Foundation'에서 AR 툴킷들이 자동적으로 설치된 모습을 볼 수 있다.

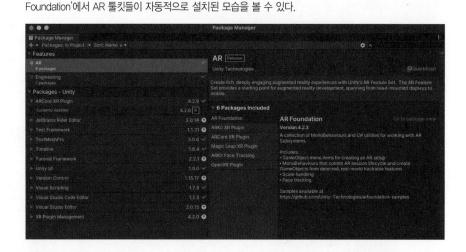

❺ 기본적으로 ARCore로 시작했기 때문에 기본적으로 필요한 플로그인을 자동 설치되었고, Project Settings → Player에서 안드로이드 버전 Minimum API Level이 'Android 7.0 'Nougat' (API level 24)'로 지정되어 있는지 확인해야 한다.

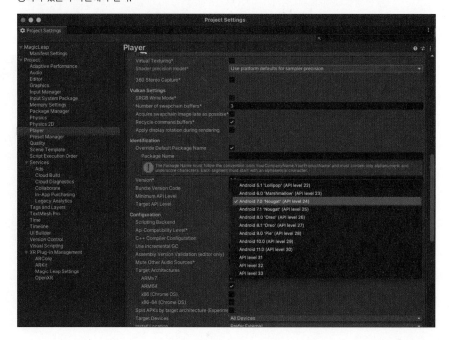

❻ 화면 레이아웃을 '2 by 3'로 지정하여 변경하고, Assets → Scenes → SampleScene을 선택한다. Hierarchy 패널에서 'AR Session Origin'을 선택하고 Inspector 패널에서 'Add Component'를 클릭하여 Anchor Creator 스크립트를 추가한다. Anchor Prefab에 none이 비워진 것을 확인하고 Project 패널의 Assets → Prefabs → CubeObject를 Inspector 패널의 Anchor Creator (Script) → Anchor Prefab에 드래그하여 적용한다. CubeObject 외에도 Asset Store에서 캐릭터 모델을 다운로드하여 추가해도 좋다.

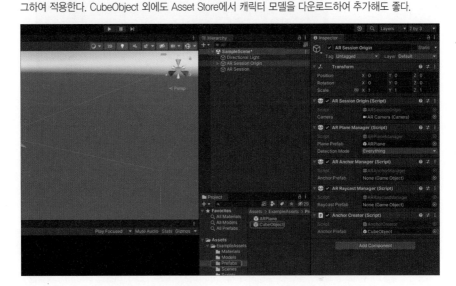

❼ 메뉴에서 〔File〕 → Build Settings를 실행한다. Build Settings 대화상자가 표시되면 'Android'를 선택하고, 'Switch Platform' 버튼을 클릭한다.

❽ 설치가 완료되면 'Android'로 선택되고, 'Bulid'로 버튼이 변경된다.

❾ 메뉴에서 〔File〕 → Save를 실행하여 저장하고 마지막으로 'Build' 버튼을 클릭하여 작업을 마무리한다.

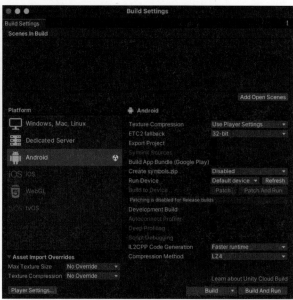

❿ APK 확장자 파일을 안드로이드폰에 넣어서 실행하면 된다. APK 파일을 넣기 위해서는 개발자 모드 활성화가 필요하다. USB 파일로 선을 연결하여 데이터를 전송할 때 필요하다. 정품 USB 연결 케이블로 사용하길 권장한다.

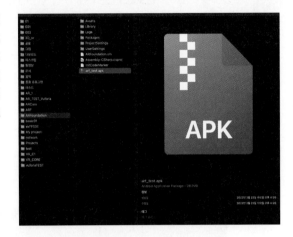

안드로이드 개발자 모드 활성화 : 순서대로 따라한다.

2 〉 증강현실 AR Mask : Face Tracking

AR 기능을 이용하여 다양한 마스크 효과를 만들 수 있다. 증강현실 기능인 AR(AR Foundation) 얼굴 인식 기능(AR 얼굴 추적)을 통해 사진이나 텍스처 매핑으로 마스크 생성 기능을 이용한 모바일 플랫폼을 구현할 수 있다. 다음과 같은 간단한 예제를 따라해 본 후 스스로 응용 작업물을 만들어 보자.

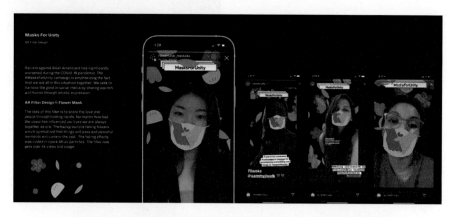

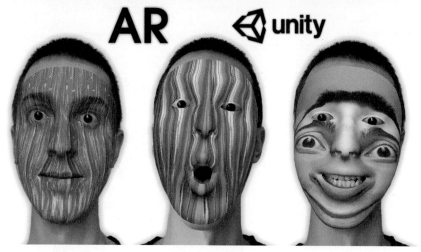

AR 페이스 트래킹하기

AR Cramera를 추가하고 설정하여 안드로이드 폰에 추가하여 사용할 수 있는 APK 파일을 만들어 보자.

❶ 유니티를 실행하고, 메뉴에서 〔File〕 → New Scene을 실행하여 새로운 문서로 만든다.

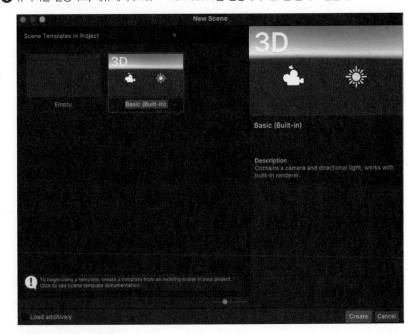

❷ Hierarchy 패널에서 'Main Camera'를 삭제한다. Hierarchy 패널에서 '+'를 클릭하고 XR → AR Session Origin을 실행한 후 동일하게 XR → AR Session을 2개 추가 한다.

❸ 추가된 AR Session Origin의 'AR Camera'를 선택한다. Inspector 패널의 AR Camera Manager C# Script에서 Facing Direction을 'User'로 지정하여 변경한다.

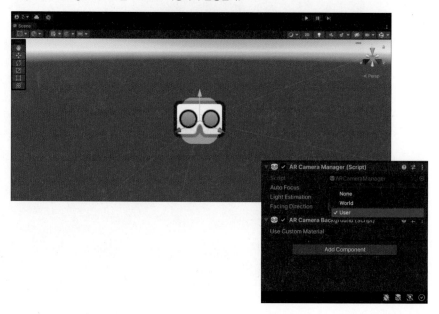

❹ Hierarchy 패널에서 'AR Session Origin'을 선택하고 Inspector 패널의 'Add Component'를 클릭하여 추가한다. 'AR Face Manager'를 검색하고 선택하여 적용한다.

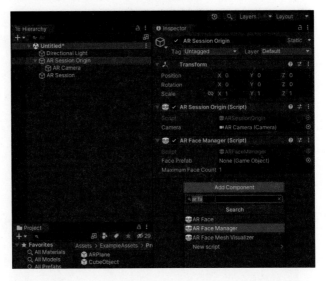

❺ Hierarchy 패널에서 '+'를 클릭하여 XR → AR Default Face를 추가한다. 'AR Default Face'를 선택 후 Mesh Renderer에서 Materials → Element Prefab을 넣어 주면 된다. 현재 그린 컬러가 들어가 있다.

❻ 여기에 Asset Store 다운로드한 텍스처를 적용하기 위해 유니티에서 제공하는 'AR Face Assets'를 다운로드한다.

❼ 다운로드한 프리팹을 Materials의 Element 0에 적용하여 기존 파일을 변경한다.

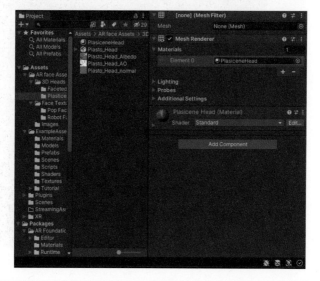

❽ Hierarchy 패널에서 'AR Default Face'를 Project 패널로 드래그하여 프리팹으로 만들고, 기존 Hierarchy 패널에 있는 'AR Default Face'를 삭제한다.
Hierarchy 패널에서 'AR Session Origin'을 선택 후 'AR Default Face' 프리팹을 Inspector 패널 AR Face Manager (Script)의 Face Prefab으로 드래그하여 지정한다.

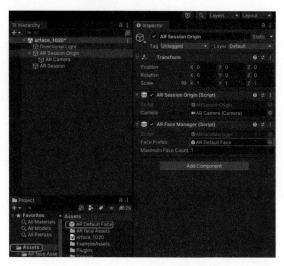

❾ 메뉴에서 [File] → Build Settings를 실행한다. 'Android' 탭이 선택된 것을 확인하고, 'Build' 버튼을 클릭하여 APK 파일을 생성한 다음 안드로이드 폰에 추가한다. USB 파일로 선을 연결하여 데이터를 전송할 때 개발자 활성화가 필요하다.

|13장|

메타버스 플랫폼
따라하기 응용 예제

학습 목표 ───

메타버스 응용 예제로 샌드박스의 Voxel의 알고리즘을 이해하는 내용으로
복잡한 코드이므로 원리만 이해해 보고, 포톤 클라우드를 이용하여 동시
접속 네트워크에 대해 간단히 실습해 본다.

1 〉 샌드박스 : Voxel 알고리즘

샌드박스(Sandbox)는 나무나 플라스틱으로 만들어진 공간에 모래를 담아 아이들이 놀 수 있게 한 공간으로, 사장(砂場)이라고도 한다. 샌드박스(Sandbox)는 미국군이 중동을 지칭하는 속어이며, 보호된 영역 내에서 프로그램을 동작시키는 것으로, 외부 요인에 의해 악영향이 미치는 것을 방지하는 보안 모델로 "아이를 모래밭(샌드박스)의 밖에서 놀리지 않는다."라고 하는 말이 어원이라고 알려져 있다. 샌드박스(SandBox)는 말 그대로라면 모래상자인데 각 영역별로 다양한 의미를 가지며, 게임에서의 샌드박스는 특정한 목표가 없거나, 자유도가 높은 게임을 의미한다.

GTA 또는 심 시리즈가 대표적인 예로 컴퓨터에서 샌드박스는 어떠한 프로그램/코드를 실행할 때 격리된 공간(샌드박스)를 제공하고 그곳을 벗어나는 작업을 하지 못하도록 방지하는 기술의 의미가 있다.

즉 샌드박스(Sandbox)라는 이름을 직역하자면 '모래 상자', '모래 놀이터'라는 의미로 해석하면 되고, 놀이터의 어린아이들이 모래 놀이를 하는 것처럼 사용자가 자유롭게 무언가를 만들 수 있는 게임 장르를 말한다. 오픈월드와 샌드박스는 매우 다른데, 오픈월드 게임은 보통 게임 내 이동 가능한 지역 전체가 하나의 맵으로 되어있어 별다른 로딩없이 이동할 수 있는 게임을 말하고, 샌드박스 게임은 자유도가 높고, 인게임에서 유저가 창작할 수 있는 요소가 많은 게임을 말한다. 대표적인 오픈월드 게임 GTA 시리즈를 예로 들자면 맵 전체를 이동할 때 로딩 없이 전체 지역을 이동할 수 있으니 오픈월드 게임이지만, 창작할 수 있는 요소는 캐릭터 커스터마이징이나 차량 개조 수준에서 그친다. 반면 마인크래프트나 테라리아 등의 샌드박스형 게임은 지형변경, 건축, 아이템 제작 등 창작의 자유가 훨씬 높아 샌드박스형 게임인 동시에 맵 전체를 로딩없이 이동하는 오픈월드 게임의 요소도 가지고 있다.

이런 샌드박스 게임 스타일에 Voxel 형태로 게임 그래픽을 사용하는데, 복셀(Voxel)은 2차원적 픽셀(도트)을 3차원 형태로 구현한 것을 말하며 Volume+Pixel의 합성어로 부피를 가진 픽셀이라는 의미다. 우리가 레고 블록을 갖고 어떤 모양이든 다 만들 수 있도록 블록을 조합하여 하나의 큰 객체를 구성하는 것과 동일한 의미가 있는데, 이러한 기술은 해상도가 올라갈수록 연산량이 급격히 높아 시스템에 무리를 줄 수 있다는 단점이 있다.

연습 01

Voxel 구성하기
Voxel의 알고리즘을 구성하는 로직을 연습해 보자.

```
// 3D Voxel 큐브에 들어갈 형태를 구성한다.
int[,,] data = new int[2,3,3];
```

x축 2, y축 3, z축 3으로 이루어진 축을 배열로 변환할 수 있다. 배열을 정의하면 다음과 같은 a, b, c 면의 형태를 담을 수 있다.

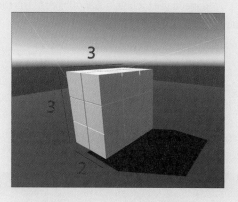

```
int [ , , ] array = new int[a,b,c];
```

이런 배열 형태를 가로(Width), 세로(Height) 형태 그리고 깊이(Depth)의 3D 벡터 공간의 위치를 참조할 수 있다.

```
int [ , ,] world = new int[width, height, depth];
```

Voxel 데이터 세트의 위치가 되며 루프의 로직은 다음과 같다. 큐브의 형태는 블록을 위치에 3가지 x, y, z 따라 복제하여 만들 수 있다.

```
for(int z =0; z< depth; z++)
    for(int y =0; y< depth; y++)
    {
        for(int x =0; x< depth; x++)
    {
    Vector3 pos = new Vector3(x,y,z);
    GameObject cube = GameObject.Instantiate(block, pos,
Quaternion.identity);
    }
}
```

❶ Hierarchy 패널에서 마우스 오른쪽 버튼 클릭한 다음 3D Object → Cube를 실행하여 생성하고 생성된 큐브 오브젝트를 Project 패널에 드래그하여 프리팹으로 만든다.

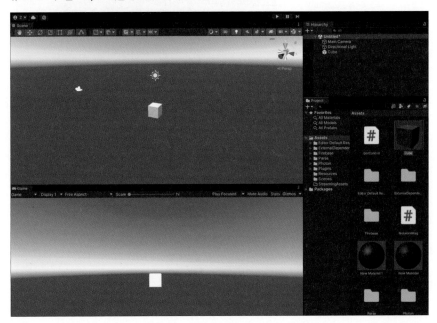

❷ Hierarchy 패널에서 마우스 오른쪽 버튼을 클릭한 다음 Create Empty를 실행하여 빈 게임 오브젝트를 생성한다. 이름을 'World'로 변경하고, Inspector 패널에서 'Add Component'를 클릭한 다음 'WorldContrl'를 검색하여 C# Script를 생성한다.

❸ C# Script를 다음과 같이 적는다.

```csharp
public class WorldContrl : MonoBehaviour
{
  public GameObject block;
  public int worldSize = 2;

  public IEnumerator BuildWorld()
  {
    for(int z = 0; z < worldSize; z++)
    {
    for(int y = 0; y < worldSize; y++)
    {
      for(int x = 0; x < worldSize; x++)
```

```
        {
            Vector3 pos = new Vector3(x, y, z);
            GameObject cube = GameObject.Instantiate(block, pos,
    Quaternion.identity);
            cube.name = x+"-"+y+"-"+z;
        }
        yield return null;
      }
     }
    }
    void Start()
    {
      StartCoroutine(BuildWorld());
    }
}
```

❹ WorldContrl 스크립트의 Block에 큐브 오브젝트 프리팹을 드래그하여 추가한다.

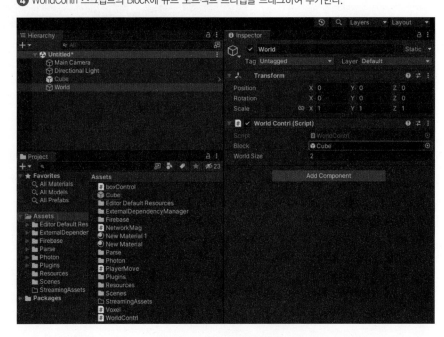

❺ '플레이' 아이콘(▶)을 클릭하여 실행한다. Voxel 로직으로 인해 큐브 콘텐츠가 생성된 것을 볼 수 있

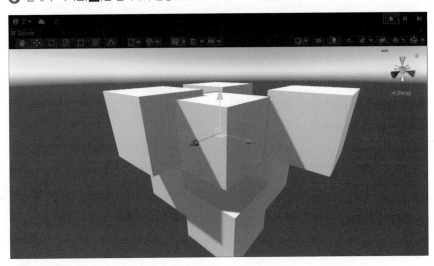

❻ Insector 패널의 World Contrl (Script)에서 World Size를 '100'으로 설정하여 늘리면 100개의 큐브 형태 Voxlel이 생성되는 것을 볼 수 있다.

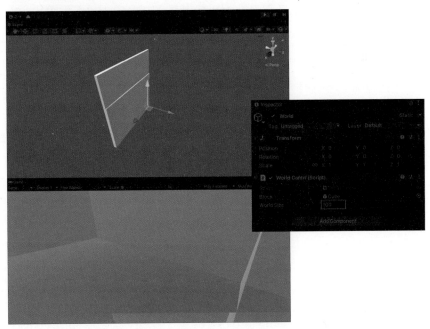

2 〉 가상공간 동시 접속 : Photon Engine 네트워크 접속, RPC

Photon Engine은 네트워크에 접속하여 네트워크 서버 연동을 손쉽게 할 수 있는 서비스다. 일정한 서비스인 무료에서부터 유료까지 원하는 업무 테스트를 통해 선택할 수 있다.

포톤 클라우드는 Software as a Service 이며 호스팅하는 동안 애플리케이션 개발에만 집중할 수 있는 서비스로, 포톤 서버는 onPrem 서비스 신청하는 사람

의 취향에 따라 수동적으로 서버 호스트를 작동하여 커스터마이징(원하는 조작할 수 있는 것) 권한 제어로 백엔드 작업의 자유도가 높은 서비스다.

우리는 이 어렵고 복잡한 서버를 포톤 클라우드 서비스를 활용하여 간단히 접해 보고, 직접 메타버스 동시 멀티 접속할 때 상황을 구현해 보는 것으로 집중하도록 한다.

> **포톤클라우드 특징**
> - Asset Store 쉽게 다운로드 받을 수 있으며, 네트워크 서버를 지원하는데 점유율이 높음
> - 모든 디바이스 지원 : 웹 브라우저, PC, mobile, 콘솔, AR/VR
> - RPC[1], 프로퍼티 등 풍부한 기능 제공
> - 리얼타임 동기화

 체크 포인트

1 RPC (Remote Procedure Calls)
'원격 프로시져 호출'이라는 뜻으로 네트워크 게임 오브젝트의 메소드를 호출할 수 있어 각각 플레이어들이 동일한 게임 오브젝트를 수행하고, 실시간 동기화 리얼타임이 이루어질 수 있다.

연습 과제

연습 02 네트워크 동시 접속하기

포톤 클라우드를 이용하여 2개의 캐릭터가 동시 접속되는 네트워크를 구현해 보자.

❶ '포톤클라우드(id.photonengine.
com/ko-KR/Account/SignUp)'에 접
속하여 회원가입하고 로그인한다. 로그
인 화면에서 Realtime 어플리케이션 ID
를 기억하고, 숫자 영문으로 되어 있는
코드를 드래그하여 복사한다.

❷ 유니티에서 (Window) → Asset Store를 실행하여 접속하고, 검색창에 'Photon2'를 검색한 다음 다운로
드한다.

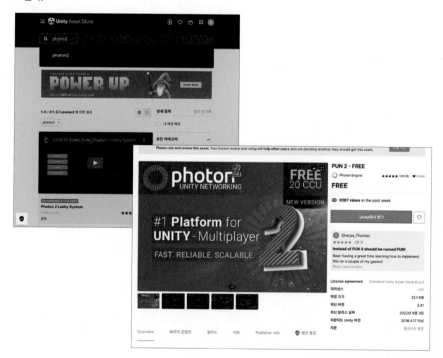

❸ 다운로드한 다음 'Import' 버튼을 클릭하여 불러온다.

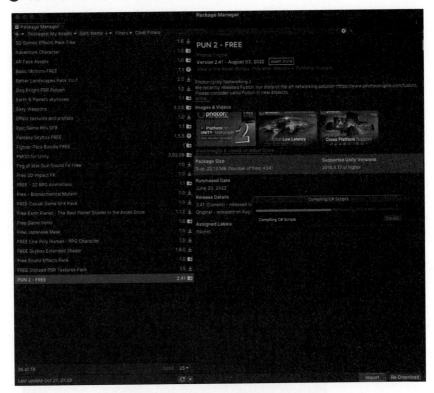

❹ Pun Wizard 창이 표시되면 Pun Setup AppID에서 복사한 것을 붙여 넣기하고 'Setup Project' 버튼을 클릭한다.

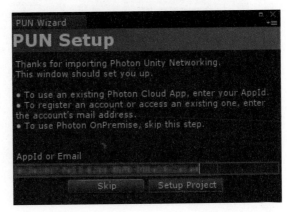

❺ Project 패널에서 Asset → Photo → PhotoUnityNetworking → Resources의 PhotonSeverSettings 를 선택하면 Inspector 패널에서 App Id Pun을 확인할 수 있다.

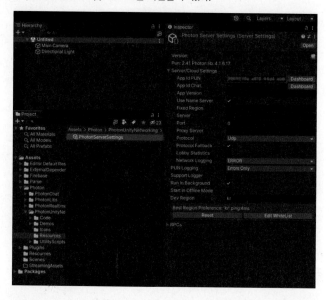

❻ Hierarchy 패널에서 마우스 오른쪽 버튼을 클릭한 다음 Create Empty를 실행하여 빈 게임 오브젝트 를 만들고, 'NetworkManager'로 이름을 변경한다.

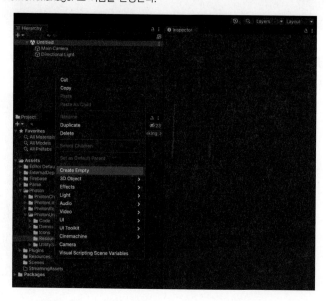

❼ 다음과 같이 스크립트를 작성한다.

```
using System.Collections;
using System.Collections.Generic;
using UnityEngine;
using Photon.Pun; // 포톤클라우드 사용
using Photon.Realtime; // 리얼타임

public class NetworkMag : MonoBehaviourPunCallbacks
{

  void Awake()
  {
    Screen.SetResolution(1280, 1024, false);
    PhotonNetwork.ConnectUsingSettings();
  }

  public override void OnConnectedToMaster() => PhotonNetwor
k.JoinOrCreateRoom("Room", new RoomOptions { MaxPlayers = 6},
null);
  public override void OnJoinedRoom()
  {
    PhotonNetwork.Instantiate("Player", Vector3.zero,
Quaternion.identity);
  }
}
```

❽ 바닥을 만들기 위해 큐브 또는 플래인 오브젝트를 생성하여 바닥면을 만들고, 매테리얼을 원하는 색을 지정한다.

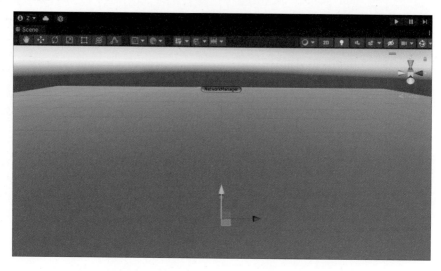

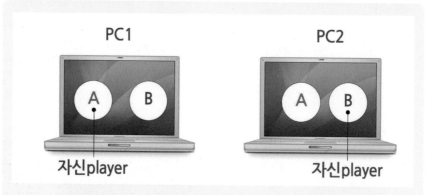

RPC(Remote Procedure Call)라는 원격프로시저 호출(원격으로 어떤 행동을 수행하기 위한 일련의 작업순서로 호출)이며, 의미는 네트워크 접속한 방에 있을 때 함수를 동기화하는 기능이다. 즉, 동시 접속 시 각각의 PC 화면에서 서로의 게임 플레이어가 접속했을 때 동기화를 만들어 준다.

❾ Hierarchy 패널에서 마우스 오른쪽 버튼을 클릭한 다음 3D Objcet → Capsule을 실행하여 생성한다. 'Player'로 이름을 변경하고, 'Player'를 Project 패널로 드래그하여 프리팹으로 만든다.

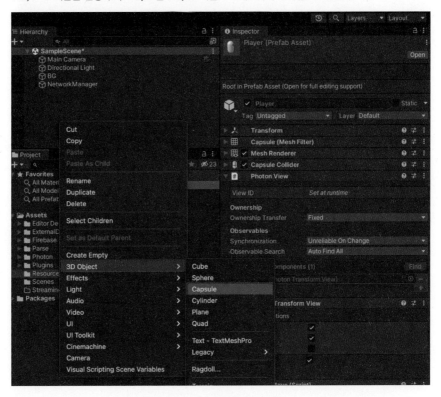

❿ Inspector 패널에서 'Add Component'를 클릭하여 추가하고 'Photon'을 검색한 다음 'Photon View', 'Photon Transform View'를 선택하여 C# Script를 적용한다.

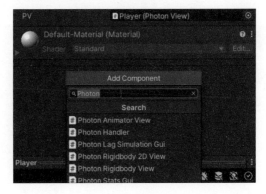

⓫ Player 움직임을 위해 생성한 C# Script를 'PlayerMove'로 이름을 변경하고 다음과 같은 스크립트를 작성한다.

```csharp
using System.Collections;
using System.Collections.Generic;
using UnityEngine;
using Photon.Pun;
using Photon.Realtime;

public class PlayerMove : MonoBehaviourPunCallbacks
{
  public PhotonView PV;
  void Update()
  {
    if(PV.IsMine)
    {
      float h = Input.GetAxisRaw("Horizontal")*Time.deltaTime * 150f;
      float v = Input.GetAxisRaw("Vertical")*Time.deltaTime * 3f;
      transform.Rotate(0,h,0);
      transform.Translate(0,0,v);
    }
  }
}
```

⓬ PV 입력란에 'Player' 프리팹을 드래그하여 설정한다.

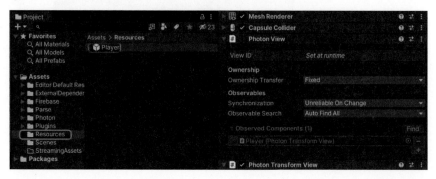

⓭ 플레이하면 다음과 같이 캐릭터가 움직인다.

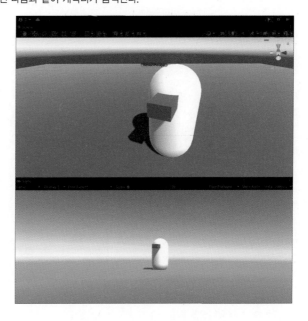

⓮ Build Run을 하기 위해 메뉴에서 〔File〕→ Build Settings를 실행하여 Build Settings 대화상자를 표시되면 Platform을 'Windows, Mac, Linux'로 선택하고 'Build And Run'을 클릭한다.

❶❺ netTest.app가 빌드되었다. 동시 접속을 위해 App 창과 기존 유니티에서 플레이를 동시 실행하여 접속한다.

❶❻ PC1 플레이어(기존 유니티플레이)와 PC2(netTset.app)를 동시 실행했을 때 서로가 동시 접속되고 따로따로 플레이어가 실행된다. 포톤클라우드 직접 플레이어를 통해 동시 접속을 확인한다. 이렇게 포톤클라우드를 활용하면 메타버스에 동시 접속할 수 있는 네트워크를 간단하게 구현할 수 있다.

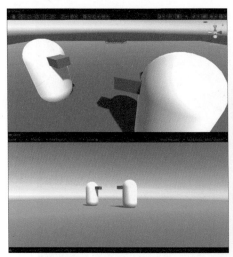

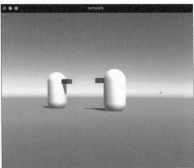

이미지 자료 출처 | 참고문헌 및 인터넷 사이트   ○○○

● 이미지 자료 출처

11p	닐 스티븐슨(Neal Stephenson)의 소설 《스노우 크래쉬》	https://www.extmovie.com/movietalk/24841440
12p	World Wide Web(WWW)의 탄생	https://www.cctvnews.co.kr/news/articleView. html?idxno=231349
13p	Web 1.0 - 콘텐츠	https://enlear.academy/web-1-0-vs-web-2-0-vs-web-3-0-e428cfe09dde
14p	Web 2.0 - 플랫폼	https://enlear.academy/web-1-0-vs-web-2-0-vs-web-3-0-e428cfe09dde
15p	Web 3.0 - 플랫폼	https://enlear.academy/web-1-0-vs-web-2-0-vs-web-3-0-e428cfe09dde
18p	4차 산업혁명(Industry 4.0)	https://news.samsung.com/kr/4%EC%B0%A8-%EC%82%B0%EC%97%85%ED%98%81%EB%AA%85-%EC%8B%9C%EB%8C%80-%EC%9D%B8 EA%B3%B5%EC%A7%80%EB%8A%A5%EC%9D%98- %EC%97%AD%ED%95%A0%EC%9D%80
21p	메타버스 신산업 선도전략	과기정통부
23p	인공지능을 이용한 교육	https://newshyu.com/news/articleView.html?idxno=1003755
33p	대표적인 샌드박스 게임	https://minepuls.tistory.com/1209
37p	크리에이터 이코노미	https://digitalmarketing.org/blog/what-is-the-creator-economy
38p	크리에이터 이코노미의 의미	https://www.digitalmarketing.org/blog/what-is-the-creator-economy
39p	대표적인 크리에이터 이코노미 플랫폼 사례	https://buybrand.kr/pick/creatoreconomy/
40p	유튜브의 등장	https://kr.freepik.com/premium-vector/creative-youtube-channel-banner_21742948.htm
42p	인플루언서의 광고 수익 사례	https://youtube.com/watch?v=TxC5sNHOh3g&t=174s
43p	NFT(Non-fugible Token)	http://www.koreaittimes.com/news/articleView.html?idxno=111322
45p	NFT-블록체인-비트코인	https://epnc.co.kr/news/articleView.html?idxno=215196 https://aitimes.com/news/articleView.html?idxno=143491 https://digitaltoday.co.kr/news/ articleView.html?idxno=405565
45p	블록체인의 특징	https://samsungsemiconstory.com/kr/시사-it용어-가상화폐의-주역-블록체인-기술이란/
45p	블록체인의 종류	https://samsungsemiconstory.com/kr/시사-it용어-가상화폐의-주역-블록체인-기술이란/
47p	크립토키티	https://coindeskkorea.com/news/articleView.html?idxno=79973
47p	NBA 탑 샷(NBA Top Shot)	https://newspim.com/news/ view/20210526000177
47p	크립토펑크	http://ceopartners.co.kr/news/articleView.html?idxno=12698
49p	NFT의 위기	https://donga.com/news/Economy/article/all/20220620/114006781/1
57p	구글 어스(Google Earth)(3D)로 표시된 미국 뉴욕 맨해튼	http://namu.wiki/w/%EA%B5%AC%EA%B8%80%20%EC%96%B4%EC%8A%A4
64p	카메라 옵스큐라	https://hongrage.tistory.com/2
68p	프. 뤼미에르 형제 〈기차의 도착〉	https://blog.naver.com/designmage/222216131567
68p	회화적 관점의 프레임 확장	httpsggc.ggcf.krp5eb98f9bf1d5830f914e802e

146p	이프랜드(ifland)	https://bythem.net/projects/%EC%9D%B4%ED%94%84%EB%9E%9C%EB%93%9C_%EB%B3%B4%EB%8B%A4-%EB%82%98%EC%9D%80-%EB%A9%94%ED%83%80%EB%B2%84%EC%8A%A4-%ED%94%8C%EB%9E%AB%ED%8F-%BC%EC%9D%84-%ED%96%A5%ED%95%B4/
147p	디센트럴랜드(Decentraland)	https://market.decentraland.org/
148p	디센트럴랜드(Decentraland) 아이템	https://market.decentraland.org/
151p	'어스 2(Earth 2)'의 마켓플레이스와 리더보드	https://anywhereifyoucan.com/316
152p	더 샌드박스(The Sandbox)	https://www.techm.kr/news/articleView.html?idxno=94852
153p	알파시즌 2	https://duggang.tistory.com/112
154p	스눕독 아바타 콜렉션	https://duggang.tistory.com/112
157p	게더타운(Gather Town) 박람회 사례	https://plusminuspixel.com/blog/pmp-gathertown-events-oct2021
158p	페이스북 호라이즌(Facebook Horizon)	https://stonebc.com/archives/18890
159p	월드 빌드(World Builder)	https://stonebc.com/archives/18890
160p	펄어비스의 도깨비(DoKeV)	https://namu.wiki/w/%EB%8F%84%EA%B9%A8%EB%B9%84(%EA%B2%8C%EC%9E%84)
164p	오비스(OVICE)	https://mistyfriday.kr/3753
168p	알트스페이스 VR(AltspaceVR)	https://learn.microsoft.com/ko-kr/windows/mixed-reality/altspace-vr/ getting-started/creating-and-linking-accounts
169p	엔비디아 옴니버스(NVIDIA Omniverse)	https://www.aitimes.kr/news/userArticlePhoto.html
170p	실시간 협업 장면: 레빗(Revit), 스케치업(Sketchup), 라이노(Rhino), 옴니버스 뷰(Omniverse View)	https://nvidia.co.kr/2020/05/15/omniverse-early-access/
172p	게임 개발자를 위한 옴니버스 플랫폼 구성요소	https://www.aitimes.kr/news/articleView.html?idxno=24610

● 참고문헌 및 인터넷 사이트

15p	용어 정리	http://webclub.tistory.com/479 [Web Club:티스토리]
20p	4차 산업과 메타버스	https://m.post.naver.com/viewer/postView.naver?volumeNo=33159800&memberNo=11193038
65p	라깡의 응시에 관한 도판	도판 응시도판1 Lacan, Jacques, [세미나11], 자크라깡, 맹정현, 이수련 옮김, 새물결, 2008, p.144
70p	디지털 이미지	라도삼, 『비트의 문명 네트의 사회』, 커뮤니케이션 북스, 1999, p. 117.
122p	사용자 인터페이스 기술 – 사용자 인터페이스의 사례	https://vrscout.com/news/six-flags-virtual-reality-roller-coaster/ https://www.youtube.com/watch?v=PAHenmKkasc&t=3s
315~316p	Particle System	https://docs.unity3d.com/kr/2018.4/Manual/class-ParticleSystem.html

찾아보기

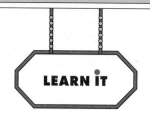

길벗 캠퍼스의 교육교재 시리즈를 소개합니다.

길벗 캠퍼스는 교수님과 학생 여러분의 소중한 1초를 아껴주는
IT전문 분야의 교양 및 전공 도서를 Learn IT라는 브랜드로 출간합니다.

전공 교재 시리즈

파이썬의 정석
조용주, 임좌상 지음 | 552쪽 | 29,800원
2023년 1월 출간

프로그래밍 입문자를 위한
파이썬의 완벽 가이드

데이터사이언스를 위한 기초수학 with 파이썬
박민서 지음 | 352쪽 | 27,000원
2023년 1월 출간

인공지능의 시작, 데이터사이언스를
위한 수학적 메타인지를 강화한다!

교양 교재 시리즈

자료구조와 알고리즘 with 파이썬
김현정, 황숙희 지음 | 416쪽 | 28,000원
2023년 1월 출간

누구나 쉽게 다양한 예제로
자료구조와 알고리즘을 학습한다!

유니티를 활용한 메타버스 교과서
김영일, 임상국 지음 | 480쪽 | 29,000원
2023년 1월 출간

메타버스를 이해하고 유니티로
코딩 실습하며 가상 콘텐츠 만들기

팅커캐드&아두이노
최훈 지음 | 548쪽 | 29,800원
2022년 11월 출간

키트 없이 따라 배우는
아두이노 프로그래밍

컴퓨팅 사고 with 파이썬
김현정, 황숙희 지음 | 412쪽 | 25,000원
2022년 6월 출간

예제를 대폭 강화한
'컴퓨팅 사고' 최신판